Jenö Bango

Wissenschaftliches Arbeiten
in der Sozialarbeit

WV studium   Band 190

Jenö Bango

Wissenschaftliches Arbeiten in der Sozialarbeit

*Eine Einführung
für Studierende und Lehrende*

Westdeutscher Verlag

Die Deutsche Bibliothek – CIP-Einheitsaufnahme
Ein Titeldatensatz für diese Publikation ist bei
Der Deutschen Bibliothek erhältlich

Der Westdeutsche Verlag ist ein Unternehmen der
Fachverlagsgruppe BertelsmannSpringer.

www.westdeutschervlg.de

Höchste inhaltliche und technische Qualität unserer Produkte ist unser
Ziel. Bei der Produktion und Verbreitung unserer Bücher wollen wir die
Umwelt schonen: Dieses Buch ist auf säurefreiem und chlorfrei gebleichtem
Papier gedruckt. Die Einschweißfolie besteht aus Polyäthylen und damit aus
organischen Grundstoffen, die weder bei der Herstellung noch bei der
Verbrennung Schadstoffe freisetzen.

Umschlaggestaltung: Horst Dieter Bürkle, Darmstadt

ISBN-13: 978-3-531-22190-8   e-ISBN-13: 978-3-322-89846-3
DOI: 10.1007/978-3-322-89846-3

Inhalt

Einführung

Die wissenschaftliche Arbeit ist die intellektuelle Anstrengung, sich konzentriert und methodisch mit einem bestimmten Wissensgegenstand zu beschäftigen. Diese "Beschäftigung" geschieht auf drei Ebenen: auf gedanklicher, auf sinnlicher und auf sprachlich-schriftlicher Ebene. Die gedankliche Ebene umfasst zuerst das Wahrnehmen und das Verstehen. Das Bewusstsein, dessen grundlegende Operation der Gedanke ist, reflektiert auf das Verstehen. Mit Hilfe der Sinne (Augen = lesen, Ohren = hören) werden uns Informationen bzw. Wissen vermittelt - wenn wir von "esoterischem" oder von anderem übersinnlichem Verstehen, z.B. durch Hypnose, Abstand nehmen. Die mündliche Weitergabe und das Niederschreiben des Verstandenen in den Diskussionen, in Referaten und in Klausuren ist studentischer Alltag. Das Schreiben für eine Veröffentlichung, z.B. ein Fachartikel oder ein Buch, gehört zu der dritten Ebene einer wissenschaftlichen Tätigkeit, die gewöhnlich aber erst nach einem erfolgreichen Abschluss des Studiums möglich ist.

Die Studierenden beginnen in der Regel mit dem Hören (Vorlesungen), dann lesen sie Bücher und Fachartikel für ihre Referate, die sie schreiben, vortragen und in Seminaren diskutieren. Die mündlichen und schriftlichen Prüfungen können auch als wissenschaftliche Arbeit betrachtet werden - zumindest sind dies die ersten Gehversuche, die sowohl das berechtigte Selbstvertrauen als auch die Anerkennung (durch gute Noten) verstärken. Die Diplomarbeit ist in der Regel die erste größere, selbständige wissenschaftliche Arbeit der Studierenden, in der sie die während des Studiums erlernten Fähigkeiten, mit einem Thema wissenschaftlich und praktisch-sozialarbeiterisch umzugehen, unter Beweis stellen.

Später im Berufsleben werden die diplomierten Sozialarbeiter/innen und Sozialpädagog/innen in Fachzeitschriften Studien veröffentlichen, Fachartikel, Buchbesprechungen usw. schreiben, werden oft beauftragt, allein oder im Team eine empirische Untersuchung durchzuführen, ein Projekt zu planen, auszuarbeiten, zu Ende zu führen und darüber dem Auftraggeber einen wissenschaftlichen Bericht abzuliefern, einen Vortrag zu halten, ein Gutachten zu verfassen, eine Tagung zu organisieren usw. Wenn sie sich eine Lehrtätigkeit vorstellen, müssen sie das Lehren lernen, das sie gewöhnlich in einer Probevorlesung unter Beweis stellen müssen.

Die vorliegenden Hinweise zur wissenschaftlichen Arbeit während des Studiums und zur empirischen und angewandten Forschung in der Sozialarbeit während und nach dem Studium, die Beispiele aus der Auftragsforschung des Verfassers sowie die ausgewählten studentischen Befragungen sind aus jahrelanger Lern-, Lehr- und Forschungserfahrung entstanden. Sie möchten das Lernen und das wissenschaftliche Arbeiten und Forschen an der Fachhochschule und später im Berufsleben durch konkrete praktische Ratschläge und auch durch zahlreiche Beispiele erleichtern. Es wurde auf eine schwerfällige, theoretische Erörterung verzichtet bzw. die Theorie nur auf das Notwendigste reduziert. Eine einfache und für Studienanfänger verständliche Sprache versucht, die Studierenden aus dem zweiten Bildungsweg zu erreichen und auch gleichzeitig den sogenannten „Quer- oder Seiteneinsteiger" von meist benachbarten Gebieten wie Pädagogik, Philosophie und Theologie gerecht zu werden. Es wurde auch an die zukünftigen Stellenbewerber für eine Dozentur an den Fachhochschulen für Sozialwesen gedacht. Hinweise für die Gestaltung für eine Probevorlesung sind im Teil 1. Kapitel 5 (Das Vortragen) zu finden. Die Vorteile eines Forschungssemesters werden am Beispiel einer Expertenbefragung erörtert (Teil 3. Kapitel 1.) und schließlich wird die Organisation eines internationalen Kooperationsprojektes kurz und exemplarisch geschildert.

Im ersten und zweiten Teil werden am Ende jedes Kapitels Fragen gestellt und Aufgaben zur Lösung angeboten. Diese Übungen können sehr nützlich für eine gründliche Einarbeitung in das Thema sein.

Sie entbinden natürlich die Studierenden nicht vom Besuch der speziellen Seminarangebote wie z.B. "Einführung in die wissenschaftliche Arbeit" oder "Methoden der angewandten Sozialforschung" - im Gegenteil, dieses Buch sollte diese Seminare begleiten und sie, wenn möglich, bereichern. Auch das Nachschlagen in zahlreichen Fachbüchern zum Thema Lernen, wissenschaftliches Arbeiten und Forschen ist zu empfehlen. Dazu dienen übrigens zwei Listen der Fachbücher im letzten Teil (Weiterführende Literatur I und II). Bibliographische Angaben der wortwörtlich oder sinngemäß zitierten Literatur werden jeweils am Ende eines Kapitels angeführt. Das ausführliche Sachwortregister möchte das schnelle Wiederfinden der Fachausdrücke für den Leser erleichtern.

Der erste Teil (Wissenschaftlich Arbeiten – Studium im Sozialwesen) ist eine konkrete Handreichung zum Studium an einer Fachhochschule für Sozialwesen. Der Verfasser versucht, in einer gewollt einfachen Sprache die Themen wie Vorlesunghören, Seminarbesuch, Buch- und Artikellesen, Referatschreiben, Vortragen, Diskutieren, Diplomarbeitschreiben und Prüfung zu erörtern.

Im zweiten Teil (Forschen in der Sozialarbeit – die wichtigsten Forschungsmethoden) werden die in der Sozialarbeit praktizierten Methoden der angewandten/empirischen Sozialforschung dargestellt. Nach einer kurzen generellen Einführung in die Methoden und in die Durchführungsmodalitäten werden die Methoden der Beobachtung, des Experiments, der Dokument- und Inhaltsanalyse, der Umfrageforschung und der Befragung in Referatform beschrieben. Dies bedeutet, dass aus der einschlägigen Fachliteratur die wichtigsten Angaben, Definitionen und Beschreibungen sinngemäß übernommen werden.

Im dritten Teil des Buches (Beispiele aus der Auftragsforschung – Exemplarische Projektforschungen) werden fünf Forschungen des Verfassers erwähnt. Einige entstanden in hochschulinterner oder in internationaler Teamarbeit. Sie umfassen eine Expertenbefragung, eine aktivierende Befragung, eine Institutionsanalyse, ein Feldforschungsprojekt und die Darstellung eines Kooperationsprojektes.

Im vierten Teil (Studentische Befragungen) werden ausgewählte studentische Übungsarbeiten aus dem Seminar „Methoden empirischer und angewandter Forschung" nach Themen gruppiert und kurz dargestellt. Diese Befragungen haben selbstverständlich nicht den Anspruch, repräsentativ zu sein, sondern zeigen einerseits die Vielfalt der studentischen Themenwahl, andererseits die Entwicklung der Interessen der zukünftigen Sozialarbeiter und Sozialpädagogen für Probleme, die sie für ihren Beruf als relevant erachten. Auf die Reproduktion der Grafiken und der Diagramme wurde aus drucktechnischen Gründen verzichtet.

Das selbständige Suchen der eigenen Lernmethode, das Finden des eigenen Stils und das Schöpfen aus den individuellen Erfahrungen sind unverzichtbare Bestandteile der studentischen wissenschaftlichen Arbeit und spielen darüber hinaus eine wichtige Rolle im Berufsleben. Sie sollten die Lektüre dieses Buches ergänzen.

Dank gebührt meinen Helfern, die mein Manuskript stilistisch und inhaltlich korrigiert haben, und meinen Student/innen, von denen ich sehr viel gelernt habe. Ich möchte auch den zuständigen Stellen danken, die meine Forschungsvorhaben moralisch und finanziell unterstützt haben, vor allem der Katholischen Fachhochschule Nordrhein-Westfalen, dem Deutschen Akademischen Austauschdienst, der Caritas in Aachen und der Stiftung Soziale Arbeit in Ungarn.

Im Verlauf dieser Arbeit wird zur Vereinfachung und zum Zwecke der besseren Lesbarkeit bei Personen oder Personengruppen auf die Kennzeichnung der weiblichen Form verzichtet, die jedoch (sofern nicht explizit ausgeklammert) in der männlichen Form enthalten sein soll.

Der Begriff Sozialarbeit wird sowohl als Sozialarbeit als auch als Sozialpädagogik verstanden - sofern nicht vom Sozialwesen die Rede ist.

Jenö Bango   Aachen, 1999

1. Wissenschaftliches Arbeiten - Studium im Sozialwesen

1.1 Wissenschaft und Fachhochschule

Ein großer Teil unseres Lebens läuft in der Welt des Alltags ab, begleitet durch routinemäßig eingeübte Bewegungen, Gewohnheiten, mechanisch wiederholte Sätze, Gemeinplätze und lebensweltliche Weisheiten. Die Feiertage und die aus dem Alltagsleben herausragenden Ereignisse und außerordentliche Erlebnisse sind selten. Der Mensch als Vernunftwesen kann seinen Alltag im Rahmen des alltäglichen Wissens verbringen und arrangieren. Die allgemeine Schulpflicht liefert eigentlich jedem das notwendige alltägliche Wissen, welches für das Überleben in der Gesellschaft unentbehrlich ist, - aber mehr nicht. Dieses Wissen reicht nicht mehr aus, wenn wir unser Wissen reflektieren wollen oder wenn wir unser Verhalten, um ein höheres Ziel zu erreichen, verändern wollen, wenn wir die Ursachen und Beziehungen zwischen den Dingen genauer sehen wollen oder wenn wir bei unseren Mitmenschen die Motive ihres Verhaltens und Handelns suchen.

Die Sozialarbeit als Wissenschaft der organisierten Hilfe und des Versuchs der Lösung von persönlichen und zwischenmenschlichen Problemen begnügt sich nicht mit dem Alltagswissen, sondern vermittelt - in der Ausbildung der Sozialarbeiter - ein wissenschaftliches Wissen. Das wissenschaftliche Wissen strebt nach Genauigkeit, urteilt anstatt zu ver-urteilen oder zu vor-urteilen. Seine Erkenntnisse und Erfahrungen basieren auf eigenständiger Forschung oder auf zuversichtlichen fremden Angaben. Diese werden aber kritisch übernommen und sollten die prinzipielle Anschließbarkeit garantieren.

Das wissenschaftliche Wissen überträgt das Wissenskapital mit Hilfe einer Fachsprache, die erlernt werden muss. Es geht hier, im Falle der Sozialarbeit, nicht um unverständliche Geheimsprache oder sogar um "Fachchinesisch", sondern um die Pflege der Genauigkeit, die die Fachsprache als Mittel und nie als Zweck benutzt. Dass dabei oft komplizierte Aussagen konstruiert werden müssen, ergibt sich aus der Tatsache des Wissensgegenstandes: Komplizierte soziale Sachverhalte können (dürfen) sprachlich nicht vereinfacht werden, sonst verfälscht man Inhalte und Problemlagen und erschwert dadurch den sozialarbeiterischen Hilfeprozeß.

Die Profession verlangt ein wissenschaftliches Wissen, eine akademische Ausbildung, und die heutigen Berufe sind unvorstellbar ohne wissenschaftliche Wissensvermittlung. Dieses Wissen trägt dazu bei, dass wir unser Leben nicht nur irgendwie in der Gesellschaft arrangieren, dass wir mehr oder weniger glücklich überleben, sondern dass wir in der Gesellschaft einen Status bekommen und an den Status gebundene Rollen übernehmen. Die Bildung vermittelt das nötige wissenschaftliche Wissen auf unterschiedlichen Ebenen; die oberste Ebene wäre die akademische, universitäre oder die Hochschulbildung.

Statt von wissenschaftlichem Wissen können wir, mit bestimmten Einschränkungen, auch von allgemeinem theoretischem Wissen sprechen. Die Theorie ist ein System der Begriffe und Definitionen, die aus einem Wissensgebiet Erkenntnisse überträgt, ordnet, erklärt und eventuell prognostiziert. Die Brauchbarkeit einer Theorie ist an ihrer Leistungsfähigkeit zu messen. Je universaler und je abstrakter eine Theorie ist, desto mehr Informationen kann sie übertragen. Ihre Brauchbarkeit ist sozusagen durch ihren Abstraktionsgrad garantiert. Eine abstrakte Theorie kann sehr vielfältig konkretisiert werden - und dazu liefern uns die abstrakten Naturwissenschaften wie Mathematik und Physik Beispiele. In den humanen Wissenschaften ist es die an die Mathematik anlehnende Statistik, die sich von Einzel- oder Gruppensituationen abstrahiert und uns Zahlen und Prozente zeigt, die vergleichbar und anwendbar sind in vielen anderen vergleichbaren oder ähnlichen Situationen.

Die soziologischen Theorien berühren fast immer ein zentrales Problem des menschlichen Zusammenlebens. In dem Marxismus war es der Widerspruch von Arbeit und Kapital, in der phänomenologischen Soziologie war das Problem die Erscheinungsform des Alltags, in den kritischen Theorien stand die Emanzipation im Vordergrund, die reduktionistische (psychologisierende) Soziologie betonte die Interaktion, die verstehende Soziologie (Weber) wurde auf das Problem des Sinnes zentriert, die handlungstheoretische Soziologie untersuchte das soziale Handeln und dessen Motive, und in der soziologischen Systemtheorie schließlich stand die Komplexität, genauer gesagt die Reduktion der organisierten Komplexität, im Mittelpunkt der Untersuchungen. Heute untersucht die systemtheoretische Soziologie die Eigenschaften der selbstorganisierenden (autopoietischen) Systeme.

Die Sozialarbeitswissenschaft arbeitet mit Theorien, die aus der Psychologie, aus der Soziologie, aus Recht usw. entnommen sind - und ist gerade dabei, ihre eigene Theorie zu erarbeiten. Die Konturen sind schon gesteckt: Es geht um die Theorien der Hilfe, des "Sozialen" und um Lösungsansätze für soziale Probleme. Für beide Wissenschaften, sowohl für die Soziologie als auch für die Sozialarbeitswissenschaft, gilt aber, dass sie keine "richtigen", sondern nur "brauchbare" Theorien ausarbeiten wollen.

Theorien sind die Mittel der wissenschaftlichen Erfassung der Weltrealität, oder anders ausgedrückt: Die Wissenschaft ist eine Sammlung von Theorien der zur methodischen Erkenntnis der Welt führenden, aufgearbeiteten Kenntnisse.

Die Wissenschaft ist abhängig von der Zeit und von der Gesellschaft. Unterschiedliche Wissenschaftstheorien sind in der Geschichte aufgetaucht. Die Menschen waren immer fasziniert von der Entdeckung der Wahrheit und der Gerechtigkeit - sie reflektierten diese auch oder bezweifelten sie. Das Zweifeln hat auch eine lange Tradition von den Sophisten bis hin zu den Konstruktivisten. Die erste Fassung des berühmten descartesschen Satzes lautete: „Ich zweifle, also bin ich".

Das Neue in der Wissenschaft - um nicht zu sagen die Neugier - ist der Motor jeder wissenschaftlichen Arbeit. "Die Wissenschaft sucht und produziert das Neue und Überraschende ja nicht um seiner selbst willen, sondern um es zu unterdrücken und in Erwartbares zu transformieren. Mit dem Symbol Wahrheit wird kommuniziert, dass dies gelungen ist." (Luhmann, 1994, 218)

Die Merkmale der modernen Wissenschaft und was diese für ein Studium der Sozialarbeit bedeuten, kann man in vier Punkten zusammenfassen. Es wird hierbei außer Acht gelassen, wie die moderne Wissenschaft sich selbst definiert, wie sie sich selbst beobachtet: nämlich als funktional ausdifferenziertes System, das allein die Wahrheit als Medium seiner Operationen benutzt.

1) Die Wissenschaft demokratisiert sich zunehmend. Die Demokratisierung bedeutet einerseits, dass ihre geheimen, mystischen Aspek-

13

te verschwinden. Das Wissen, die neuen Erkenntnisse, die Theorien werden durch die Massenmedien popularisiert (Presse, Radio, Fernsehen) und finden für jedermann Zugang. Die Gefahren sind dabei die Vereinfachung, die Demagogie oder die Nutzung der Wissenschaft für ideologische und parteipolitische Zwecke. Für die Sozialarbeit bedeutet dies, dass sie Abstand nehmen muss von einer oberflächlichen Simplifizierung. Es scheint jeder zu wissen, was Sozialarbeit ist, aber keiner kann es genauer sagen! Das Studium der Sozialarbeit konkretisiert durch wissenschaftliche Theorien und Methoden, was Sozialarbeit ist. Das demokratisierte Wissen in der Sozialarbeit kann jedoch für die Tagespolitik und für mögliche Propagandazwecke leicht manipuliert werden. Eine wissenschaftlich begründete "Option für die sozial Schwachen und Benachteiligten" kann leicht in linken Fundamentalismus abrutschen.

2) Die Beziehung zwischen Wissenschaft und Hochschule wird neu definiert. Die Universität im späten Mittelalter war die Summe des Wissens mit den etablierten Riten und Mythen - und dies überdauerte bis in unser Jahrhundert. Nicht umsonst protestierte die achtundsechziger Generation gegen den "Muff der Talare". Die moderne Wissenschaft schüttelt immer mehr die Alleinherrschaft der Universität auf dem Gebiet des Wissens ab. Statt Hierarchie etabliert sich eine wohltuende Kooperation zwischen Hochschule und Firma, Institution oder Organisation. Für die Sozialarbeit scheint diese Kooperation besonders fruchtbringend zu sein. Die Fachhochschulen sind heute führende Hochschuleinrichtungen nicht nur auf dem technischen Gebiet sondern auch in der elektronischen Kommunikation, in unterschiedlichen und neuen Dienstleistungssektoren, in der Managementbildung usw. Das praktische Wissen wird durch die Träger der Sozialarbeit - in der Form von Praktika, Hospitation, Projekten usw. - eine Kontrolle ausüben über das theoretische Wissen, das in den Fachhochschulen vermittelt wird. Umgekehrt kontrolliert die Fachhochschule die Praxis, indem sie der Praxis neue und überraschende Lösungsmöglichkeiten durch die Theorien eröffnet. Aus gegenseitiger Kontrolle formt sich eine Kooperation zwischen Theorie und Praxis.

3) Beobachtbar ist die Beschleunigung der Spezialisierung in den Wissenschaften. An den Fakultäten bilden sich immer neue Institutionen, Forschungsstellen und Forschungseinrichtungen. Dadurch

entstehen neue wissenschaftliche Denkrichtungen und Forschungsge-
biete, die sich nicht nur von älteren Richtungen und Gebieten abspalten,
sondern sich in eigenständigen, neuen Wissenschaften mit eigenen
Methoden und Forschungen etablieren. Es gibt heute schon eine Tou-
rismuswissenschaft, eine Managementwissenschaft oder innerhalb der
Psychologie eine Theorie des "flow" (Csikszentmihályi, 1992), die bald
als "Glückswissenschaft" in dem Pantheon der Wissenschaften Einzug
haben wird. Die Sozialarbeit wird auch schon als "Wissenschaft der
Hilfe" definiert und avanciert vom Status einer Hilfswissenschaft zu einer eigenständigen Disziplin.

4) Wir können letztlich auch eine Praktisierung der Wissenschaft beobachten. Der Ausdruck "Praxiswissenschaften" (und dazu sollte auch
die Sozialarbeitswissenschaft gehören) ist aber nicht sehr glücklich gewählt. Er setzt nämlich voraus, dass eine scharfe Trennung zwischen
Theorie und Praxis auch in der modernen Wissenschaft existiert. Dies
ist aber nicht mehr der Fall. Gerade die Fachhochschulen sind ein Beweis dafür, dass sich Theorie und Praxis verbinden lassen und beide
voneinander profitieren. Das Studium der Sozialarbeit wird verstanden
als Lernen und Betreiben von Wissenschaft, weil die Praxis ohne Wissenschaft blind ist, und als Ausprobieren und Gestalten von Praxis, weil
Wissenschaft ohne Praxis leer bleibt.

Fachhochschulen sind im Sinne des Gesetzgebers keine eigentlichen
wissenschaftlichen Hochschulen und gehören nicht zu der alten akademischen Tradition. Sie bilden die Studierenden für ein bestimmtes
"Fach", für einen Beruf aus, in dem die praktische Berufsausübung auf
theoretischen Kenntnissen basiert. Universitäten bilden ihre Studierenden in einer bestimmten Wissenschaft (Natur-, Humanwissenschaft)
aus, aber auch sie können heute auf die Praxis nicht verzichten. Man
kann sogar behaupten, dass die Universitäten in den neunziger Jahren
anfangen, von den Fachhochschulen zu "lernen". Die Erwartung (oder
Befürchtung) einiger, dass die Fachhochschulen irgendwann von der
Universität "aufgesogen" werden oder selbst Unis werden, verwirk-
lichte sich nicht. Sie sind mit den Universitäten in einigen Gebieten
(Ingenieurausbildung) gleichrangig, kompetitiv - wenn nicht sogar von
Firmen und Anstellungsträgern bevorzugt.

Die Fachhochschulen sind in den frühen siebziger Jahren entstanden
und haben also eine kaum dreißigjährige Tradition. Am Anfang gab es

viel Skepsis in den Fachkreisen - aber die Fachhochschule hat sich bewährt. Die von vielen und besonders von den Einstellungsträgern befürchtete "Verwissenschaftlichung" blieb aus. Sie ist das gelungenste Reformmodell der bundesrepublikanischen Bildungs- und Hochschulpolitik. Im wiedervereinigten Deutschland gibt es rund 3.000 Hochschulen mit mehr als 1,8 Millionen Studierenden. Allein in den 20 katholischen und evangelischen Fachhochschulen für Sozialarbeit studieren derzeit über 15.000 Studenten. Die Katholische Fachhochschule Nordrhein-Westfalen ist mit mehr als 3.000 Studierenden in den Abteilungen Aachen, Köln, Münster und Paderborn die größte nichtstaatliche Fachhochschule in Deutschland; gleichzeitig ist sie die größte Hochschule für Studiengänge des Sozialwesens.

Auch in den neuen Bundesländern wurden die Fachhochschulen eingerichtet und tragen dort zur Erfolgsgeschichte dieses Hochschultyps bei. Das Profil der Fachhochschulen wurde durch den Wissenschaftsrat 1981 mit der Formel "andersartig, aber gleichwertig" beschrieben. Fachhochschulen mit ihren praxisorientierten und auf die Anwendung von Wissenschaften bezogenen Studiengängen, die relativ kurz, klar strukturiert und straff organisiert sind, arbeiten konkurrenzlos kostengünstig und sind hervorragend geeignet, sowohl die Bildungswünsche junger Menschen als auch den Qualifikationsbedarf des modernen Beschäftigungssystems zu befriedigen. Sie bieten auch Nichtabiturienten eine Chance, haben den zweiten Bildungsweg integriert und die sogenannte Bildungsreserve mobilisiert.

Der Regionalbezug der Fachhochschule ist von besonderer Bedeutung. Die Struktur des Fachhochschulstudiums der Sozialarbeit mit der Betonung einer praxisorientierten Ausbildung benötigt ein regionalisiertes Angebot. Der Praxisbezug, der durch berufspraktische Studiensemester, Praktika, Projektarbeit, Diplomarbeiten und Weiterbildungsangebote hergestellt wird, setzt die räumliche Nähe zu Einrichtungen der sozialen Dienste und zu den Kirchengemeinden voraus. Darüber hinaus trägt die Regionalisierung der Ausbildungsangebote dem Anliegen Rechnung, Studienplätze in nicht zu großer Entfernung vom Wohnsitz der Studierenden anzubieten und dadurch vor allem Frauen und bisher bildungsfernen Gruppen ein Studium zu ermöglichen.

Noch immer sind die Fachhochschulen ein bildungspolitisches Experimentierfeld: Teilzeit- und Weiterbildungsstudiengänge, frauenförderndes und berufsbegleitendes Studium sowie berufsintegriertes Weiterstudium sind schon teilweise im Gange, teilweise geplant. Eine Ausdehnung des Sozialwesenstudiums in Richtung Heilpädagogik, Sozialmanagement oder Pflegemanagement ist das Zeichen des innovativen Charakters. Erwähnenswert ist der "Studiengang neben Familientätigkeit", kurz Frauenstudium genannt, an der Katholischen Fachhochschule in Aachen.

Die Fachhochschulen für Sozialwesen erfüllen einen Bildungsauftrag und sind gegenüber der Gesellschaft verantwortlich, solche Fachkräfte auszubilden, die ein klares Verständnis von Sozialarbeit innehaben. Nach ihrer Überzeugung beinhaltet Sozialarbeit insbesondere Anwaltschaft für Klienten und Klientengruppen zur Vertretung ihrer Interessen und Ansprüche, Vermittlung zwischen Klient und sozialem Umfeld (einschließlich der Institutionen und ihrer Hilfeangebote), Beeinflussung der Institutionen sozialer Hilfe, der öffentlichen Meinung und der politischen Entscheidungsprozesse, Beratung in Krisensituationen und Entscheidungsprozessen, Befähigung zur Entwicklung von Ich-Kräften des Individuums sowie zur Reflexion und Bewältigung von Konfliktsituationen.

Allgemeines Studienziel des Studiums der Sozialarbeit ist der Erwerb von beruflicher Handlungskompetenz auf der Grundlage von wissenschaftlichen Erkenntnissen und berufsspezifischen Methoden. Das Studium soll den Studenten zur Analyse individueller und gesellschaftlicher Probleme und zum Einsatz der grundlegenden Handlungsarten der Sozialarbeit als Mittel der Problemlösung befähigen.

Handlungskompetenz erfordert Sachkompetenz, Selbstkompetenz und Sozialkompetenz. 1.) Die Sachkompetenz umfaßt die fachwissenschaftlichen, die berufsfeldspezifischen und die berufspraktischen Grundlagen. 2.) Die Selbstkompetenz beinhaltet die Befähigung zur Selbstreflexion und zu kontrolliertem Einsatz der eigenen Person. Sie bedeutet auch die Befähigung zur Umsetzung von Theorie in Praxis. Die Selbstkompetenz umfasst die Befähigung zur realistischen Einschätzung von Situationen, zum Erkennen der Möglichkeiten und Notwendigkeiten von Veränderungen und Innovationen sowie zur Einordnung beruflicher Erfahrungen in gesellschaftliche Zusammenhänge.

Schließlich ist Selbstkompetenz eine Befähigung zur Darstellung des beruflichen Handelns gegenüber Adressaten, Mitarbeitern, Institutionen und Öffentlichkeit. 3.) Unter Sozialkompetenz versteht man die Befähigung zur Aufnahme und Gestaltung beruflicher Beziehungen sowie zur Entfaltung schöpferischer Kräfte von Einzelnen, Gruppen und Gemeinwesen. Hierzu gehören noch die Anerkennung und die Verwirklichung berufsethischer Normen wie Solidarität mit Schwächeren und mit benachteiligten Mitgliedern der Gesellschaft oder die Bereitschaft, für die Verbesserung menschlicher Lebensbedingungen einzutreten.

*

Wenn Sie Zeit und Lust haben, beantworten Sie die folgenden Fragen und lösen Sie die folgenden Aufgaben:

1. Wo liegt der Unterschied zwischen alltäglichem und wissenschaftlichem Wissen?

2. Was ist eine Theorie?

3. Welche Theorien charakterisieren die Sozialarbeitswissenschaft?

4. Was bedeutet die Demokratisierung der Wissenschaft?

5. Was heißt "Beschleunigung der Spezialisierung" in den Wissenschaften?

6. Warum ist der Ausdruck "Praxiswissenschaft" nicht glücklich gewählt?

7. Warum sind Fachhochschulen keine eigentlichen wissenschaftlichen Hochschulen?

8. Was heißt "Regionalisierung der Fachhochschule"?

9. Was ist der Unterschied zwischen Sachkompetenz und Selbstkompetenz?

10. Was versteht man unter Sozialkompetenz?

Aufgabe 1: Welche Ihnen bekannten Theorien könnten in der Sozialarbeitswissenschaft noch Platz haben?

Aufgabe 2: Nennen Sie fünf Naturwissenschaften und fünf Human-wissenschaften, die an der Universität oder an der Fachhochschule vertreten sind!

Aufgabe 3: Reflektieren Sie darüber, ob Sie die Forderungen der Handlungskompetenz der Sozialarbeit erfüllen!

Literaturangabe:

Luhmann, Niklas: Die Wissenschaft der Gesellschaft, Frankfurt/M, /Suhrkamp/ 1994, 2. Auflage.

Csikszentmihályi, Mihály: Flow. Das Geheimnis des Glückes, Frankfurt/M, /Suhrkamp/ 1992.

1.2 Das Hören einer Vorlesung

Vorlesungen sind anerkannte, erlaubte Lehrmethoden - wie auch Seminare und Übungen. Das Wort Vorlesung wird aus dem Lateinischen übersetzt (prelegieren) und entspricht der jahrhundertealten akademischen Gepflogenheit der Dozenten, an der Hochschule in einem Wissenschaftsbereich vorzutragen. Oft wurde sie nur Lesung genannt. Noch immer heißen die nach dem Stundenplan zum Semesterbeginn fachhochschulintern gedruckten Bücher Vorlesungsverzeichnisse - obwohl doppelt so viele Lehrveranstaltungen als Seminare oder Übungen von den Dozenten gehalten werden. In dem Fächerstudium des Studienganges Sozialwesen dienen die Vorlesungen dem allgemeinen Einstieg in eine Wissenschaft wie Psychologie, Recht oder Soziologie. In diesem Buch wird besonders auf die gewöhnlichen Soziologievorlesungen Bezug genommen, und die Beispiele werden meist von diesem Fach ausgeliehen, aber auch Vorlesungen von anderen Sozialwissenschaften sind hier mitgemeint.

Infolge der Studienreformen entstehen an den meisten Fachhochschulen auch andere Lehrformen und -methoden, die praxisorientiert sind, z.B. Projektstudien, Lernprojekte, Feldprojekte usw. Dies bedeutet aber nicht das Verschwinden dieser "alten" Lehrmethode. Diejenigen

Fachhochschulen, die früher die Vorlesungen abgeschafft haben, führen sie wieder ein - andere wiederum begrenzen ihre Anzahl. Die Tendenz ist also nicht völlig eindeutig. Fest steht aber, dass in den sogenannten "theoretischen Fächern" die Vorlesung nicht tot ist und auch jüngere Kollegen ihren Nutzen für den Hochschulunterricht erkennen.

Auch der Widerstand der Studierenden ist nicht einheitlich. In höheren Semestern gibt es mehr Verständnis für Vorlesungen als bei den Studienanfängern, da die Vorteile einer Vorlesung erst nach einigen Semestern Gewöhnungsphase deutlich werden. Gerade in den ersten drei, vier Semestern werden besonders Vorlesungen angeboten (gemäß dem Lehrplan), obwohl in dieser Zeit der Widerstand der Studienanfänger am größten ist. Dieser Widerstand resultiert aus einer Unkenntnis und wird von einigen studentischen Kreisen der höheren Semester artifiziell am Leben gehalten.

Die Praxisstellen, die zukünftigen Arbeitgeber, die vehement gegen eine pauschale "Verwissenschaftlichung" des Sozialwesens plädieren, finden letztlich, dass die Vorlesung in bestimmten Fächern unentbehrlich ist. Sie haben mittlerweile aus eigener Erfahrung die Aussage, nach der Theorie ohne Praxis keinen Sinn, aber Praxis ohne Theorie keinen Wert hat, bestätigt.

Hierunter finden Sie zwölf Argumente für die Vorlesung, die sich einerseits mit den vorhandenen Vorurteilen gegenüber dieser Lehrform auseinandersetzen und andererseits versuchen, das Problem auch kritisch (bzw. selbstkritisch aus dem Blickwinkel des Dozenten) zu beleuchten.

1. Eine Vorlesung eignet sich gut für eine anfängliche Wissensvermittlung, z.B. das Kennenlernen der Grundbegriffe der klassischen Theorien. Der Ausdruck Wissensvermittlung hat für viele einen negativen Beigeschmack. Er "vermittelt" eine veraltete Lehrer-Schüler-Abhängigkeit, eine Hierarchie zwischen dem Wissenden und dem Unwissenden. Dies stimmt einerseits, weil mit der allgemeinen Vermehrung des Wissens auch das Nichtwissen vermehrt wird, denn Wissende haben einen Vorteil bei der Bewältigung von Problemen. An den Fachhochschulen für Sozialwesen wird dies noch verkompliziert durch die Tatsache, dass viele Lernende sich schon als Wissende verstehen. Wer hat nicht schon von Unterschichten, Rollen, Funktionen gehört, bevor

er eine Soziologievorlesung besucht hat? Aber andererseits führt die tatsächliche Vermehrung des Wissens in der modernen Welt zur Verunsicherung, und es ist gar nicht so sicher, dass Wissende immer im Vorteil sind. Das Wissen ändert sich sehr schnell, und "veraltetes" Wissen kann leider zum Nachteil werden. Mit altem Wissen können neue Probleme nicht bewältigt werden.

2. Das Vorwissen, das die Studienanfänger in den Fachhochschulen mitbringen, ist sehr heterogen, nicht abgesichert, oft nur diffuses Alltagswissen, durch mediale Manipulationen beeinflusst. Die Vorlesungen bieten eine solide Wissensbasis für eine sachliche Diskussion in späteren Seminaren. Die Vorlesung in der modernen Fassung wird keineswegs die Abhängigkeit zwischen Lehrer und Schüler weiterführen - dies ist eine Beziehung zwischen Professor und Student an der Hochschule, sozusagen ein Vertrag zwischen einem, der wegen seiner bewiesenen Kompetenzen seinen Wissensvorsprung (entstanden durch Lesen der Fachliteratur, Teilnahme an wissenschaftlichen Kongressen und Fachtagungen, durch eigene Forschungstätigkeit usw.) den Studierenden darbietet, und einem, der seinen manifesten wissenschaftlichen "Wissenslücken" unter fachkundiger Leitung beheben möchte. Es gibt keine Hierarchie zwischen einem Wissenden und einem Unwissenden, weil derjenige, der weiß, sich auch darüber klar ist, dass er nicht alles weiß. Je mehr er nämlich weiß, desto weniger weiß er. Reflexiv gesehen, weiß er, dass er nicht wissen kann, wieviel er nicht weiß.

Der alte lateinische Spruch "docendo discimus", die Tatsache, dass man durch das Lehren am besten lernt, ergänzt durch die andere Tatsache, dass man von Lernenden am effektivsten lernt, sprengt das alte hierarchische Korsett. Die Studierenden sind sich oft nicht dessen bewusst, dass der Professor sehr viel durch die gestellten Fragen und erfragten Informationen für sein Lehren zugewinnt - auch wenn er es nicht gern zugibt.

3. Ein theoretisches Seminar (z.B. in der Soziologie ein Seminar über Systemtheorie als Zugang zum Life-Model) für höhere Semester hat nur Sinn, wenn elementare Grundbegriffe und Theorien vorab geklärt sind. Genau dasselbe ist zu sagen zu den semantischen und etymologischen Begriffsentwicklungen, die in einer Vorlesung vorher erörtert wurden. Es bringt nichts Gutes - zumindest nichts Wissenschaftliches -, wenn Erstsemestler gleich zu Studienbeginn in einem Seminar wild losdisku-

tieren und Begriffe benutzen, deren Bedeutung vorab nicht genügend geklärt wurde. Der Seminarleiter wird früher oder später gezwungen sein, Grundbegriffe zu erklären, um einen Konsens für weitere nützliche Diskussionen zu erreichen. Einige Dozenten gestalten vorsorglich ihre Seminare derart, dass die ersten drei, vier Stunden vorlesungsartigen und begriffsklärenden, also wissensvermittelnden Charakter haben.

4. Vorlesungen bieten Voraussetzungen für Seminare, in denen mit dem Thema auf konkret praktischer Ebene eine Auseinandersetzung und Diskussion auf wissenschaftlichem Niveau erfolgen kann, weil die Begriffe und Fachausdrücke für jeden Teilnehmer bekannt sind und deren Anwendung kompetent erfolgt.

5. Eine Vorlesung ist heute kein akademischer Frontalunterricht mehr, sondern erlaubt, begleitet von einer Vorlesungsschrift, klärende Fragestellungen, die sich genau auf das Thema beziehen. Frontalunterricht ist schon aus den Schulen erfolgreich verbannt worden. Dies erfolgte jedoch nicht ohne Schwierigkeiten, weil besonders ältere Lehrkräfte noch in dieser Tradition aufgewachsen sind und auch die Eltern zuerst skeptisch waren. Gruppenarbeit oder Projektarbeit wurde verspottet als Spielerei. So erinnern wir uns an die kontroversen Diskussionen in Bezug auf die Einführung der Mengenlehre in der Mathematik. Schließlich gaben die Entwicklung und der Einzug der modernen didaktischen Medien (vom Overheadprojektor bis hin zum Computer) ins Klassenzimmer dieser Unterrichtsform den Gnadenstoß.

Die alte Universität pflegte vor fünfzig Jahren noch den Frontalunterricht. Die meisten Räumlichkeiten in dem Universitätsgebäude und nicht nur im Auditorium Maximum waren noch entsprechend ausgestaltet, Kreide und Schwarzbrett waren die wichtigsten Lehrmittel. Das Buch auf dem Katheder vor dem Ordinarius (meist auch noch von ihm geschrieben) sicherte dem Lehrstuhlinhaber höchste wissenschaftliche Autorität. Er, der Wissende, stand stramm vorn, frontal, und die Hörer vor ihm schrieben seine „Prelektion" wortwörtlich in ihre Hefte.

6. Die Vorlesungsschrift wird heute Semester für Semester neu geschrieben, zumindest korrigiert und ergänzt. Der gut vorbereitete Dozent liest nicht vor, sondern trägt vor und benutzt sein Manuskript nur für die exakte Wiedergabe von den wichtigsten Definitionen, Daten und Fakten. Er redet frei, wie er es auch später von seinen Studenten in den

Seminaren verlangt. Die klärenden Fragestellungen begleiten die moderne Vorlesung - die Hörer werden sogar zum Unterbrechen ermutigt, um kritische Fragen stellen zu können. Der Störenfried ist willkommen und der "Nur-Hörer" eine aussterbende Art.

7. Die Vorlesung ermöglicht den Studierenden mit heterogenem Wissensstand - und dies ist wohl der Fall in einer Fachhochschule für Sozialwesen -, sich auf gleiches Wissensniveau zu bringen, um später gleichwertige Diskussionspartner zu sein. Die Studienanfänger heute bringen unterschiedliches Wissenskapital mit: Gymnasiasten, Fachoberschüler, zweiter Bildungsweg, Studienabbrecher von Universitäten usw. Es ist eine schwere didaktische und pädagogische Aufgabe des vorlesenden Dozenten, herauszufinden, wer was weiß oder nicht weiß. Um dieser Aufgabe gerecht zu werden, bedarf es oft zusätzlicher Lehrveranstaltungen zur Vorlesung, z.B. Übungen. Die Rechtsübungen sind schon gang und gäbe, aber auch in der Psychologie und in der Soziologie werden Übungen sehr geschätzt.

Es hängt von der jeweiligen Situation ab, ob sich die Übungsgruppen nach der vorfindbaren schulischen Diversität konstituieren - eine Gruppe für Abiturienten, eine Gruppe für "Seiteneinsteiger" usw. oder nach Alter oder nach anderen Kriterien. Ein "Privatissimum", wie dies an der alten Universität noch praktiziert wurde, ist wohlgemerkt ausgeschlossen. Gleiches Wissensniveau bleibt also das oberste Ziel, und wie dies erreicht wird, ist der Phantasie und der Kreativität des Dozenten überlassen. Schön wäre, wenn Studierende hier selbst Initiativen entwickeln könnten, aber dies ist nur selten der Fall.

8. Für die Einführung in die Soziologie und deren Grundbegriffe in Familiensoziologie, Jugend- und Alterssoziologie, die als "generelle Soziologien" gelten, eignet sich die "pure Vorlesung" hervorragend. Hier gibt es noch keine Gelegenheit für Diskussionen, und von den Studierenden wird erwartet, dass sie den allgemeinen Konsens bei den grundlegenden Problemen und Definitionen in der generellen Soziologie akzeptieren. Nichtsdestoweniger gilt für dieses Fach auch, dass es keine Soziologie, sondern nur Soziologien gibt. Der Studierende beobachtet, wie die Soziologie die Gesellschaft und sich selbst beobachtet und beschreibt - und nimmt die Beschreibungen dieses Beobachtens als passendes Wissen an.

9. Für die sogenannten Bindestrich- und Themensoziologien wie Kultursoziologie, Soziologie der Jugendkriminalität, Randgruppensoziologie sowie Soziologie der Macht, des Vertrauens, der Liebe, der Risiken usw. ist eher eine Kombination Vorlesung und Seminar angezeigt.

10. Die Bedeutung der Diskussion und des seminarartigen, durch Referate vorbereiteten Lernens wird nicht geleugnet, sondern eher gefördert durch gut vorbereitete und durchgeführte Vorlesungen. Bei problematischen Stellen in einer Vorlesung kann immer wieder darauf hingewiesen werden, dass diese Stellen in einem nachfolgenden Seminar detailliert ausdiskutiert werden, Alternativen angeboten und Perspektiven eröffnet werden. Der Lerneffekt im Seminar wird dann durch gegenseitiges Voneinanderlernen gesteigert. Die Kritiker der Vorlesung werfen ihr vor, dass sie die unmittelbare Bedürfnisbefriedigung nach selbständigem Lernen abblockt und verhindert. In der Tat sind das selbständige Lernen sowie die selbständige Auswahl des Lernstoffs im Rahmen einer Vorlesung nicht zu verwirklichen. Der Dozent wählt aus, präsentiert seine Wahl und trägt natürlich die Verantwortung für sein Lehren. Es lohnt sich aber, die Selbständigkeit und die Neugier zwei, drei Semester zurückzustellen und zuerst unter Führung eines Dozenten auf die Selbstauswahl zu verzichten. Erst wenn die Fundamente des Fachwissens vorhanden sind, kann das Wissensgebäude aufgezogen, erweitert, verschönert werden.

11. Das Seminar, in dem grundsätzlich mit Referaten gearbeitet wird, zwingt zwar die Studierenden, bestimmte Bücher und Aufsätze zu lesen und sich intensiv mit einer Teilthematik des Faches zu beschäftigen, der Durchblick und der Gesamtzusammenhang gehen jedoch ohne eine vorangegangene Vorlesung oft verloren. Das gelungene Seminar ist eine Fortsetzung einer Vorlesung, in der ein Grundwissen angelegt wird. In einem Seminar, wo Detailwissen angesagt ist, werden die Zusammenhänge und die Anknüpfungen an das Basiswissen schon vorausgesetzt, die man am besten in Vorlesungen erlernen kann. Außerdem werden in einem Seminar oft studentische Selbstdarstellungen praktiziert, und Profilierungsaspekte scheinen für manche Studierenden dabei wichtiger zu sein als Wissensaspekte. Sie müssen Anerkennung ernten sowohl von Kommilitonen als auch von dem Dozenten - was eigentlich nicht falsch ist, aber wenn diese im Vordergrund steht und dabei das ei-

gentliche Ziel des Seminars, d.h. das gegenseitige Lernen, verloren geht, dann ist das Seminar zweckentfremdet.

12. Die Vorlesung verlangt von dem Dozenten mehr Vorbereitung und mehr Qualität - von den Studierenden mehr Aufmerksamkeit und Disziplin. Die Erfüllung dieser vier Forderungen garantiert schon an sich einen positiven Lerneffekt. Ob dabei unbedingt ein "Lernen mit Spaß" entsteht, mag dahingestellt sein. Jedes Lernen geht zusammen mit Anstrengung - der Spaß sollte ein wohltuender Nebeneffekt sein und keinesfalls ein unbedingtes, vordergründiges Ziel.

Wenn Vorlesungen prüfungsrelevant sind, muss das Leistungsniveau höher liegen als bei Seminaren. Das geprüfte Grundwissen wird für die spätere sachliche Diskussion in Seminaren nützlich sein. Definitionen werden richtig wiedergegeben und Theorien für die Praxis richtig angewandt. Der Prüfungszwang, verbunden mit der Prüfungsangst, wird oft falsch eingeschätzt. Der Prüfungszwang, das Abfragen des Wissens ist eine Art gesellschaftlicher Kontrolle, die für einen Beruf unentbehrlich ist. Zwang ist nicht schön - Selbstzwang wäre richtiger für einen guten Zweck -, aber die Gesellschaft verlangt doch eine Garantie, dass diejenigen, die später Menschen führen, ihnen helfen, sie betreuen wollen, die mit menschlichen Problemen umgehen müssen, sich das zu diesen Aufgaben gehörende Wissen wirklich aneignen.

Die Vorlesung ist keine Rückkehr zu antiquierten Lehrmethoden, sondern eine bewusste wissenschaftliche Disziplinierung und Selbstdisziplinierung und somit ein wichtiger Beitrag zur wissenschaftlichen Kultur der Sozialarbeiter und Sozialpädagogen.

Vorlesungen werden generell für ein ganzes Semester angeboten. Wenn hundert oder mehr junge Leute in einem Saal aufmerksam zuhören, kann dies allein schon zu einem positiven Lerneffekt für alle beitragen. Das Gefühl der Solidarität der Wissenshungrigen erhöht sich bei steigender Zuhörerzahl; das Wissen, dass auch andere mit-wissen wollen und man nicht alleingestellt ist, nicht in einer kleinen, kritisch prüfenden Gruppe sitzt, wo noch eventuell störende gruppendynamische Prozesse ablaufen können (z.B. Kampfphase), ist persönlich bereichernd. Die Anonymität der Masse ist im Falle einer Vorlesung nicht unbedingt negativ, im Gegenteil: Für Studienanfänger kann diese motivierend wirken. Dennoch muss die Masse irgendwie überschaubar bleiben. Überfüllte Lehrsäle und Auditorien sind natürlich nicht erwünscht, und oft sind die Studierenden wegen dieser Situation vorlesungsscheu.

Zum positiven Lerneffekt und zur Selbstdisziplinierung gehört auch die Tatsache, dass bei guter, d.h. nicht langweiliger Vorlesung die Störer und diejenigen, die in den oberen Reihen des Auditoriums Privatgespräche führen und sich anders auffällig machen, von den anderen Kommilitonen zur Ordnung gerufen werden. Für jeden Dozenten ist das "Halbmond"-Phänomen bekannt: Die hinteren, rechts- und linksliegenden Plätze werden zuerst von Studierenden besetzt - der leere Halbmond vor dem vorlesenden Dozenten wird nur zögerlich gefüllt, meist von den Zuspätgekommenen. Auch die mehrmalige Aufforderung des Dozenten, in den vorderen Reihen Platz zu nehmen, bleibt oft ungehört. Dies muss von dem Dozenten nicht immer ärgerlich betrachtet werden. Es ist vielleicht ein Zeichen für Respekt und Zurückhaltung oder das Bestreben, eine bessere Sicht zu haben usw. Es ist aber nicht ratsam, die Zuhörer in einem riesengroßen Kreis zu plazieren. Dies ist nur im kleineren Diskussionskreis wegen des guten Blickkontakts geeignet.

Bei mehr als hundert Studierenden in einer Vorlesung gibt es immer mehrere, die die hinteren Reihen als Fluchtpunkt oder als Selbstbeschäftigungsort benutzen. Damit muss ein Dozent leben. Aber die große Masse erzeugt auch Respekt und ein Gefühl der Verantwortung bei dem Dozenten. Wenn die Masse in einem Wintersemester bis Weihnachten bleibt, ist dies ein sicheres Zeichen dafür, dass das Vorgelesene gut ankommt. Auch wenn die diskrete Geräuschkulisse - besonders bei mehrheitlich weiblichen Vorlesungshörern - plötzlich aufhört und nur die Stimme des Dozenten zu hören ist, ist es schmeichelhaft für diesen. Für seine wissenschaftliche Reputation, für sein Selbstwertgefühl ist also eine "große" Vorlesung unentbehrlich.

Die Räumlichkeiten für eine Vorlesung sollten so beschaffen sein, dass die Möglichkeiten zum Mitschreiben gewährleistet bleiben. Tische oder Stühle mit Klapptisch müssen vorhanden sein. Auf Knien und Beinen zu schreiben, ist nicht angenehm. Auch die Beleuchtung und die Belüftung müssen richtig funktionieren. Für den Dozenten müssen Apparate (Overheadprojektor, Video usw.) funktionstüchtig vorbereitet werden. Es gibt nichts Schlimmeres, als wenn technische Störungen eine ansonsten gut vorbereitete Vorlesung zunichte machen.

Das Zuhören muss aktiv sein. Aktiv heißt, dass sich die Aufmerksamkeit trotz äußerer Störungen (Privatgespräche nebenan, Geräusche) und innerer Dispositionen (Müdigkeit, Desinteresse, schlechte Laune) an dem Vorlesenden konzentriert. Aktiv heißt auch, dass der Zuhörer mitdenkt und versucht, den gedanklichen Faden nicht zu verlieren. Jeder Zuhörer muss die Vorlesung zuerst akustisch richtig mitbekommen haben. Aktiv zuhören kann man nicht länger als eine Stunde. Es ist wissenschaftlich bewiesen, dass eine intensive Konzentration die sechzig Minuten nicht überdauert. In einer durchschnittlichen Massenvorlesung hören die Studenten gerade mal während 40 Prozent der Zeit wirklich zu, so haben Hochschuldidaktiker herausgefunden. Nach einer Dreiviertelstunde also ist eine kurze Pause einzulegen, damit der Student schnell sein aktives Zuhören wiederfindet. Der Dozent, der viele Vorlesungen in seinen Lehrangeboten hat, sollte bei dem Stundenplan darauf achten, dass weder die erste Stunde (um viertel nach acht) noch die letzte Stunde (um halb sechs abends) für die Vorlesung reserviert wird. Die besten Stunden für das aktive Zuhören sind Vormittagsstunden.

Fremdwörter bedürfen immer einer Erklärung durch den Dozenten. Weder die lateinischen noch die griechischen Fachausdrücke können als bekannt vorausgesetzt werden - eher dann die englischen Begriffe. Man vermeide einen inflationären Gebrauch der Fremdwörter - er kann, wenn er angehäuft in einer Vorlesung vorkommt, störend wirken. Die Vorlesung ist nicht der Ort, an dem der Dozent seine Fremdsprachenkenntnisse offenbaren sollte.

Das Mitschreiben ist nicht jedermanns Sache, zumal dies nur Stenographen richtig machen können. Es genügt, wenn die wichtigsten Aussagen kurz und komprimiert notiert werden. Der erfahrene Dozent wiederholt diese Aussagen - eventuell in Thesenform -, um dadurch das Mitschreiben zu erleichtern. Für die Zuhörer sollte es reichen, wenn das Aufgeschriebene später mit der Vorlesungsschrift oder mit dem Buch zur Vorlesung verglichen und ergänzt wird. Die Definitionen sollte man aber wortwörtlich nach Diktat schreiben. Als Regel sollte gelten, dass nicht allzu lange Definitionen und möglichst nicht mehr als drei pro Vorlesung diktiert werden.

Für zusätzliche Erklärungen darf der Dozent immer unterbrochen werden. Es gilt das Prinzip: Es gibt keine dummen Fragen, und der Studierende muss auch das Fragenstellen lernen. Es empfiehlt sich, Fragen zuerst zu notieren und diese im günstigen Augenblick zu stellen. Einige Dozenten reservieren einige Minuten gegen Ende der Vorlesung gerade für Fragen.

Noch immer bleibt der fleißige Student, der seine Fragen "privat" stellen möchte, in der Pause oder nach der Vorlesung im Raum. Wenn diese Fragen prompt beantwortet werden können, dann sollte der Dozent darauf eingehen und die Frage und seine Antwort darauf vielleicht bei der nächsten Vorlesung (mit der Erlaubnis des Fragenden) vor den Studierenden erörtern. In schwierigen, komplizierten Fällen sollte der Fragende gebeten werden, seine persönliche Frage während der Sprechstunde des Dozenten vorzustellen.

Der erfahrene Dozent kann seine Vorlesung derart gestalten, dass das behandelte Thema bis zur Pause ausgeschöpft wird und nach der Pause ein neues, ein nächstes Thema auftaucht. Auf jeden Fall ist es nicht günstig, am Ende der Vorlesung Themen anzukündigen, von denen man weiß, dass sie nicht mehr behandelt werden können. Ebensowenig ist es angebracht, das gerade begonnene Thema plötzlich zu unterbrechen und zu sagen: „Darüber werden wir noch reden."

Hier sollte auch die Rolle des Beispiels erwähnt werden. Auch in dem theoretischsten Soziologieseminar (z.B. über Konstruktivismus nach Maturana) sollte das Beispiel nicht verpönt werden. Es soll aber kurz, nicht anekdotisch, sondern pointiert und wenn möglich unpersönlich sein.

Viele Beispiele verwässern die Theorie und sind auch nicht gut für die Praxis. Aussagen wie: "Die beste Praxis ist die gute Theorie" oder "Versuchen wir mal, nur abstrakt zu denken" kommen besonders bei Studienanfängern nicht immer gut an. Die Aufgabe des Beispiels besteht darin, dass eine besonders komplizierte, schwierige und theoretische Aussage oder Definition verständlich wird. Man sollte aber wissen: Es gibt kein perfektes Beispiel, und die Ausnahmen bestätigen die Regel.

Beispiele sind wichtig, aber: a) Beispiele hinken immer, b) sie lenken von dem abstrakten Denken ab. Aber gerade in der Vorlesung sollten die Studierenden keine Angst vor dem abstrakten Denken und vor der Theorie haben. Die alte Theoriefeindlichkeit der Sozialarbeiter ist ein lästiges Erbe aus der Gründungszeit. Mit der langsamen, aber sicheren

Etablierung der Sozialarbeitswissenschaft, so hofft man, gerät dieses Erbe in Vergessenheit.

Vorlesungen sind theoretisch, abstrakt und sehr komprimiert. Der Vortragende ist immer in Zeitnot - sein größtes Problem ist nicht das, was vorzulesen ist, sondern das, was er nicht vorlesen muss, um das Thema doch abzurunden und die Zeit nicht zu überziehen. Für die Studierenden besteht das Problem in der Eingewöhnung in das abstrakte Denken. Aber wer die ersten Vorlesungsstunden "durchgehalten" hat - sie sind meistens die allerschwersten - hat es dann leichter mit dem Rest. Man soll den Mut nicht aufgeben. Man kann nicht alles auf Anhieb verstehen. Man sollte auch bedenken: Wir müssen 100% hören, um 40% sofort zu verstehen und davon 20% zu behalten. Etwas also bleibt immer im Gedächtnis. Wieviel aber nach längerer Zeit noch im Gedächtnis bleibt, ist eine andere Frage. Es ergab eine Umfrage unter Psychologiestudenten, dass ihre Kenntnisse, vier Monate nachdem sie eine Einführungsvorlesung gehört hatten, nur um etwa 10 Prozent über denen der Normalbürger lagen.

Durch begleitende Lektüre können die Lücken des Vorlesungswissens noch immer behoben werden - besonders vor der Prüfung. Auch in der Diskussion und in Gesprächen geübte Studierende können das Buchlesen nicht entbehren. Für das wissenschaftliche Arbeiten an einer Fachhochschule sind Vorlesungshören und Bücherlesen Zwillingsbrüder. Das eine läuft nicht richtig ohne das andere.

Es gibt also keine Vorlesung ohne begleitende Lektüre. Dazu brauchen die Studierenden eine Lesekultur, die sie eigentlich schon in der Schule erworben haben sollten. Leider ist dies nicht der Fall. Die Schüler greifen immer seltener zum Buch. Im Durchschnitt vertiefen sich junge Leute neun Minuten am Tag in ein Buch, aber sie verbringen 136 Minuten vor dem Fernseher. Eine ungenügende Lesekultur hat Folgen für das Studium. Wer bis zum Alter von 15 Jahren seine Lesefähigkeit nicht entwickelt hat, läuft Gefahr, dass sein Sprachvermögen und seine Ausdrucksfähigkeit zurückbleiben. Viele Studenten können sich nicht mehr logisch und zusammenhängend ausdrücken, weil sie eine lückenhafte Lesekultur besitzen.

Wer Bücher und Zeitschriften liest, ist dem Lesemuffel an Verstandesarbeit, Konzentration und Ausdauer überlegen. Er ist urteilsfähiger, neugieriger, kreativer, geselliger und aktiver als andere, die nur fernsehen.

Die London School of Economics veranstaltet fünftägige Einführungskurse, um neue, junge Dozenten in die Geheimnisse der Vorlesungsgestaltung einzuweihen. Seit Beginn der neunziger Jahre wird in Großbritannien und parallel zur Evaluation der Forschung auch die Qualität der Lehre begutachtet. Die Noten für die Dozenten werden bald in Deutschland auch eingeführt. Jeder junge Dozent tut gut daran didaktisch seine Vorlesungen besser zu strukturieren und attraktiver zu machen. Wenn ein junger Dozent bei seinen Vorlesungen vor Hunderten von Studenten nur trockene Fakten erzählt, hat er seine Zuhörer schnell verloren. An der London School of Economics wurde dies rechtzeitig erkannt, und so ist dieser Einführungskurs für Vorlesenlernen durchaus sinnvoll für die Qualität der Lehre. Es ist nämlich sinnvoll, Regeln des Vorlesens, die man eigentlich erst am Ende der Karriere voll beherrscht schon zu Beginn der Karriere einzuüben: Z.B. wann sollte man eine Pause einlegen, Notizen der Studenten in der Vorlesung mit ihren Nachbarn tauschen lassen, bei komplizierten Erklärungen mit Folien, Bilder, Graphiken oder an der Tafel arbeiten, Konzeptpapier austeilen oder kurze Texte von Teilnehmern vorlesen lassen. Wenn man dies heute schon bei einer Probevorlesung praktiziert, sollte dies um so mehr in dem lehrenden Alltag des jungen Dozenten eine Selbstverständlichkeit sein.

*

Wenn Sie Zeit und Lust haben, können Sie die folgenden Fragen beantworten und die folgenden Aufgaben lösen:

1. Was ist eine Vorlesung?

2. Welche Vorurteile hat man gegenüber der Vorlesung?

3. Was ist der Unterschied zwischen Frontalunterricht und moderner Vorlesung?

4. Wie erreicht man das gleiche Wissensniveau bei Studienanfängern?

5. Für welche Fächer eignen sich Vorlesungen besonders?

6. Was ist das "Halbmond-Phänomen" bei Vorlesungen?

7. Was heißt "aktives Zuhören" bei einer Vorlesung?

8. Was ist die Aufgabe der Beispiele in einer Vorlesung?

9. Was ist "das Problem" der Dozenten bei einer Vorlesung?

10. Welche Vorteile haben diejenigen, die viel lesen statt fernsehen?

Aufgabe 1: Finden Sie noch drei gute Argumente für die Vorlesung!

Aufgabe 2: Üben Sie sich in der Fragestellung bei der nächsten Vorlesung, die Sie besuchen!

Aufgabe 3: Notieren Sie eine Woche lang täglich, wieviel Minuten Sie beim Lesen (auch nichtwissenschaftliche Lektüre zählt) und wie viele Minuten Sie beim Fernsehen verbringen.

1.3 Das Buch- oder Artikellesen

Die Erfindung des Buchdruckes leitete die zweite wissenschaftliche Revolution nach der Erfindung der Schrift ein. Diese hatte schon eine fünftausendjährige Geschichte mit dem Höhepunkt vor 3200 Jahren, als die Phönizier die Schrift aus 22 Mitlauten erfanden, was später durch die Griechen auf die Selbstlaute erweitert wurde. Die menschliche Sprache kann also seitdem aus einer Variation von 35-40 Buchstabentypen vollständig in geschriebenen Zeichen wiedergegeben werden.

Die gedruckte Schrift zerbrach den Sakral- und Geheimcharakter der handgeschriebenen Schrift und machte im Prinzip die Gedankengüte für jedermann zugänglich. In diesem Sinne wurde die Wissenschaft, die die gedruckte Schrift, vor allem das Buch, als ihr eigenes Verbreitungsmedium entdeckt hatte, noch vor der Gesellschaft "intern demokratisiert", weil jeder, der lesen konnte (und das Buch kaufen konnte), zu dem gewünschten Wissen gelang. Aber das Buchlesen blieb noch für einige Jahrhunderte ein Privileg, zumal die Bücher teuer waren und nur die oberen Schichten lesen konnten. Noch heute gibt es etwa eine Milliarde Menschen, die nicht lesen können.

Das Erscheinen des Taschenbuches mit flexiblem Deckblatt war die "kleine Revolution" nach dem zweiten Weltkrieg und schaffte den

Durchbruch. Jetzt konnten arme Studierende die Fachbücher, die sie brauchten, zu einem günstigen Preis kaufen. Wie jede "Revolution" war auch diese begleitet von Nebenwirkungen, die nicht immer gewünscht und positiv waren, z.B. die Perfektionierung von Kopierern und damit die Nichtbeachtung des Urheberrechtes, die Raubdrucke usw. nach sich zogen.

Lesen muss gelernt werden, und zwar nicht nur das Alphabet, sondern auch die Texte, die Sätze, die das Wissen transportieren. Die Buchstaben und Wörter werden auf den ersten Blick erfaßt; auf den zweiten Blick wird der Sinn des Geschriebenen richtig entdeckt. Aber um den entdeckten Sinn auch zu behalten, ist es notwendig, sich auf das Wesentliche zu konzentrieren. Beim Lesen zum Vergnügen (ein Krimi z.B.) geht es nur um momentanen Lesegenuss. Bei der Lektüre der Klassiker ist dieser Lesegenuss ein dauerndes Erlebnis. Ein Klassiker kann zum Beispiel unsere Lebensphilosophie, unsere Gemütswelt, unsere Selbstschätzung bis hin zu unserem sozialen Verhalten beeinflussen. Wissenschaftliches Lesenlernen heißt, den Kerngedanken des Geschriebenen als Wahrheit zu erfassen, im Gedächtnis zu bewahren und gegebenenfalls wiederzugeben. Dies verlangt ein Können, das man nur mit dem sehr aufmerksamen Lesen eines Buches oder Artikels erlangen kann.

Bevor wir das Lesen eines Buches betrachten, definieren wir, was man unter dem Begriff Buch versteht. Ein Buch ist ein aus zusammengebundenen Papierbögen bestehendes, mit einem Deckblatt versehenes, zum Blättern geeignetes gedrucktes Schriftwerk. Allein die Form betrachtend, besteht zwischen einem Roman und einer wissenschaftlichen Abhandlung kein Unterschied. Nur die innere Gestaltung des Buches gibt uns Auskunft, ob es sich hier um ein wissenschaftliches Werk handelt. Generell äußerlich gehört zu jedem wissenschaftlichen Buch ein Inhaltsverzeichnis, ein Sachwortregister, ein Literatur- oder Quellenverzeichnis, oft noch ein Namenregister (evtl. Ortsregister) und ein Verzeichnis der Abkürzungen,. In der nichtwissenschaftlichen Literatur werden generell keine Fußnoten oder sonstigen Quellenhinweise angegeben. Beim Lesen eines Romans würde uns stören, wenn der Autor immer wieder auf seine Quellen hindeuten würde. In einem historischen Roman z.B. benutzt der Autor sicherlich schriftliche Quellen außerhalb seiner Phantasie, aber er braucht sie nicht zu vermerken. Das sogenannte "Sachbuch" verzichtet im Allgemeinen auch auf Zitat und auf Fußnoten - wegen der guten Lesbarkeit. Ein Sachbuch ist für einen mehr oder weniger informierten, intelligenten und sachkundigen Leserkreis gedacht und kann zwar wichtige wissenschaftliche Erkenntnisse beinhalten, steht aber noch nicht unter strenger Beweispflicht. Es ist die Vorstufe des wissenschaftlichen Buches - und will unterhaltend informieren (Infotainment).

Es gibt vier Grundpfeiler eines jeden wissenschaftlichen Buches, die uns das Suchen im Buchhandel oder in der Bibliothek erleichtern: a) der Name des Autors oder der Autoren bzw. des Herausgebers (Hrsg.). Wissenschaftliche Bücher, von anonymen Autorenkollektiven signiert, wurden in den siebziger Jahren herausgegeben. b) Der Titel des Buches (evtl. Untertitel). Manche Titel verraten nicht den Inhalt, klingen provozierend, witzig oder unwissenschaftlich. Wer konnte auf Anhieb wissen, dass sich unter dem Titel „Das gepfefferte Ferkel" z.B. ein höchstinteressantes, konstruktivistisch orientiertes Buch für Sozialarbeiter versteckt? Erst das Inhaltsverzeichnis gibt in diesem Fall Auskunft über den Inhalt. c) Der Erscheinungsort und eventuell das Verlagshaus. Es gibt für wissenschaftliche, internationale Veröffentlichungen spezialisierte Verlagshäuser, und ihre Veröffentlichungen sind in der Regel auf die wissenschaftlichen Gepflogenheiten hin durch strenges Lektorat und Korrektur geprüft worden. d) Das Erscheinungsjahr. Fehlen die zwei letzten Angaben, werden sie in Katalogen oder Karteien bzw. auf dem Bildschirm mit o.O. (ohne Ortsangabe) oder o.J. (ohne Jahresangabe) vermerkt.

Ein Artikel (Aufsatz, Studie) ist ein kürzeres Schriftwerk, das meist in einer wissenschaftlichen Zeitschrift zu finden ist. Oft gibt es Aufsatzbücher (non-books), die Studien oder Aufsätze von unterschiedlichen Autoren zu einem bestimmten Thema beinhalten. Sie behandeln spezielle Themen des Wissenschaftszweiges und sind meist an einer aktuellen Fachdiskussion angeknüpft oder beinhalten neue Entwürfe oder wissenschaftliche Entdeckungen (Forschungsergebnisse), die sich an vorherige Themen anschließen, diese bereichern und weiterentwickeln. Wissenschaftliche Kongresse, Symposien und Tagungen pflegen auch die dort vorgetragenen mündlichen Beiträge in Buchform zu veröffentlichen. In diesem Fall ist selbstverständlich, dass der Vortrag in Form eines Artikels gestaltet ist.

Fachartikel sind erst dann zu lesen, wenn das Grundwissen (z. B. in Vorlesungen) schon für die Studierenden gesichert ist. Die Artikel sind in einer Fachsprache verfasst, die einem Studienanfänger noch nicht zugänglich ist. Also muss dieser erst Bücher lesen. Die gleiche Regel wie für Bücher gilt auch für Fachartikel: aufmerksam lesen, notieren, behalten, um den Sinn des Gelesenen, auf das Wesentliche verkürzt, erklären zu können.

Bücher werden entweder gekauft, von Bekannten ausgeborgt oder aus der Bibliothek geliehen. Beim Buchkauf sollte man zuerst eine oder mehrere Kritiken bzw. Buchbesprechungen oder Rezensionen lesen. Die sogenannten Sammelbesprechungen in den Fachzeitschriften geben Auskunft über die neuesten Buchveröffentlichungen zu einem bestimmten Thema. Verlagsprospekte allein genügen nicht, da sie meist kommerzielle Zwecke verfolgen und das Buch auf jeden Fall empfehlen. Es ist eine nützliche Beschäftigung, bei Bekannten deren Bücher zu sichten. "Sag mir, welche Bücher du liest, und ich sage dir, wer du bist!" Oft entdeckt man dort höchst interessante Bücher, die man selbst lesen möchte, oder Bücher, die man selbst hat.

In einer Hochschulbibliothek, meist in der Eingangshalle, finden wir zuerst einen Autoren- und Namenkatalog, alphabetisch in einem Karteisystem zusammengefasst. Die Karteien sind unten in der Mitte durchlocht, durch das Loch zieht man eine Metallstange und hält das Paket so zusammen. Beim Ausziehen der Stange kann man neue Karteien hinzusetzen. Sie sind in großen Schubladen aufbewahrt. Immer mehr Hochschulbibliotheken installieren auch den Computer, mit dem man aufgrund eines sehr einfachen Programmes den gewünschten Autor schnell und mühelos finden kann. Ältere Bücher sind noch in Karteischränken zu finden, dort muss man ziemlich mühevoll "blättern". Man findet dort ebenso einen Themen- oder Stichwortkatalog. Dies sind die zwei Grundkataloge, die heute, wie gesagt, in den meisten Bibliotheken computerisiert sind. Besonders wertvoll sind die Querhinweise im Themenbereich, die Unterteilungen, die Artikelhinweise. Heute kann man zehnmal so schnell wie noch vor zehn Jahren zu einem bestimmten Thema die neueste Literatur mit Hilfe des Computers zusammenstellen, und man erspart sich das Schreiben, falls der Bibliothekscomputer mit einem Drucker verbunden ist.

Jedes Buch in der Bibliothek besitzt eine Signatur, bestehend aus kleinen und großen Buchstaben und aus Ziffern. Die soziologischen Bücher sind oft mit So oder Sz signiert. Die Signatur verweist auf den genauen Platz in den Regalen, die Anzahl der vorhandenen Exemplare, die neueste Auflage usw. Wenn das Buch nicht an seinem Platz ist, dann ist es gerade ausgeliehen oder - besonders für die Bibliothekare ein Ärgernis - am falschen Platz. Ganz schlimm ist natürlich, wenn das Buch von Bibliotheksbesuchern einfach und schlichtweg "mitgenommen" wird. Der Bibliotheksklau kostet den Staat jährlich Millionen.

Der Zeitschriftenstand steht meist im Lesesaal. In den Regalen liegt schräg lesbar die neueste Nummer der Zeitschrift. Hinter dem aufklappbaren Regalfach befinden sich alle verfügbaren Zeitschriftenexemplare des Jahres. Die älteren Exemplare werden nach Jahrgang gebunden und, mit spezieller Signatur versehen, in Sonderregalen ausgestellt.

Das Ausleihen der Bücher ist mit Hilfe eines Ausleihzettels zu bestätigen. Meist muss man den Namen des Autors und den Titel des Buches wegen der Lesbarkeit in Großbuchstaben schreiben. Hierbei sollte man die vier oben erwähnten "Grundpfeiler" (bibliographische Grunddaten) eintragen. Besonders wichtig ist das Erscheinungsjahr.

Das Fachpersonal der Bibliothek kann jede Menge wichtige Informationen geben: wo sich das Buch befindet, ob es im Moment ausgeliehen ist, und wenn ja: Wann läuft die Leihfrist ab, um das Buch für sich vormerken zu lassen, kann es per Fernleihe bestellt werden, Wartezeiten, welche man in Kauf nehmen muss usw. Sie haben auch eine für die Studierenden unangenehme Funktion - sie kassieren nämlich die Gebühren für zu spät, d.h. nach Ablauf der Leihfrist, zurückgebrachte Bücher.

Es lohnt sich, selbst in den Sonderregalen zu recherchieren, besonders wenn man Fachausdrücke, Fremdwörter, seltene Bücher sucht. In Sonderregalen stehen die Werke, die nicht ausgeliehen werden dürfen, sondern nur an Ort und Stelle zu konsultieren sind. Hier befinden sich unter anderem große fremdsprachliche Wörterbücher, Lexika, Enzyklopädien, Handbücher, Who`s Who, Bibliographien, Gelehrtenlexika, wissenschaftliche Adressbücher usw. Die sieben riesigen Bände der "German Books in Print" vermerken alle noch im Handel erhältlichen deutschsprachigen Bücher in der Schweiz, in Österreich und in der

Bundesrepublik. Obwohl dieses Standardwerk auch als CD-Rom existiert, werden die sieben Bände noch jährlich gedruckt. Im Computer ein Buch zu finden, dauert oft länger, als in einem solchen Buch nachzuschlagen! Hier macht man dieselbe Erfahrung wie im Supermarkt an der Kasse: Wegen des umständlichen Eintippens der Geheimnummer ist das Zahlen mit der Scheckkarte langsamer als das Barzahlen.

Das Lesen eines Buches, die Beschäftigung mit der Fachliteratur erfordert viel Konzentration und ein systematisches Vorgehen. Unkonzentriertes Lesen ist verlorene Zeit, es bleibt nichts übrig, und notgedrungen ist eine zweite Lektüre angezeigt. Unsystematisches Lesen ist auch Zeitverschwendung, wenn hinterher das Gelesene in einem System nachgeordnet werden muss - mit dem Risiko, das Gelesene noch mal unter geänderten Voraussetzungen lesen zu müssen. Es gibt nichts Ärgerlicheres, als etwas zu lesen, was einerseits nicht lesenswert war, andererseits nichts zum Thema gebracht hat. Gelehrte machen an ihrem Lebensabend eine traurige Bilanz und stellen fest, was sie alles Überflüssiges gelesen haben und wieviel Notwendiges sie wegen des Überflüssigen nicht zu lesen bekommen haben!

Das Lesen von Fachliteratur ist eine mühsame Aufgabe, weil man aus einer Vielzahl von Texten - z.B. für ein Referat - das Wesentliche erfassen, verstehen und speichern muss. Es gibt unterschiedliche Lesertypen. Der Schlimmste ist der "Allesleser", der von der Lektüre einfach fasziniert ist und nicht richtig selektieren - die Spreu vom Weizen trennen - kann. Es gibt "Autorenleser", die auf einen bestimmten Autor schwören, alles von ihm lesen möchten und alles von ihm Gelesene unkritisch akzeptieren. Es gibt die "Themenleser", die sich sehr früh spezialisieren wollen und ihre Spezialisation so weit treiben, dass sie behaupten, alles zum Thema schon gelesen zu haben, was natürlich Unsinn ist. Es gibt dann den "Hineinleser", der in sehr vielen Büchern sehr wenige Seiten liest und dabei vielleicht am Wesentlichen vorbeigeht. Schließlich gibt es den "Wahrnehmungskünstler", der in jeder Situation, im Zug, im Wartezimmer des Zahnarztes, bei Geräusch, Gespräch oder Musik, ungestört lesen kann.

Auch Personen mit einem sehr guten Gedächtnis benötigen zum Lesen bestimmte Hilfsmittel und Arbeitstechniken. Über Techniken des "optimalen Lesens" gibt es zahlreiche Veröffentlichungen, und es ist durchaus ratsam, seine eigene Lesetechnik ab und zu zu checken und zu überprüfen. Für Schnellleser empfiehlt sich z.B. die Technik des "Diagonallesens" oder die Bestimmung der Lesegeschwindigkeit. Letztlich sollte jeder seine eigene Technik finden, und man kann nur generelle Ratschläge erteilen, aber keine für jedermann und immer gültigen Regeln aufstellen.

Es ist falsch, bei einem Buch oder einem Artikel gleich auf Seite 1 mit dem Lesen zu beginnen. Vielmehr sollte man zunächst das Buch "sichten", um sich einen Überblick über den Inhalt zu verschaffen. Man liest daher am zweckmäßigsten zuerst das Inhaltsverzeichnis und/oder die Überschriften der einzelnen Kapitel. In vielen wissenschaftlichen Zeitschriften müssen die Beitragsautoren neben ihrem Manuskript auch eine kurze (etwa eine halbe kleingedruckte Seite) Zusammenfassung liefern, oft in englischer Sprache. Die Lektüre solcher Zusammenfassungen ersparen uns manchmal das Lesen eines langen Artikels. Nach dieser "Sichtung" entscheidet man, ob es sinnvoll ist, sich mit dem Buch weiter zu befassen. Erscheint das Buch nach diesem ersten Schritt noch interessant, dann liest man das Vorwort (Einführung), das Literaturverzeichnis und gegebenenfalls das Fazit oder die Zusammenfassung, das Nachwort oder den Anhang. Dann entscheidet man wiederum, ob eine weitere Beschäftigung mit dem Buch sinnvoll ist. Fällt auch diese Antwort positiv aus, dann kann man das Buch durchblättern, sich eventuell Zeichnungen, Übersichten, Tabellen, Statistiken usw. näher ansehen und dann schließlich die ausgewählten Kapitel durchlesen. Nicht immer muss ein Buch ganz durchgelesen werden - aber oft sollte man die interessanten Kapitel zweimal lesen, einmal getrennt und einmal im Kontext des Gesamtbuches.

Zur Lesetechnik gibt es allgemeine Regeln, die wahrscheinlich jedem bekannt sind, nur nicht von jedem konsequent angewendet werden. Das Schlimmste ist das "Zwanglesen", wenn ein Buch oder ein Artikel bis zu einem bestimmten Tag wegen Prüfung, Rückgabe oder anderen Prioritäten gelesen werden muss. Unter solchem Stress kann man keine richtige, adäquate Lesetechnik anwenden.

Man sollte öfter eine Pause beim Lesen einlegen. Ein kurzer Spaziergang, eine Kaffeepause oder eine ähnliche Abwechslung wirkt wohltuend. Selten sind wissenschaftliche Bücher so faszinierend, dass man sie für ein paar Minuten nicht beiseite legen könnte. Ein Lesemarathon, ein dickes Buch zu konsumieren von früh morgens bis spät in die

Nacht, ist zwar eine Leistung, aber nicht sicher (oder sicher nicht) eine wissenschaftliche.

Man sollte Bücher möglichst in einer gesunden Körperhaltung lesen und spätabends nicht mit neuen Büchern anfangen. Die Körperhaltung ist individuell zu bestimmen, die Bequemlichkeit ist nur ein Aspekt, aber man muss auch auf die Wirbelsäule, auf die Augen (richtige, direkte Beleuchtung) achten.

Sollte das Buch im eigenen Besitz sein, so zögere man nicht, wichtige Stellen (Definitionen), Zusammenfassungen zu unterstreichen, markieren bzw. mit Marker anzustreichen. Es gibt einige Ästheten, die mehrere Farben benutzen und aus einem langweiligen schwarzweißen Blatt einen bunten Schmetterling machen. Hauptsache, dass sie sich dann auch später an die Bedeutung der Farben erinnern!

Vor wertenden persönlichen Kommentaren ist aber zu warnen. Unterstreichen, markieren ja, aber wertende Wörter zwischen die Zeilen oder an den Rand zu schreiben, ist nicht ratsam. Für diese Zwecke benutzt man ein Blatt Papier, welches man an der kritischen Stelle des Buches einschiebt. Die Kommentare, die bei der ersten Lektüre entstehen, sind nicht immer die richtigen. Der augenblicklich entstandene Eindruck (z.B. Wut über das Nichtverstandene) kann bei der zweiten Lektüre ganz anders sein. Dann muss man den Kommentar ausradieren, durchstreichen.

Es erübrigt sich zu sagen, dass ausgeliehene Bücher nicht zu "verzieren" sind. Weder Kommentare noch Unterstreichungen sind in einem fremden Eigentum erlaubt. Einige begnügen sich damit, an fragwürdigen Stellen Fragezeichen, an überraschenden Stellen Ausrufungszeichen zu schreiben. Sie vergessen dabei, dass dies einen anderen Leser irritieren kann, der die Stelle gar nicht fragwürdig oder überraschend findet.

Das Verständnis eines Textes fällt einem leichter, wenn man nach dem Lesen eines Abschnittes oder eines Kapitels eine längere kreative Lesepause macht und versucht, den Inhalt gedanklich zu rekapitulieren. Eine ideale Lösung wäre, wenn man sich gleich darüber mit jemandem, der das Kapitel ebenso gelesen hat, austauschen und auseinandersetzen oder einem Interessenten das Gelesene in eigenen Worten kurz zusammenfassen könnte. Da dieser Idealfall leider nicht immer gegeben ist, sollte der Leser mit sich selbst eine Art Dialog führen, ein Frage- und Antwortspiel betreiben. Rekapitulieren heißt in diesem Sinne, dass man sich selbst bestimmte Fragen zum gelesenen Text stellt - und bei der Beantwortung nicht ins Buch schaut.

Einige Lehrbücher erleichtern diese Aufgabe, indem am Ende des ^ Kapitels Fragen (und Antworten) zum Text stehen. Andere vermerken am Seitenrand die behandelten Hauptpunkte, wiederum andere bringen ihre Thesen in fettgedruckten Buchstaben oder machen sonstwie drucktechnisch die Thesen auffällig. Autoren, die ihre wichtigsten Aussagen in Punkten zusammenfassen, erleichtern die Rekapitulation - besonders für diejenigen Leser, die ein ausgeprägtes visuelles und räumliches Gedächtnis haben. Schwieriger ist, wenn der Verfasser seine wichtigsten Gedanken in Fußnoten und im Kleingedruckten schreibt oder sein Text wie aus einem Stück gegossen ist. Die Seiten, die ohne Absätze, Punktvermerke oder sonstige wohltuende Unterbrechungen gedruckt sind, wirken sehr monoton und langweilig, auch wenn der Autor Höchstinteressantes schreibt. Hier hilft nur das Unterstreichen und Markieren.

Bei der gedanklichen Rekapitulation sollte man überlegen, welchem Zweck die Lektüre dient. Wenn dies für ein Examen, eine Klausur oder ein Kolloquium ist, dann ist in dieser wichtigen Reflexionsphase noch zu überlegen, ob die Aussage des Autors mit anderen Aussagen von anderen Autoren zu vergleichen ist. Bei jeder wissenschaftlichen Arbeit - und Lesen der Fachliteratur ist eine wissenschaftliche Arbeit - sollte das Grundprinzip der Anschließbarkeit garantiert sein. Jedes neue Wissen schließt an älteres Wissen an, und der eigentlich originäre Gedanke eines Verfassers ist manchmal nur ein gelungener Satz oder ein Ausdruck. Niklas Luhmann schreibt über Ausdrücke, die "Karriere machen" - wie z.B. in der Sozialarbeit der Ausdruck "Lebenswelt", von Edmund Husserl initiiert und von Jürgen Habermas weiterentwickelt. Der Begriff "Risikogesellschaft" von Ulrich Beck hatte auch eine glänzende Karriere, ebenso der Ausdruck "totale Institution" von Erving Goffmann (siehe Literaturangabe am Ende des Kapitels).

Anschließbarkeit bedeutet für den Leser konkret, dass er das Gelesene in seinem schon vorhandenen Wissenskapital einordnen und dort neuere, interessantere, überraschende und profitbringende Wissenszusammenhänge entdecken kann.

Um die originären und einmaligen Gedanken des Gelesenen zu behalten - aufheben für spätere Zitierzwecke - bedient man sich des Exzerpierens (Herausschreiben) von Sätzen und Textteilen. Dieses hat zwei Funktionen: a) Man kann sich später noch einmal den Inhalt des Textes vergegenwärtigen, ohne den Text noch einmal lesen zu müssen, z.B. weil man das Buch schon zurückgegeben hat., b) man kann sich auf diese Weise wörtliche Zitate herausschreiben, die gegebenenfalls später in einer schriftlichen Arbeit von Nutzen sein und in einer themengeordneten Zitatensammlung aufbewahrt werden können. Das Herausschreiben kann man heute mit einem PC-Scanner leicht erledigen.

Das Zitatensammeln ist auch eine uralte Technik der wissenschaftlichen Arbeit. Schon im Mittelalter gab es die sogenannte "silva rerum" (Zitatenwald?), meist aus der Bibel oder aus anderen religiösen Schriften, die in der Theologie verwendet wurden. Dies war eine wichtige Grundlage für die späteren Enzyklopädien und Sammelwerke in der Zeit der Aufklärung. Das Exzerpieren kann z.B. auf Karteikarten erfolgen - dies zwingt dazu, den Inhalt so knapp und präzise wie möglich zu notieren. Mit Ausnahme der wörtlichen Zitate sollte man außerdem nur Stichworte notieren.

Längere interessante Textpassagen aus Büchern oder Zeitschriften kann man kopieren, weil das Aufschreiben ziemlich zeitraubend ist. Diese Kopien kann man wiederum anstreichen, unterstreichen, farbig markieren. Aus einem kopierten Blatt kann man zum Beispiel die wichtige Definition herausschneiden und auf eine Karteikarte kleben.

Bei der Aufstellung eines Karteisystems ist darauf zu achten, dass die gesammelten Karteien jederzeit verwendbar bleiben. Man kann genau wie in der Hochschulbibliothek mehrere Systeme ausarbeiten – besonders, wenn es sich um Quellenmaterial für eine längere Arbeit (Diplomarbeit, Buch) handelt. Ein Autorenkatalog erleichtert das Erstellen der Literaturliste, ein Themenkatalog das Zitieren. Bei den Exzerpten sollte man immer die genauen Quellen dazuschreiben (Autor, Titel, Erscheinungsort, Erscheinungsjahr und Seitenzahl), sonst war die Mühe umsonst.

*

Wenn Sie Zeit und Lust haben, können Sie die folgenden Fragen beantworten und die folgenden Aufgaben lösen:

1. Was heißt "wissenschaftliches Lesen"?   •

2. Was gehört zu einem wissenschaftlichen Buch?

3. Was sind die vier "Grundpfeiler" eines Buches?

4. Was ist ein "non-book"?

5. Was ist eine Signatur?

6. Was findet man in den Sonderregalen einer Bibliothek?

7. Wie sichtet man ein Buch?

8. Was sind die Vorteile des Exzerpierens (Herausschreibens)?

9. Woran sollte man bei der Aufstellung eines Karteisystems denken?

10. Was bedeutet "Anschließbarkeit" in der Wissenschaft?

Aufgabe 1: Messen Sie ihre Lesegeschwindigkeit! Wie viele Seiten
können Sie in einer halben Stunde lesen?

Aufgabe 2: Schauen Sie in den nächsten Monaten bei Besuchen bei
Freunden, Familienmitgliedern in die Bücherregale. Wie viele Bücher
können Sie dort entdecken, die Sie selbst gern einmal lesen würden?

Aufgabe 3: Stellen Sie fest, welcher Lesertyp ihren Lesegewohnhei-
ten entspricht!

Literaturangabe:

Beck, Ulrich: Die Risikogesellschaft, Frankfurt/M, 1992.

Goffmann, Erving: Wir alle spielen Theater, Frankfurt/M, 1969.

Luhmann, Niklas: Die Lebenswelt – nach Rücksprache mit Phänome-
nologen, in: Archiv für Rechts- und Sozialphilosophie 72 (1986), S.
176-194.

1.4 Das Referatschreiben

Wissenschaftlich arbeiten an einer Fachhochschule bestand für Studienanfänger bisher aus der aktiven Teilnahme an Vorlesungen, eingehender Lektüre von wissenschaftlichen Veröffentlichungen und dem Besuch von Seminaren. Hier taucht zuerst die dritte Form des wissenschaftlichen Arbeitens, das Referat, auf. Es wird den Studierenden während der Studienjahre begleiten, sein selbständiges Lernen verbessern und ihn schließlich auf seine Diplomarbeit vorbereiten. Derjenige, der gute Referate schreibt und hält, hat einen großen Vorsprung, und die Diplomarbeit wird ihm nicht allzu schwer fallen.

„Referate nennen wir die Darstellung der Erkenntnisse und Ansichten anderer Personen mit eigenen Worten. Die Erkenntnisse und Ansichten anderer Personen müssen grundsätzlich neutral referiert werden, d.h. so, wie der Verfasser sie vermutlich verstanden wissen wollte. Kritische und lobende Anmerkungen des Referenten sind strikt vom Referat zu trennen und deutlich erkennbar als Kommentare des Referenten auszuweisen. Kritik und Lob bedürfen der Begründung. Beim Referieren einzelner Teile aus umfangreicheren Quellen muss darauf geachtet werden, in welchem Zusammenhang die einzelnen Teile stehen. Sie müssen immer aus dem Zusammenhang interpretiert und referiert werden. Alle Referate müssen belegt werden." (Kepplinger, 1976, 199).

Wir legen mit diesem langen Zitat einen wissenschaftlichen Text vor, worüber wir auf den folgenden Seiten referieren werden. Es wird Satz für Satz analysierend (zergliedernd darstellen) und paraphrasierend (d.h. Satzinhalte interpretierend mit eigenen Worten umschreiben) als exemplarische Einübung des Referatschreibens vorgegangen. Die vorgegebenen Sätze und Satzteile werden wortwörtlich übernommen und wie ein Zitat mit Anführungszeichen versehen.

Was die "Erkenntnisse und Ansichten anderer Personen" sind, ergibt sich in der Regel aus dem Thema des Referates. Man greift meist auf die einschlägige wissenschaftliche Fachliteratur zurück. Oft gibt es eine Literaturliste oder einen Hinweis vom Dozenten, die durch eigene bibliographische Recherche zu ergänzen ist. Nur seriöse Quellen sollten benutzt werden - Boulevardblatt, lokale Tageszeitung, "grüne Presse" sind zu vermeiden - dagegen können Nachrichtenmagazine (Der Spiegel, Fokus) oder Zeitungen (Die Zeit, Frankfurter Allgemeine) durchaus wichtige und wissenschaftlich abgesicherte Informationen bringen.

Die Bemerkung "mit eigenen Worten" schließt nicht das wörtliche Zitieren aus der Fachliteratur aus. Zu zitieren sind Definitionen, Begriffserklärungen, sehr prägnante Sätze, neue, ungewöhnliche, aber treffende Formulierungen usw. Dennoch sollte man nicht passagen- bzw. abschnittsweise zitieren, ohne die eigenen Worte für die Gedankenführung zu benutzen.

Der Satzteil "...müssen grundsätzlich neutral referiert werden..." bedeutet, dass man den Verfasser, auf den man sich bezieht, ohne Vorverurteilungen und Wertungen zu Wort kommen lässt. Der Hörer oder Leser eines Referates sollte sich ein eigenes, möglichst objektives Bild von der Auffassung des zitierten Verfassers machen können, ohne zu sehr von den subjektiven Verzerrungen bzw. Einflüssen des Referenten beeinflusst zu sein.

"Kritische und lobende Anmerkungen sind vom Referat zu trennen." Lob und Kritik werden vom Referenten ausdrücklich gefordert, man soll also seine eigene Meinung nicht grundsätzlich unterdrücken. Zwei Anforderungen werden jedoch an das Lob bzw. die Kritik des Referenten gestellt: Erstens sind wertende Ausführungen des Referenten deutlich vom Referat zu trennen und als solche kenntlich zu machen. Zunächst soll die zitierte Literatur zu Wort kommen, dann erst kann der Referent seine Kritik bzw. sein Lob anbringen. Die Formulierung sollte zum Ausdruck bringen, dass der Referent jetzt seine eigene Auffassung darlegt. Zweitens sind Kritik und Lob zu begründen. Unbegründete Kritik bzw. unbegründetes Lob geben dem Hörer oder Leser eines Referates zwar eine Information über den Referenten, helfen ihm aber nicht bei der Beurteilung des referierten Sachverhaltes.

Quellen müssen "aus dem Zusammenhang interpretiert und referiert werden..." Der Verfasser einer Literaturquelle, über die referiert wird, sollte mit seiner wirklichen Auffassung vorgestellt werden. Daher verbietet es sich, Einzelaspekte oder Zitate aus dem Zusammenhang zu reißen und den inhaltlichen Kontext der Quelle verfälschend wiederzugeben.

"Alle Referate müssen belegt werden..." Wenn man über die Ausführungen eines Autors referiert oder fremdes Gedankengut darstellt, so hat der Referent darauf zu achten, dass er die zugrunde gelegten Quellen genau aufführt. Dies kann durch ein Zitat geschehen, d.h. durch die in Anführungsstriche (".....") gesetzte wortwörtliche Wiedergabe des Textes. Was in Anführungsstrichen wiedergegeben wird, sollte genauso - also "wortwörtlich" - in der Originalquelle wiederzufinden sein. Die Wortwörtlichkeit meint eine genaue Abbildung des Originaltextes, also mit Unterstreichungen, Fettgedrucktem bis hin zu den Druckfehlern oder grammatischen Ungereimtheiten. In diesem Fall ist es erlaubt, ein Fragezeichen oder in Klammern ein (sic!) zu setzen oder in gravierenden Fällen sogar, wiederum in Klammern, eine Erklärung des Referenten zu schreiben.

Eine andere Möglichkeit der Quellenangabe ist der Beleg durch Hinweis auf die Passagen, Kapitel, ganzen Abschnitte eines Buches oder auf ein ganzes Buch selbst. Durch ein "vgl., siehe noch, lese", oder durch eine explizite Erwähnung (z.B.: "Die folgenden Gedanken sind dem Werk .... entnommen") gibt der Referent an, woher er das Gedankengut genommen hat.

Soweit zu den Grundsätzen bei der Abfassung eines wissenschaftlichen Referates. Diese Grundsätze verdeutlichen zugleich den eigentlichen Zweck eines Referates: Wissenschaftliche Thesen, Hypothesen, Theorien, Abhandlungen usw. sollen in einer oder mehreren für das Thema bestimmten Veröffentlichungen zusammengefasst und so dargestellt werden, dass sich der Hörer bzw. der Leser ein möglichst objektives Bild von den referierten Texten machen kann und in der Lage ist, ein eigenes Urteil zu fällen.

Im Weiteren werden wir sehen, was formell zu einem Referat gehört, wie man das Thema auswählt, wie und wo man Literatur zum gewählten Thema findet, wie man eine Gliederung aufstellt, wie man den Text erstellt. Die Kunst des Zitierens wird noch erörtert, und schließlich werden die vielseitigen, unterschiedlichen Referatsformen erwähnt.

Ein wissenschaftliches Referat sollte eine bestimmte Form aufweisen, um einerseits den Umgang mit Text bzw. die Lesbarkeit des Textes zu erleichtern und um andererseits den oben genannten Zweck des Referates durch die äußere Form zu unterstützen. Die wichtigsten Bestandteile der Form eines Referates werden im Folgenden kurz skizziert.

Das Titelblatt (Deckblatt) umfasst den Titel und soll die wesentlichen Informationen zur Entstehung und zum Verwendungszweck eines Referates enthalten. Dazu gehören der vollständige Name (eventuell Anschrift) des Verfassers oder der Verfasser, seine/ihre Semesterzahl, seine/ihre Fachrichtung (SA oder SP), Name der Veranstaltung und des Dozenten, Jahr und Semesterangabe (WS oder SS) und schließlich das Datum der Fertigstellung bzw. des Vortrages.

Jedes Referat sollte unabhängig von seiner Länge eine Gliederung aufweisen, die dem Referattext (direkt nach dem Titel- oder Deckblatt) vorangestellt wird. Die Länge des Referates soll mit den Dozenten vereinbart werden, aber in der Regel nicht weniger als 10 und nicht mehr als 30 Seiten umfassen. Studienanfänger stellen bei ihrem ersten Referat ängstlich die Frage: Wieviel Seiten müssen wir schreiben? Richtiger wäre die folgende Frage: Wieviel müssen wir kürzen?

In der Gliederung (Inhaltsverzeichnis) sind die einzelnen Kapitelüberschriften der Reihe nach und mit Seitenangabe wiederzugeben. Die Gliederungspunkte sind nach einem Schema durchnummeriert, das Abschnitte, Kapitel, Unterkapitel usw. kenntlich macht. Größere Referatsteile werden durch Großbuchstaben (A, B, C), Abschnitte durch römische Ziffern (I, II, III), Kapitel durch arabische Ziffern (1, 2, 3) gekennzeichnet und weitere Untergliederungen durch angehängte Ziffern (1.1, 1.2, 1.3) vermerkt. Man kann aber ausschließlich mit arabischen Ziffern innerhalb des Dezimalsystems gliedern. Dieses Dezimalverfahren kann bei längeren, komplizierten Gliederungen leicht unübersichtlich werden. Bei mehreren Verfassern des Referates sind die Namen der Verfasser der einzelnen Abschnitte oder Kapitel hinter den Titel in Klammern zu setzen. Einführung und Schlusswort unterliegen nicht diesen Regeln.

Der Referattext ist oft in Einleitung, Hauptkapitel und Zusammenfassung und/oder Schlussfolgerung aufgeteilt. Der Text soll übersichtlich und lesbar sein, d.h. links und rechts sollte ein ausreichender Rand (mindestens 2 cm) vorhanden sein; bei einem anderthalbzeiligen Zeilenabstand sollten auf einer DIN-A-4 Seite nicht mehr als 40 Zeilen stehen. Der Text ist mit Schreibmaschine oder mit PC-Drucker zu schreiben. Fußnoten können unten auf der Textseite oder am Ende des Referates zusammengebündelt von 1 bis x durchnummeriert stehen.

Das Literaturverzeichnis gehört zu jedem Referat - auch wenn nur über ein Buch referiert wird. Am Schluss des Referattextes sind in alphabetischer Reihenfolge die "bibliographischen Grunddaten" der verwendeten Literatur aufzulisten. Name(n), Vorname, Titel, Band oder Zeitschriftenjahrgang und Nummer, Ort und Jahr. Eifrige Studenten vermerken das Verlagshaus auch - dies ist aber nicht notwendig. Es kann aber nützlich sein bei einer weiterführenden Bibliographie und bei einer kritischen Textanalyse.

Die Themenwahl ist ein Problem für den Studienanfänger. Sein Ideenreichtum und seine Originalität werden dabei auf die Probe gestellt. Die Erstellung des Referates wird durch die Festlegung des Themas beeinflusst - Länge, Quellenzahl, Zeitbedarf usw. müssen sorgfältig geprüft werden. Relativ einfach ist die Themenwahl für den Referenten, wenn der Dozent eine Liste konkreter Referatthemen vorlegt, aus der man eine Auswahl treffen kann. Ausschlaggebend bei der Auswahl aus einer Liste vorgegebener Themen sollte das (erwartete) Interesse an einem Thema sein und nicht die Spekulation darüber, welches Thema besonders einfach oder besonders schwierig ist.

Wählt der Referent sein Thema selbst aus oder will er dem Dozenten ein Thema vorschlagen, so sollte er darauf achten, dass das Thema nicht zu weit und nicht zu eng gefasst wird. Alle wesentlichen Aspekte eines Themas sollten in der geplanten Länge das Referates abgehandelt werden können. Bei zu weiten Themenstellungen ist es unter Umständen möglich, durch den Untertitel oder in bestimmten Fällen auch in der Einleitung des Referats Einschränkungen bzw. Einengungen vorzunehmen.

Zu einem Thema kann man durch ein Buch, einen Zeitschriftenaufsatz oder auch durch ein Gespräch bzw. eine Diskussion angeregt werden. Es ist zweckmäßig, sich vor der endgültigen Festlegung mit dem ausgewählten Thema durch Lektüre oder Sichten der dazugehörigen Literatur zu beschäftigen. Ein Studienanfänger sollte sich bei der Festlegung eines Themas in jedem Fall mit einem Dozenten - möglichst mit dem Dozenten des Seminars – beraten, wozu das Thema eigentlich dient.

Die schwerwiegende Frage, wie und wo man Literatur zu dem gewählten Thema findet, muss beantwortet werden. Die Literatursuche trotz Sachkatalog und spezieller themengebundener Bibliographien bleibt dem Referatsschreiber nicht erspart. Doch bevor man den Gang zur Bibliothek, zur Buchhandlung unternimmt oder im Internet surft, sollte man sich noch einmal das Thema ansehen und sich fragen, wonach man suchen will. Es kann hilfreich sein, wenn man sich vor der Literatursuche noch einige Stichworte notiert, die einem zu dem Thema einfallen.

Für die methodische, planmäßige Suche nach Literatur wird in vielen Ratgebern für das wissenschaftliche Arbeiten empfohlen, sich eine geeignete Suchstrategie zurechtzulegen. Der Begriff "Strategie" ist keineswegs übertrieben: Eine durchdachte und logische Suchstrategie nach Literatur kann viel Zeit, Mühe und Ärger ersparen und letztlich die Qualität des Referates verbessern.

Es gibt mittlerweile spezialisierte sozialwissenschaftliche Datenbanken, die - gegen Bezahlung - die zum Thema gehörende Fachliteratur, oft mit einer kurzen Besprechung der Bücher und Aufsätze, erstellen. Hier ist aber Vorsicht geboten. Oft sind die Themen in Datenbanken anders als in der Bibliothek katalogisiert, oft sind sie zu detailliert oder im Gegenteil zu allgemein.

Der erste Schritt sollte also stets das Notieren von Stichworten sein. Beispiel: Das Thema lautet: "Die Ursachen der Armut im Alter". Die Begriffe "Armut" und "Alter" stellen die Grundstichworte dar. Es ist zu überlegen, ob der Ausdruck "Ursache" auch nicht expliziert werden sollte, zumindest lexikalisch, aber auch inhaltlich. Wäre es nicht besser, statt von Ursache z.B. von Kreiskausalität, Zusammenhang, Wechselwirkung usw. zu schreiben? Zu Armut und Alter als Begleitstichworte könnte man z.B. Unterprivilegierung, soziale Benachteiligung, Sozialhilfe, soziale Gerontologie usw. hinzunehmen. Soziologische und sozialarbeiterische Fachlexika geben uns eine Menge Stichwörter und oft die dazugehörige erweiterte Fachliteratur.

Die Überlegung, was mit dem Thema gemeint ist, erlaubt eine erste Eingrenzung: Armut und nicht generell die soziale Lage aller alten Menschen. Eine zweite Eingrenzung wäre eher topographischer Natur: in Europa, in der Bundesrepublik, in einem Stadtteil? Die dritte Eingrenzung bestünde im Vergleich: Armut der alten Menschen in der BRD und Frankreich, in der Stadt X verglichen mit der Stadt Y usw.

Vergleichende Analysen sind sehr nützlich für eine differenzierte wissenschaftliche Betrachtungsweise und wirken gut in einem Referat.

Bei der Literatursuche ist stets ein Grundsatz zu beachten: Man beginne immer bei der neuesten Literatur! In neueren Büchern bzw. Veröffentlichungen ist die ältere Literatur oft schon verarbeitet, man spart also Zeit. Je länger das Veröffentlichungsjahr zurückliegt, desto größer ist zudem die Gefahr, dass das Buch bereits veraltet ist. Wenn aber ein Buch mehrere Auflagen hat, die nicht weit hinter dem Erscheinungsjahr sind, dann ist das ein Zeichen dafür, dass das Buch ein Erfolg war und noch immer für das Thema aktuell und interessant bleibt. Das ist oft der Fall bei den "Klassikern" der Soziologie und der Sozialarbeit. Ob ein Buch in die Literaturliste des Referates aufgenommen wird oder nicht, entscheidet die Frage: Wie oft wird ein Buch in späteren Veröffentlichungen zum gleichen Thema zitiert oder erwähnt? Ein Referat mit etwa 10 Seiten sollte eine Literaturliste von nicht mehr als 10 Bücher enthalten.

Die Erstellung einer Gliederung braucht eine längere Überlegung. Das Thema muss erst mental gereift sein, möglichst mehrere Gliederungsvarianten sollten überdacht werden. Die Gliederung einer wissenschaftlichen Arbeit oder eines Referates ist mehr als ein Inhaltsverzeichnis oder eine Übersicht über den Inhalt der Arbeit. Sie ist - ähnlich wie das Thema - der stetige Orientierungsrahmen für den ganzen Entstehungsprozeß der Arbeit. Sie ist vom ersten Tag an eine Hilfe für das Ordnen der Gedanken, für den "roten Faden" bzw. für den logischen Aufbau der Arbeit, für das Ordnungssystem bei Karteien, Exzerpten, Notizen, für die wiederholte Entscheidung zwischen "Weglassen" und "Aufnehmen" und schließlich für das Schreiben.

Die Wichtigkeit der Gliederung für ein systematisches und zeitökonomisches Arbeiten lässt es ratsam erscheinen, diese bereits unmittelbar nach der Festlegung des Themas in grober Form zu erstellen. Jedenfalls sollte man die Gliederung spätestens während des Sichtens und Lesens erstellen und keineswegs erst kurz vor der Textabfassung. Eine Gliederung ist übrigens nicht einmal gemacht und dann endgültig fertig.

Um zu einer guten Gliederung zu gelangen, müssen zwei Aspekte beachtet werden. Erstens gibt es so etwas wie ein Grundmuster jeder Gliederung. Über die - jedermann bekannte - Struktur (Einleitung – Haupt-

teil - Schlusskapitel) hinaus kann man sagen, dass am Anfang das Thema eingegrenzt bzw. erläutert wird, die Hauptbegriffe des Themas oder
die begrifflichen Grundlagen dargestellt und erklärt und dass Grundan-
nahmen oder grundlegende theoretische Ansätze referiert werden. Im
Hauptteil erfolgt dann die differenzierte Analyse, man kann auch sagen
die Zerlegung des Themas. Hier können ein historischer Rückblick, eine geschlechts- und schichtenspezifische Analyse des Themas und vor
allem die sozialarbeiterische Relevanz dargestellt werden.

Im Schlussteil schließlich nimmt der Verfasser seine Beurteilung und
Wertung vor. Dieses Grundmuster ist teilweise schon aus dem Deutsch-
unterricht an der Schule bekannt, es wird aber leider in manchen wissenschaftlichen Arbeiten immer wieder "vergessen".

Zweitens ist das Thema der Arbeit selbst der beste Wegweiser zu einer guten Gliederung. Die im Thema vorkommenden Hauptbegriffe und
die möglichen Beziehungen zwischen ihnen stellen schon direkte Hinweise auf denkbare Hauptüberschriften in der Gliederung dar. Der
Verfasser einer Arbeit kann sich merken: Fast immer muss ein Haupt-
begriff (gleichgültig, ob er ein Sachgegenstand oder ein Problem ist)
erläutert werden, sehr oft wirft der Begriff implizit eine bestimmte Frage auf. Beides können Stichworte für Hauptgliederungspunkte sein. Es
ist manchmal hilfreich, wenn man zunächst die Stichworte sammelt, die
einem beim - wiederholten - Durchlesen des Themas einfallen; anschließend wird dann versucht, diese Stichworte logisch zu ordnen.

Als Grundregel für die Erstellung der Gliederung gilt: Je ausführlicher eine Gliederung ist, desto besser kann man mit ihr arbeiten. Eine
Gliederung kann und soll daher durchaus ausführlicher sein, als sie
später zu Beginn der Arbeit dargestellt ist. Je mehr Gliederungspunkte
in der "Arbeitsgliederung" vorhanden sind, desto leichter ist die Textabfassung. Jeder detaillierte Gliederungspunkt umfasst nur einen oder
zwei Gedanken, die sich leichter in Sätze umformulieren lassen als größere Problemkomplexe.

Es gibt keine generelle Regel, wann mit dem Schreiben angefangen
werden sollte. Einige haben schon alles im Kopf, bevor sie dies abschreiben - andere dagegen sind eher chaotisch. Auf jeden Fall sollte
man nach dem Erstellen der mehrmals durchdachten Gliederung mit
dem Schreiben anfangen. Die Schreibgeschwindigkeit ist unterschied-

lich - wer jedoch 3 bis 5 Seiten pro Tag schafft, der schafft schon viel. Bei Referaten kann man ruhig mit der Einleitung beginnen und so schrittweise weiterschreiben. Bei längeren Arbeiten (mehr als 50 Seiten) empfiehlt es sich, das Vorwort oder die Einleitung erst nach Fertigstellung der gesamten Arbeit zu schreiben.

Diejenigen, die Schwierigkeiten mit dem Schreiben haben, sollten vielleicht ihre Gedanken laut aussprechen, zu Freunden oder auf ein Tonband. Anschließend fällt das Schreiben oft leichter, indem man das Tonband abhört. Man schreibt zuerst ins Unreine. Ein Lexikon der sinn- und sachverwandten Wörter oder ein Rechtschreib- und Synonymprogramm im Computer sind eine gute Hilfe, wenn einem die Ausdrücke fehlen, man in der Rechtschreibung unsicher ist oder meint, bestimmte Worte und Ausdrücke würden unnötig oft wiederholt.

Der Stil soll einer wissenschaftlichen Arbeit angepasst sein: etwas sachlich darzustellen und den Leser argumentativ zu überzeugen. So stellt z.B. der Satz "Der theoretische Ansatz von Meyer ist blanker Unsinn" weder einen Sachverhalt dar, noch vermag er einen kritischen Leser zu überzeugen.

Weiterhin gehört zum guten Stil eines wissenschaftlichen Textes, dass Fremdwörter und Fachausdrücke in angemessenem Umfang verwendet werden. Es dürfen keine Sätze vorkommen, in denen nur die Zeitwörter deutsch, alles andere aus dem wissenschaftlichen Jargon übernommene, lateinisch-griechisch-englische Wortkonstrukte sind. Fremdwörter aus einer kleineren europäischen Sprache sollten nur übernommen werden, wenn in Klammern eine richtige Übersetzung folgt. Fremdwörter in einer nichtlateinischen Schriftweise sind möglichst auch zu vermeiden. Wenn dies unbedingt notwendig ist, sollte nicht nur die Übersetzung, sondern auch ein Hinweis für die richtige Aussprache vermerkt werden.

Die "Ichform" sollte nur sehr sparsam verwendet werden. Auch der "pluralis scientificus" ist heute nicht sehr verbreitet. Das "Wir sind der Überzeugung, dass..." ist eine Anmaßung, weil sich hinter diesem "Wir" eigentlich einfach egoistisch ein "Ich - der Verfasser" verbirgt. Man sollte sich darin üben, mit einem neutralen Stil - ohne Ichs und Wirs – auszukommen. Aber besonders im Schlussteil ist eine persönliche Meinung durch die Verwendung der Ichform sehr aussagekräftig.

Die "Ichform" also sollte im kritischen Teil oder bei festen persönlichen Meinungsäußerungen beibehalten werden können.

Die Tabellen, Diagramme, Schaubilder sollten die Verständlichkeit und Übersichtlichkeit eines Textes betonen, dokumentieren und verbessern. Ihr direkter Bezug muss jedoch deutlich sein. Als Faustregel hierzu gilt: Jede Darstellung (Tabelle, Diagramm usw.) muss zur Not auch ohne den Text auf den Seiten vorher oder nachher verständlich sein. Erklärende Texte wiederholen nur die Informationen, die in diesen Tabellen usw. schon gegeben sind, durch die Redundanz will man aber die Aufmerksamkeit des Lesers nochmals wecken.

Das Zitieren ist, behaupten viele, eine Kunst, aber durch viele Übungen erlernbar. Zitate und Belege sollen fremdes Gedankengut referieren und durch die genaue Quellenangabe dem Leser ermöglichen, die Übernahme von Gedanken anderer nachzulesen und zu kontrollieren.

Es gilt nicht die Regel: Je mehr Zitate und Belege, desto wissenschaftlicher ist der Text. So viele Zitate wie nötig - aber so wenig wie möglich. Fremdes geistiges Eigentum soll in jedem Fall gekennzeichnet werden. Es gibt beachtliche Abweichungen in den Zitierweisen verschiedener Autoren. Wichtig ist aber, dass die gewählte Zitierweise konsequent in der gesamten Arbeit durchgeführt wird. In Referaten, bei denen es zwei oder mehr Verfasser gibt, muss eine einheitliche Zitierweise vorab abgesprochen werden.

Es wird unterschieden zwischen a) dem direkten Zitat, das ist die wortwörtliche Wiedergabe von anderen Textteilen, und b) dem indirekten Zitat, das ist die sinngemäße Wiedergabe von Texten, die für die Erörterungen wichtig sind.

Es wird an drei "Orten" zitiert: a) in der Fußnote. Dies ist die klassische "alte" Zitierweise. b) Am Kapitelende. Besonders beliebt bei amerikanischen Autoren. c) Im Text selbst. Dies ist die neuere Zitierweise, die sich immer mehr verbreitet und die sich wegen der Übersichtlichkeit und Lesbarkeit einer großen Beliebtheit erfreut. Einige Autoren kombinieren Fußnoten und Textzitate, indem sie die Fußnoten für eigene ergänzende Bemerkungen reservieren und im Text den Textteil wortwörtlich wiedergeben.

Das direkte Zitat beginnt und endet mit Anführungsstrichen, es ist buchstabengetreu. Wenn es ein Fußnotenzitat ist, dann ist es für jede Seite durchnummeriert, die hochgestellte Ziffer am Ende des Zitates verweist auf eine entsprechende Fußnote mit Quellenangabe. Zitatenlisten am Kapitelende sind "gesammelte Fußnoten". Wenn immer häufiger im Text direkt zitiert wird, dann folgt nach dem Anführungszeichen, dass das Zitat beendet, in Klammern der Name des Verfassers (nicht der Vorname), ein Komma, das Erscheinungsjahr der Quelle (Buch oder Artikel), Komma und schließlich die Seitenzahl. Beispiel = " „(Parsons, 1978, 27). Im Literaturverzeichnis am Ende der Arbeit findet man beim Buchstaben P den Autor mit Vornamen (Talcott), den Titel des Buches oder des Aufsatzes, veröffentlicht im angegebenen Jahr. Wenn ein Autor mehrere Bücher oder Artikel in einem Jahr veröffentlicht hat, dann wird zur Jahreszahl entsprechend a, b, c usw. hinzugefügt.

Es gibt einige wichtige Regeln, die beim Zitieren befolgt werden müssen; diese Regeln richtig anzuwenden, benötigt Übung. a) Zitat des unvollständigen Satzes. Ab dem Satzteil, der wortwörtlich zitiert wird, werden Anführungsstriche gesetzt. b) Das Zitat im Zitat kommt häufiger vor, als man denkt, und wird besonders von Studienanfängern bevorzugt. Ältere „Studis" und Wissenschaftler vermeiden dieses Doppelzitat und suchen immer nach dem Originaltext - was sicher eine mühsame Sache ist. Wenn Worte im Originaltext schon in Anführungszeichen stehen, werden solche Stellen mit einfachen Anführungsstrichen ('...') wiedergegeben. c) Das Auslassen einzelner Wörter wird durch zwei Punkte, mehrerer Wörter oder sogar Sätze durch drei Punkte kenntlich gemacht. Bei Auslassungen soll beachtet werden, dass der Gesamtkontext der zitierten Aussage intakt bleibt. Unbequeme Ausdrücke, die nicht in unseren Kontext passen würden, sollte man trotzdem bewahren und entsprechend mit einer Erklärung unserer Seite versehen. d) Man sollte die Zusätze und die persönlichen Bemerkungen mitten im Zitat möglichst vermeiden. Für das grammatische Verständnis müssen aber manchmal Wörter (meist Verben) im zitierten Text eingefügt werden, aber immer in Klammern. e) Besonders wichtige Ausdrücke im Zitat können hervorgehoben werden. Meist macht man dies durch Unterstreichung oder durch Fettdruck. Hinter jeder Hervorhebung sollte in Klammern vermerkt werden: (Hervorhebung von mir. Initialen des Autors).

Das indirekte Zitat ist das freie Zitat, mit dem die meisten Fälschungen und sogar Plagiate begangen werden. Es ist aber unvermeidlich, wenn ein längerer Gedankengang von einem Autor übernommen wird. Es wird in der Fußnote mit einem Vermerk vgl. oder siehe (lese, konsultiere) angegeben. Gewöhnlich gibt man die Seitenzahlen an, wo der Gedankengang beginnt und endet. Wenn es aber ein ganzes Buch oder ein ganzer Artikel ist, genügt das Signalisieren des Erscheinungsjahres. Wenn gewöhnlich im Text zitiert wird, verfährt man wie bei einem wortwörtlichen Zitat.

Das Sekundärzitat bedeutet, dass man nicht direkt aus dem Originaltext zitiert, sondern das Zitat von einem anderen (gerade gelesenen) Autoren übernimmt. Dies ist zwar eine bequeme Lösung, aber nicht ohne Gefahr. Das Originalzitat kann verfälscht, deformiert werden. Um die Verantwortung für die Echtheit des Sekundarzitats zu garantieren, sollte man unbedingt vermerken: "zitiert nach...". In der Tat sollten hier zwei Quellenangaben stehen: die erste ist das Zitat selbst, die zweite gibt die Stelle an, wo das Originalzitat steht. Das Sekundärzitat sollte man nur in Ausnahmefällen verwenden, und zwar nur dann, wenn das wortwörtliche Zitat absolut notwendig und der Originaltext nicht zu bekommen ist.

Zum Abschluss sollte man die Referatformen erwähnen. Die hier aufgeführten sechs Formen erschöpfen nicht die Gestaltungsmöglichkeiten des Referates. Aufgrund der Benutzung der modernen Medien werden Referate immer interessanter, farbiger sein.

Kompaktreferat: In dieser Form werden üblicherweise Seminarreferate gehalten. Dies eignet sich für ein Seminar, wo Studenten einzeln, nacheinander referieren und wo nicht viel Zeit für die Vorbereitung bzw. für die Gestaltung in anderer Form gegeben ist. Die Thematik wird referierend durch den Vortragenden vorgelesen, leider seltener frei vorgetragen. Nach Beendigung des Vortrages schließt sich eine Diskussion an.

Gruppenreferat: Die Erstellung einer wissenschaftlichen Arbeit an der Hochschule in der Form einer Gruppenarbeit hat sich in den letzten Jahren immer mehr durchgesetzt. Eine Gruppenarbeit wird dabei von mehreren Autoren (drei bis fünf, seltener mehr) gemeinsam erstellt. Die Motive für diese Form des Arbeitens sind unterschiedlich. Einige versprechen sich davon "weniger Arbeit", andere fühlen sich noch unsicher, eine Arbeit allein zu schreiben, oder sie bevorzugen die Arbeit in einer Gruppe aus Prinzip. In Seminaren mit sehr großer Teilnehmerzahl gibt es manchmal keine andere Lösung, als Themen von Gruppen aufarbeiten zu lassen. Für die Leistungsbewertung und für die Realisierung des Ziels, die Technik des wissenschaftlichen Arbeitens zu erlernen, ist die Form der Gruppenarbeit oft von Nachteil. Vorteile sind dagegen zu finden in der Solidarität der Gruppe: Man kann mit der Gruppe Texte und die Art und Weise des Vortragens diskutieren, man bekommt Unterstützung und Ermutigung.

Thesenreferat: Das Referat wird in Thesen oder in Abschnitte/Unterthemen aufgeteilt. Nach jeder These wird diskutiert. Notwendig ist dabei die Zeitbeschränkung. In höheren Semestern kann ein Thesenreferat sehr nützlich sein. Der Referent kann voll in die Rolle des referierenden Autors hineinschlüpfen und sich mit ihm identifizieren.

Interpretationsreferat: Der Text des Referats wird vor der Lehrveranstaltung (möglichst eine Woche zuvor) ausgeteilt. Die Seminarteilnehmer haben so die Zeit und die Gelegenheit, den Text zu lesen. In der Lehrveranstaltung erfragen die Teilnehmer unverständlich gebliebene Inhalte, verweisen auf kontrovers zu diskutierende Textpassagen. Der Referent beantwortet zuerst die Verständnisfragen, geht auf die Kontroverse ein, bestimmt die Schwerpunkte des Textes und interpretiert sie.

Referentendiskussion: Das Thema wird in Schwerpunkte unterteilt und an verschiedene Referenten ausgegeben. Diese Form eignet sich sehr gut bei der Behandlung eines aktuellen wissenschaftlichen Problems, bei dem noch kein Konsens erzielt wurde. In der Veranstaltung diskutieren die Referenten wie bei einer Podiumsdiskussion und gehen auf "Pro und Kontra" des Themas ein. Das Plenum hört zuerst zu, kann aber auch Fragen einbringen, die von den Referenten beantwortet werden.

Kreisreferat: (Drehbühne-Methode). Ähnlich wie bei der Referentendiskussion wird ein Thema in Unterpunkte gegliedert und an verschiedene Referenten ausgegeben. Diese stehen den Teilnehmern während der Lehrveranstaltung in verschiedenen Räumen im Haus zur Verfügung. Die Teilnehmer bilden so viele Gruppen, wie es Referenten gibt (maximal aber fünf Gruppen). Die Gruppen gehen zu den einzelnen Referenten, lassen sich informieren und diskutieren über das Thema. Einer führt ein Protokoll. Nach etwa fünfzehn Minuten geht jede Gruppe zu einem anderen Referenten, so dass in einer Stunde und fünfzehn Minuten jede Gruppe jeden Referenten gehört, mit ihm diskutiert, ein Gruppenmitglied darüber Protokoll geführt hat. Nach einer Pause kommen die Gruppen und Referenten im Plenum zusammen und tauschen ihre Erfahrungen aus. Diese Referatsform eignet sich hervorragend für gruppendynamische Prozesse, die Diskussionen in kleinen Gruppen sind freier, lockerer, und der Lerneffekt ist besser als beim Kompaktreferat. Unbedingt notwendig sind die gute Planung und die zeitliche Begrenzung, da sonst der reibungslose Wechsel zwischen den Gruppen nicht funktioniert.

*

Wenn Sie Zeit und Lust haben, beantworten Sie die folgenden Fragen und lösen Sie die folgenden Aufgaben:

1. Was ist ein Referat? Versuchen Sie, es mit eigenen Worten zu definieren.

2. Was heißt "neutral" referieren?

3. Was bedeutet die Wortwörtlichkeit bei einem Zitat?

4. Was ist der Zweck eines Referates?

5. Was gehört zum Titelblatt eines Referates?

6. Wie kommt man zu einem Referatsthema?

7. Was sind die zwei Aspekte der guten Gliederung?

8. Wie sollte man im Referatstext mit Fremdwörtern umgehen?

9. Was sind ein direktes Zitat, ein indirektes Zitat und ein Sekundärzitat?

10. Was ist der Unterschied zwischen Gruppenreferat und Kreisreferat?

Aufgabe 1: Stellen Sie Ihre persönliche Schreibgeschwindigkeit fest. Wieviel Seiten schaffen Sie in einer Stunde?

Aufgabe 2: Wählen Sie ein Referatsthema in Ihrem Fachgebiet aus! a) Erarbeiten Sie dazu eine passende Suchstrategie. b) Erstellen Sie eine fiktive Gliederung zum ausgewählten Referatsthema in mindestens fünf Punkten.

Aufgabe 3: Schreiben Sie fünf Fremdwörter aus dem Gedächtnis auf. Überlegen Sie (ohne Hilfe des Wörterbuches), welche deutschen Ausdrücke diese Fremdwörter ersetzen könnten!

Literaturangabe:

Kepplinger, Hans Matthias u.a.: Informationen suchen und finden, Freiburg, 1976.

1.5 Das Vortragen

Ein Vortrag, ein Konferenzbeitrag, eine Probevorlesung, aber auch schon ein gutes Referat ist eine mündlich vorgebrachte Wissensvermittlung in weitestem Sinne. Für viele bedeutet diese Art Wissensvermittlung eine Kunst, die eine lange Geschichte hat. Sie wurzelt schon in der Erzählkunst der Antike und wurde schließlich in der Zeit der Aufklärung ein beliebtes Instrument der Gelehrten. Heute kann man behaupten, dass ein Vortrag vor allem eine Kommunikation mit Lehr- und Diskussionsinhalten ist. Er beinhaltet also sowohl Elemente der mittelalterlichen Dispute als auch Elemente von aufklärerischer Gelehrsamkeit.

Diese Art von Kommunikation - wie systemtheoretisch gesehen jede Kommunikation - besteht aus drei Teilen: aus Information, aus Mitteilung und aus Verstehen. Die Information wird aus unterschiedlichen Quellen gesammelt, geordnet und logisch aufgebaut. Die Mitteilung ist bei dem Vortragenden die Fähigkeit, wie er das gesammelte und geordnete und persönlich verarbeitete Wissensmaterial den Zuhörern beibringt. Das Verstehen ist die Garantie dafür, dass eine echte Kommunikation zustande kommt, und besteht aus direkten oder indirekten Rückmeldungen von seiten der Zuhörer.

Dies wird oft erst bei der dem Vortrag obligatorisch folgenden Diskussion deutlich. Heute gibt es kaum Vorträge ohne anknüpfende Diskussion; auch im Radio oder im Fernsehen pflegt man die Diskussion oder zumindest eine klärende Moderation nach einem Vortrag. Das Fernsehen erlaubt Animationen, digitalisierte Illustration während des Vortrages einzublenden, und ermöglicht so dem Fernsehzuschauer, das mündlich akustisch Vorgetragene auch visuell nachzuvollziehen. Hier sind natürlich beschreibende Wissenschaften im Vorteil, z.b. Geographie, Geologie, Biologie - analysierende Humanwissenschaften eher im Nachteil, wobei die Psychologie noch auf Experimente hinweisen kann, und auch in der Soziologie kann man noch einige Aussagen veranschaulichen. In der schwierigsten Lage befindet sich wohlgemerkt die Philosophie, weil sie die höchste Abstraktion fordert und sie sehr schwierig bildlich darzustellen ist.

Der vor einem fremden bzw. unbekannten Publikum gehaltene Vortrag muss anders vorbereitet werden als ein Seminarbeitrag oder ein studentisches Referat. Nichtsdestoweniger können die hier folgenden Ratschläge und Gebote auch dort angewendet werden. Als eine sehr einfache Vorbereitungsmethode bietet sich das Fragewörterspiel an. Man sollte also die sechs Fragewörter (wer, wo, wann, was, wie, warum) gedanklich durchspielen und darauf eine passende Antwort konstruieren.

Wer-Frage: Trage ich allein vor oder sind es mehrere, die mit mir zusammen vortragen? Sind es mehrere, dann ist auf die richtige Arbeitsteilung und Koordinierung zu achten. Man kann aber diese Frage "wer" auch anders stellen, z.B. als "wer" trage ich vor? Als Experte, der sein Fachwissen persönlich und souverän vorträgt, oder als Vertreter einer Institution, die die Zielsetzungen der Institution beachtet und bejaht und seinen persönlich-privaten Standpunkt nicht äußert? Ist das Ziel der Institution durch den Vortrag eine PR-Aktion, eine Aufforderung zum Spenden oder eine erste öffentliche Darstellung? Jedesmal muss Stil, Argumentation und Vortragsweise anders aufgebaut werden.

Besonders bei einer Probevorlesung ist die Wer-Frage wichtig. Man sollte abwägen, ob der erste "Vorsingende" oder eher der letzte die größten Chancen hat. Wenn am selben Tag mehrere ihre Probevorlesungen halten (nach Erfahrung sind es aber selten mehr als drei Personen), dann ist es naheliegend, dass die Aufmerksamkeit bei dem letzten Vortragenden erheblich sinkt - daher muss er/sie ein besonders spannendes und attraktives Thema vortragen.

Die letzte "Wer-Frage" wäre: Mann oder Frau? Obwohl es nach dem gesetzlich festgelegten Prinzip der Gleichberechtigung keinen Unterschied zwischen männlichen und weiblichen Vortragenden geben sollte - die Unterschiede bestehen doch. Stimme, äußere Erscheinung, Gestikulation, persönliche Ausstrahlung können geschlechtsspezifisch unterschiedlich sein und einen positiven oder negativen Eindruck beeinflussen.

Wo-Frage: Hier sind nicht nur die Räumlichkeiten gemeint, sondern auch die Zuhörer. In einem Kreis von Kollegen oder Kommilitonen ist die Atmosphäre lockerer als an einem unbekannten Tagungsort oder in der Volkshochschule. Wenn das Publikum gemischt ist, also aus bekannten und unbekannten Gesichtern zusammengestellt, sollte man intensiver auf die unbekannte Hörerschaft eingehen. Man kann dabei Unterstützung von den bekannten Zuhörern erwarten. Wenn es möglich ist, ist die Zahl und die Zusammenstellung der Zuhörer zu erkunden (männlich, weiblich, jung oder alt, usw.) Aber auch der vermutete Bildungsgrad der Zuhörer ist zu berücksichtigen: ob sie Akademiker, Sozialarbeiter, kundige Bürger oder nur themeninteressierte gebildete Neugierige sind. Schwieriger ist es, die religiöse oder ideologische Einstellung zu erfahren. Bei heiklen Themen muss man mit eventuellen Störern, Protestierenden und emotional aufgebrachten Menschen rechnen.

Bei einer Probevorlesung ist man entweder in einer völlig fremden Umgebung, wo man eventuell schon gegen einen bekannten Wunschkandidaten kämpfen muss, oder man befindet sich in einer Fachhochschule, wo man schon einige Erfahrungen hat, besonders, wenn der Bewerber dort schon einige Kollegen und einen Teil der Studentenschaft während einer Lehrauftragszeit kennengelernt hat. Man könnte generell sagen, dass langjährige Lehrbeauftragte mehr Chancen haben als unbekannte Bewerber von außen, "Einheimische" eher bevorzugt werden als Ausländer (ein Bayer in Hamburg gilt als Ausländer und umgekehrt). Frauen werden für bestimmte Stellen heimlich präferiert. Wo das Bewerbungsverfahren sich aber als Farce herausstellt und wo nur ein hoffnungsloser dritter Platz auf der Vorschlagsliste winkt - dort sollte man abwinken.

Wann-Frage: Der Zeitpunkt muss unbedingt einbehalten werden. Verspätungen kann man nicht mit Verkehrsproblemen und Parkplatzsuche usw. erklären. Die sogenannte "akademische Viertelstunde" ist in diesen Fällen noch vertretbar, längere Verspätungen müssen aber telephonisch angekündigt werden. Es ist sehr peinlich, wenn das Publikum mehr als eine halbe Stunde auf einen Vortragenden warten muss. Bei einem Vortrag am späten Abend muss man mit der Ermüdung der Zuhörer rechnen - sehr früh im Morgen dagegen mit dem mangelnden Wachzustand.

Eine Verspätung bei einer Probevorlesung ist unverzeihlich und wird oft mit dem Ausschluss vom Bewerbungsverfahren bestraft. Einen neuen Termin zu bekommen ist kaum möglich, und wenn ja, dann ist der einmal verspätete Bewerber sozusagen vorbelastet, und seine Chancen sind minimal.

Was-Frage: Das Thema muss genau bestimmt werden und darf nicht in der letzten Minute geändert werden. Vortragende haben im Allgemeinen die Freiheit, das Thema selbständig im gewünschten Rahmen zu bestimmen. Eine knappe Formulierung ist immer besser als ein langatmiger Titel mit vielen Fremdwörtern. Wenn das Thema in Frageform formuliert ist (Drogenproblem in der Kleinstadt - Was nun?), kann es interessant klingen, aber oft empfindet man dies als Provokation.

Das Thema einer Probevorlesung ist seit Wochen vor dem festgelegten Termin bekannt - nun muss der richtige Titel gefunden werden. Es ist hier noch wichtiger als bei einem gewöhnlichen Vortrag, knapp und präzise zu sein. Lange, komplizierte, mit vielen Fachausdrücken geschmückte Titel schrecken die Studenten ab und verursachen höhnisches Lächeln bei den Kollegen.

Wie-Frage: Hier geht es um Hilfsmittel, die man einsetzt. Vor dem Vortrag sollte man sich der technischen Möglichkeiten des Raumes vergewissern. Manchmal können Kleinigkeiten die Qualität eines Vortrages mindern, z.B. das Suchen einer Steckdose für den Diaprojektor, die fehlende Kreide, ein nichtfunktionierender Tageslichtprojektor usw. Man sollte die medialen Möglichkeiten möglichst vielseitig nutzen - aber ein Zuviel an projizierten Tabellen, Diagrammen, Bildern (besonders wenn sie während des Vortrages aneinandergereiht werden) kann störend wirken. Man sollte nicht vergessen, dass ein Vortrag grundsätzlich eine mündliche, orale Kommunikation ist - andere eher visuelle Kommunikationsformen sollten den Vortrag nur begleiten, aber das Mündliche nicht ersetzen.

In einer Probevorlesung sollte man alle Register ziehen, die zum Erfolg führen könnten, aber hier darf auch nicht die Geduld und die Aufnahmefähigkeit der kritisch prüfenden Anwesenden überstrapaziert werden. Der Einsatz zu vieler visueller Medien lenkt ab.

Eventuell stellt man sich auch die Frage: Warum? Hier geht es um die persönliche Motivation des Vortragenden - aber auch um den verspürten Bedarf der Zuhörer. Die persönlichen Motivationen können sehr unterschiedlich sein. Es ist ehrlich, wenn man zugibt, durch den Vortrag etwas Geld zu verdienen oder eine willkommene Dienstbefreiung zu erreichen. Hauptsache, dass das Hauptmotiv der qualitativen Wissensvermittlung beibehalten wird. Bei einem Vortrag im Ausland kann das Nebenmotiv, Land und Leute kennenzulernen, sich kulturell zu bereichern, auch als ehrlich betrachtet werden. Der Vortrag soll dem tatsächlichen Bedarf der Zuhörer entgegenkommen. In einer ausländerfeindlichen Umgebung kann das Thema „Toleranz und Verständnis für die ausländischen Mitbürger" sehr aktuell sein und eine diesbezügliche Aufklärung mit Praxisbeispielen einen Bedarf decken.

Bei der Probevorlesung ist die persönliche Motivation ganz eindeutig: die ausgeschriebene Stelle zu bekommen. Alles andere ist belanglos. Geld verdient man damit sowieso nicht, Zeit für Kultur und Tourismus hat man auch nicht. Der Bedarf auf der anderen Seite ist auch eindeutig: Eine Stelle ist frei geworden und man möchte sie mit dem geeignetsten Kandidaten besetzen. Die Probevorlesung versetzt den Kandidaten in eine besondere Prüfungssituation. Die Situation ist insofern besonders, weil man eine Prüfung wiederholen kann, eine Probevorlesung nicht. Die gelungene Probevorlesung ist entscheidend für eine Karriere, für eine Lebensplanung und für ein sicheres Einkommen.

Die "fünfzehn Gebote" des guten, gelungenen Vortrages sollten jetzt erwähnt werden. Sie gelten sowohl für ein Referat als auch für eine Probevorlesung. Die persönliche Erfahrung kann diese Gebote ergänzen oder einige davon als überflüssig betrachten. Routinierte Vortragende schaffen ihre eigenen, persönlichen Regeln – im Folgenden geht es eher um Anfänger:

Das Thema nicht zu eng auszuwählen. Das Ziel des Vortragenden sollte es sein, dass sein Vortrag auch von Fachfremden verstanden wird. Ein ganz kurzer historischer Rückblick, ein Hinweis auf die Aktualität des Themas sowie die Bedeutung des Themas für das Problem bzw. für die Wissenschaft sollten zumindest angedeutet werden. Die Auswahl des Themas ist bei einer Probevorlesung nicht gegeben - wohl aber die des Titels. Für einen historischen Rückblick wird kaum Zeit vorhanden sein. Der Soziologe, Bewerber für eine Stelle, sollte seine Probevorlesung so gestalten, dass die prüfenden Kollegen vom anderen Fach (Theologen, Philosophen, Juristen, Medienpädagogen) die Bedeutung und die Aktualität des vorgetragenen Themas auch für ihr Fach mitvollziehen können.

Mit dem Thema leben. Das Thema soll den Vortragenden dauernd beschäftigen, vom Auftrag bis zur Durchführung. Man überlegt mehrmals pro Tag die Form des Vortrages und den Inhalt. Man versucht, die aktuellsten Informationen einzuholen und in den Vortrag einzubauen. Wenn das Thema einem besonders gut passt, dann entsteht ein anderes Problem, nämlich: Was bringt man nicht, was ist unwesentlich, was lässt man beiseite? Bei einer Probevorlesung wird oft verlangt, dass man ein Semesterprogramm darstellt. Hier kann man nur im Telegrafenstil und nur stichwortmäßig auf Inhalte eingehen - deswegen müssen diese Stichworte besonders gut ankommen, damit jeder sofort versteht, was gemeint ist.

Den Vortrag üben. Es gibt mehrere Methoden, einen schon vorbereiteten Vortrag zu üben. Man kann seine Stimme auf Tonband aufnehmen, Gesten vor einem Spiegel üben, Zeitmessen usw. Gut ist, wenn interessierte Bekannte den Vortrag hören und kritisieren. Beim Freund oder bei der Freundin fehlt oft die kritische Distanz und die notwendige Objektivität. Die Probevorlesung - wohlgemerkt - bedarf einer sehr intensiven Übung.

Sich vor dem Vortrag einige ruhige Minuten gönnen. Man sollte möglichst allein an einem ruhigen Ort minutenlang den ganzen Vortrag gedanklich durchlaufen. Entspannungsübungen (autogenes Training oder Akupressur) sind nützlich - aber eine Tasse Kaffee ist auch nicht schlecht. Leider ist dies vor einer Probevorlesung selten möglich.

Diskussionszeit bestimmen. Man sollte in der Regel mindestens ein Drittel der zur Verfügung stehenden Zeit für die Diskussion reservieren. Die Redezeit darf 50 Minuten nicht überschreiten.

Die Probevorlesung hat eine festgelegte Struktur. Die Diskussionszeit ist von vornherein bestimmt, und in dem anschließenden Treffen mit Kollegen, mit studentischen Vertretern und mit den Mitgliedern der Beurteilungskommission werden Fragen nicht nur zum vorgetragenen Thema, sondern zu dem zu vertretenden Fach bzw. auch zur Person gestellt. Der Bewerber sollte die örtlichen Gepflogenheiten gründlich erkunden - eventuell mit einem älteren Kollegen darüber ein Gespräch führen. Trotz guter Vorbereitung wird vom Bewerber auch ein Improvisationstalent verlangt.

Zu Beginn eine Themenübersicht geben. Es muss deutlich zu Beginn gesagt werden, worum es geht, wie das Thema eingeteilt wird. Man kann dies auch auf dem Schwarzbrett, auf dem Tageslichtprojektor oder auf der Schreibtafel vermerken. Nützlich ist es auch, einen Zettel zu verteilen – dabei ist darauf zu achten, dass genügend Zettel vorhanden sind – aus dem eine Gliederung des Vortrages ersichtlich wird. Weniger als drei Teile (Themenbereiche, Thesen) und mehr als zehn sollten es nicht sein. Bei manchen Probevorlesungen, z.B. im Bereich der Medienpädagogik, können vorab ausgesuchte Studenten mitwirken, indem sie ein Rollenspiel, eine szenische Darstellung usw. gestalten. Dies kann man aber nicht vor Ort auf freiwilliger Basis organisieren, da einerseits die Sache schiefgehen kann, andererseits Freiwillige nicht einfach zu finden sind.

Die Vortragszeit realistisch einteilen. Entsprechend der oben geschilderten Gliederung muss die Redezeit eingeteilt werden. Man darf (muss sogar) auf die Uhr schauen - ohne gleich zu Beginn eine riesige Weckeruhr auf den Tisch zu stellen. Wenn nötig, muss bei einigen unwichtigen Stellen gekürzt werden. Auf jeden Fall sollte das Fazit oder die Zusammenfassung nicht gekürzt werden. Es kommt bei den Zuhörern sehr schlecht an, wenn der Redner andauernd auf die Knappheit der Zeit hinweist. Es ist schließlich seine Zeit, und er ist selbst schuld, wenn er nicht mit der Zeit auskommt. Eventuelle Unterbrechungen müssen einkalkuliert werden.

Wenn möglich, Hauptthesen bringen. Diese sollten spätestens nach den ersten 20 Minuten kommen. Die Hauptthesen sollte man wiederholen und betonen und sagen, wie wichtig diese Aussagen für die spätere Diskussion sind.

Frei reden statt Texte lesen. Man kann seinen eigenen Text auch auswendig lernen, aber viel besser ist es, wenn auf dem Papier nur kurze Sätze, Definitionen und Stichworte stehen. Bei freier Rede kann man die notwendigen Blickkontakte bewahren und es entsteht mehr Kommunikation zwischen dem Redner und den Anwesenden. Bei freier Rede ist die Gesamtatmosphäre besser, lockerer; es gibt mehr Freiraum für Wiederholungen und Beispiele.

Hilfsmittel gekonnt benutzen. Thesenpapiere, Tageslichtprojektor oder die einfache Kreide sind die wichtigsten Hilfsmittel für einen Vortrag. Raffiniertere technische Mittel (Video, Diaprojektor, Tonbandgerät usw.) bedürfen einer besonderen Fertigkeit, und oft braucht man dazu einen Helfer. Wichtig ist jedoch, dass zu viele technische Hilfsmittel auf einmal die Aufmerksamkeit ablenken.

Eigene Standardmeinung haben. Man sollte seine Meinung klar, undogmatisch und persönlich darlegen - mit der Bereitschaft, die Meinung auch zu korrigieren, wenn Argumente überzeugen. Am schlimmsten ist es, wenn die eigene Unsicherheit deutlich wird.

Die Diskussion souverän führen. Der Redner leitet in der Regel auch die nachfolgende Diskussion. Er bestimmt, wer in welcher Reihenfolge zu Worte kommt, beschränkt die Redezeit der Fragenden. Die Frage muss er verstehen - notfalls um Wiederholung bitten und sie auch in eigenen Worten formulieren können.

Die Antworten kurz fassen. Wenn möglich, bei der Beantwortung der Fragen auf die Hauptthese zurückkommen. Es ist ein sehr gutes Gefühl, wenn der Vortragende durch die Fragen eine indirekte Bestätigung der Richtigkeit seiner Thesen erfährt.

Etwas für die Diskussion bewahren. Gute, illustrative Beispiele sollte man in die Antwort einbauen. Es soll keine neue Wissensvermittlung stattfinden, dazu war der Vortrag da, sondern eine zusätzliche Bestätigung des Gesagten.

Nichtwissen offen zugeben. Das ist die Regel der Ehrlichkeit und Bescheidenheit. Wenn jemand sein Nichtwissen offen zugibt, erntet er Anerkennung von den Zuhörern für seinen Mut. Man kann bei schwierigen Fragen einen anwesenden Experten zu Hilfe rufen. Auf jeden Fall darf man das Nichtwissen nicht mit komplizierten Argumentationen überspielen. Natürlich kann Nichtwissen in der Form von Ignoranz schädlich sein wenn z.B. bewusst ignoriert oder verdrängt wird, damit der Vortragende von der Verantwortung der Wissenden entzieht.

*

Wenn Sie Zeit und Lust haben, beantworten Sie die folgenden Fragen und lösen Sie die folgenden Aufgaben:

1. Was ist ein Vortrag?

2. Aus welchen drei Teilen besteht eine Kommunikation?

3. Was ist ein Fragewörterspiel?

4. Wie lauten die Wer-Fragen bei einer Probevorlesung?

5. Was ist zu tun bei Verspätung?

6. Wie kann man seinen Vortrag üben?

7. Wie viele Teile sollte eine Themenübersicht (Gliederung) haben?

8. Wie sollte man mit der Vortragszeit umgehen?

9. Was sind die Vorteile des freien Redens?

10. Was sollte man für die Diskussion parat haben?

Aufgabe 1: Überlegen Sie, welche technischen Hilfsmittel Sie bei Ihrem Vortrag einsetzen würden!

Aufgabe 2: Was wären Ihre Motivationen zu einem Vortrag? Geben Sie fünf davon in der Reihenfolge ihrer Wichtigkeit an!

Aufgabe 3: Erfinden Sie noch "vier Gebote" des guten, gelungenen Vortrages!

1.6 Das richtige Diskutieren

Die Diskussion gründet nicht nur auf Meinungen, sondern auf Fakten, erwiesenen Tatsachen und benötigt genügend Substanz. Folglich müssen die Teilnehmer Gelegenheit haben, den Diskussionsgegenstand vorher zu studieren. Sehr oft sind Diskussionen aber leider unvorbereitet, und viele denken, dass die Ideen während der Diskussion von selbst kommen. Es ist richtig, dass man aus einer guten Diskussion viel lernen kann, aber es ist auch richtig, dass man für eine gute Diskussion viel lernen muss! Dieses Lernen bei einem Vortrag besteht aus aufmerksamem Zuhören, Notieren, Diskussionsfrage richtig formulieren, andere Fragen in Betracht ziehen, zu Wort melden und die eigene Stellungnahme deutlich und präzise vortragen.

Der Sinn einer Diskussion ist nicht in erster Linie, neues Wissen zu erarbeiten, sondern alle Meinungen und Standpunkte abzuwägen, zur Integration zu bringen, zu summieren. Eine gute Diskussion zeichnet sich dadurch aus, dass die Teilnehmer einerseits deutlich ihre Meinungen äußern konnten, andererseits, dass jeder Teilnehmer nachher das Gefühl hat, selbst noch etwas gelernt zu haben - seinen Wissenshorizont erweitert zu haben und die Diskussionsinhalte für seine Zwecke benutzen zu können.

Die Diskussion will zur Mitarbeit anregen und verlangt Initiative, Experimentierlust, Beweglichkeit – kurz: die Aktivität aller. Wenn man diskutiert, ergreift man die Initiative, etwas Neues, Interessantes zu sagen, man testet, wie das Gesagte bei den anderen Teilnehmern ankommt, man akzeptiert andere Meinungen und korrigiert seine eigene.

Sie kennt nur Gleichberechtigte. Hier sollte die Basisdemokratie schon im frühen Alter praktiziert werden, hier gewinnt man Respekt vor anderen und unterscheidet zwischen Person und Meinung. Man lernt, dass sympathische Meinungen von unsympathischen Menschen vertreten werden können - und umgekehrt. Oft passiert es, dass in einer Diskussion eine unterschätzte (oder überschätzte) Person im positiven (oder negativen) Licht erscheint und dadurch die weiteren Beziehungen mit ihr bestimmt werden.

Ein Lehrer-Schüler-Verhältnis zwischen Diskussionsleiter und Diskussionsteilnehmer ist untragbar. Jeder Teilnehmer muss erleben, dass er etwas Vernünftiges zu sagen hat. Der Diskussionsleiter darf einen Beitrag nie als schlecht hinstellen. Es liegt an seinem Geschick, wie er eine formal schlechtgestellte Frage für das Verständnis rettet.

Die Sitzordnung sollte möglichst der Kreis sein. Dies ist ideal für die Blickkontakte und gibt keinem das Gefühl, Außenseiter und ausgeschlossen zu sein. Die Benennung Diskussionskreis oder Diskussionsrunde signalisiert diese psychologische Erkenntnis. Wenn das Hintereinandersitzen nicht vermeidbar ist, sollte sich der Diskutant aus seinem Sitz erheben, damit jeder ihn sieht und hört.

Die Redezeit, um eine Dominanz von vornherein auszuschalten, muss begrenzt werden. Viele wissen, dass sie nicht lange sprechen dürfen, aber versuchen mit immer neuen Sätzen ihre Zeit zu dehnen. Grundregel ist, dass keiner dominieren darf, weder der Wortgewaltige noch der Geltungsbedürftige.

Der Diskussionsleiter hat eine schwierige Aufgabe zu meistern. Einerseits muss er jedem garantieren, dass er zu Worte kommt, andererseits muss er quasi autoritär eingreifen, um den Diskussionsbeitrag zu kürzen. In Parlamenten, bei politischen Diskussionen ist die Redezeit punktuell bestimmt, und Überschreitungen werden durch Entzug des Rederechtes bestraft.

Eine Diskussion ist Wettstreit und Zusammenarbeit aller. Sie ist nicht nur Meinungsstreit, sondern, wie gesagt, gehören auch Fakten, verlässliche Daten und Angaben zur Diskussion. Man sollte daher Affekte und Emotionen möglichst ausschließen und auf der rational-vernünftigen Ebene bleiben. Dies ist aber sehr schwer, da Meinungen, Überzeugungen und oft auch Vorurteile gegen die Vernunft sprechen. Der Diskussionsleiter sollte eine Synthese von subjektiven Meinungen und objektiven Tatsachen suchen und finden.

Die Teilnehmerzahl ist bei einer Diskussion nicht bestimmt. Übrigens unterscheidet man zwischen aktiven und passiven Teilnehmern. Auch in einer sehr großen Teilnehmergruppe können nur wenige aktive Teilnehmer eine fruchtbare Diskussion führen. Die allerunterste Grenze bilden vier Personen - diese Regel wird bei der Podiumsdiskussion angewendet. Bei mehr als zwanzig Teilnehmern (z. B. Seminarveranstaltungen) und wenn die Diskussionsbereitschaft sehr positiv zu sein scheint, können die Beteiligten in Gruppen aufgeteilt werden, deren Sprecher vor dem Plenum referieren und mit den anderen Gruppensprechern diskutieren.

In weitem Maße ist die Diskussion von der Qualifikation des Diskussionsleiters abhängig. Grundvoraussetzungen dafür sind: offener Geist für vielfältige Fragen, Geduld, stimulierender Einfluss, die Fähigkeit, Wesentliches zu erkennen und das Ziel im Auge behalten zu können. Bei einem Vortrag kann die Funktion der Diskussionsleitung von Vortragenden selbst übernommen werden. Es ist aber für den Vortragenden sehr angenehm, wenn die Leitung in den Händen eines Moderators liegt. Er kann die Reihenfolge der Wortmeldungen notieren, die Redezeit beschränken, zur Ordnung rufen etc. Der Vortragende kann sich dann voll auf seine Antworten konzentrieren.

Eine Gefahr bei jeder Diskussion ist die Abschweifung vom Thema - noch gefährlicher ist, wenn die Diskussion auf Personen bezogen wird. Aus Diskussionsbeiträgen, die vom Ziel wegführen, muss der Diskussionsleiter jene Details herausfinden, die dem Ziel doch noch dienen, oder er muss durch Umformulierung der Beiträge solche Details schaffen und selbstverständlich als positiven Beitrag des Teilnehmers herausstellen.

Für den Diskussionsleiter ist eine perfekte Sachkenntnis nicht Voraussetzung. Man könnte sogar sagen, dass zu gute Sachkenntnisse die Gefahr zu starken Eingreifens durch den Diskussionsleiter birgt. Auf jeden Fall trägt eine gute Vorbereitung des Diskussionsthemas entscheidend dazu bei, eine Diskussion zu einem befriedigenden Ergebnis zu bringen.

Es gibt keine perfekte Diskussion. Irgendwann muss man doch Schluss machen, und es gibt immer Unzufriedene, Frustrierte, die dann enttäuscht sind. Wenn die Mehrzahl der Diskutanten aber positiv rückmeldet, eine spätere Weiterführung der Diskussion verlangt oder sogar auf Grund der Diskussion ihr Verhalten und ihre Einstellung ändert - dann kann man von Erfolg sprechen.

Es gibt eine Reihe von Fragen, die der Diskussionsleiter an sich selbst vor Beginn einer Diskussion stellen sollte. Das im vorigen Kapitel geschilderte Fragespiel kann auch zur Diskussionsvorbereitung angewendet werden. Diese vorausbedachten Fragen bestimmen den Ablauf einer jeden Diskussion. Aber egal, welche Strukturen der Diskussion gegeben werden, es kann auch anders kommen. Plötzlich kann die Diskussion eine andere als die gewünschte Richtung nehmen. Hier hilft nur die Anpassungsfähigkeit des Diskussionsleiters. Er soll überlegen, wie weit er in die andere Richtung gehen kann. Es ist auch eine Frage der Kompromisse. Erlaubt das Thema selbst auch eine andere - breitere oder engere - Interpretation? Nur wenn es um persönliche Machtkämpfe, Beschimpfungen oder sinnlose Wortduelle geht, muss er die Diskussionsrichtung ändern - im schlimmsten Fall sogar beenden.

Der Diskussionsleiter kann sich Fragen stellen, z.B.: Wie ist die Ausgangssituation, die zur Diskussion anregt? Sind dies klar formulierte Thesen? (Dies ist eine sehr günstige Ausgangsposition für eine Diskussion.) Sind dies vage Vermutungen, Unklarheiten, Annahmen oder streitbare Äußerungen? (Dies ist relativ ungünstig und verlangt vom Diskussionsleiter eine straffe Führung, um Resultate zu erzielen.) Sollten spezielle Fragen bzw. Probleme in der Diskussion gelöst werden? (Dies ist dann und insofern wichtig, wenn ein konkreter Handlungsbedarf besteht.) Welche Faktoren sind für die Situation von Wichtigkeit und müssen unbedingt in Betracht gezogen werden und warum? (Hier kann der Diskussionsleiter die Fragen geschickt auf diese Faktoren lenken und auf deren Bedeutung hinweisen.)

In einer Gruppendiskussion mit hoher Diskussionsbereitschaft und mit dem Willen, konkrete Problemlösungen für die sozialarbeiterische Praxis anzustreben, kann der folgende Fragenkatalog nützlich sein: Was läßt sich tun? Welche Überlegungen sind anzustellen, um den aufgezeigten Situationen und den in ihnen herrschenden Problemen gerecht zu werden? Welche Berührungspunkte hat die Gruppe untereinander, und inwiefern resultiert daraus keine Übereinstimmung oder ein Gegeneinander hinsichtlich der Fakten und Meinungen? Wo liegen die Hauptgegensätze? Liegen sie im Bereich der Fakten, des wirklich Gegebenen - oder im Bereich der Meinungen, des Wünschenswerten? Mit welchen Fragen kann die Diskussion in Fluss gehalten werden? Was kann weiter geschehen? Welche Mittel und Wege sind gegeben, um das Endergebnis in die Tat umzusetzen und Wirklichkeit werden zu lassen?

Der Diskussionsleiter kann mit Hilfe derartiger Fragen die Diskussion straff durchführen. Man erreicht, dass zur Sache gesprochen wird und dadurch Abschweifungen vermieden werden.

Zwei wichtige Funktionen soll der Diskussionsleiter erfüllen: 1. Er soll die Gegensätze der verschiedenen vertretenen Standpunkte in Bezug auf die Fakten und in Bezug auf die Meinungen erforschen. Es kommt vor, dass Fakten einfach geleugnet werden. Hier sollten Hinweise auf seriöse Statistiken helfen, auf schnelle, unvorhergesehene Änderungen im Diskussionsproblem und auf die vorhandenen Vorurteile bei den Diskussionsteilnehmern einzugehen. Er soll wissen, dass Meinungen subjektive Mentalprodukte sind. Sie werden verbal artikuliert, und jeder versucht, seine eigene Meinung aufrechtzuerhalten. Es müssen sehr starke Argumente hervorgebracht werden oder unerwartete Ereignisse passieren, damit jemand seine Meinung ändert. Hier spielen auch Vorurteile eine wichtige Rolle. Sie sind sehr schwer besiegbar. Man spricht von Vorurteilen, wenn sachlich inadäquate pauschale Meinungen durch hinzukommende Informationen nicht geändert werden und das Individuum strikt bei seinem alten Urteil bleibt.

2. Er soll versuchen, eine Gesamtschau, ein Fazit oder eine Konklusion aus der Diskussion zu ziehen. Man sollte nie eine Diskussion mit einer letzten unbeantwortet gebliebenen Frage beenden. Der Diskussionsleiter soll sich anstrengen, zu verdeutlichen, welches Ergebnis der Situation entspricht, die nach der oder infolge der Diskussion entstanden ist, und aus welchen Gründen hinsichtlich der Fakten und Meinungen die Gruppe zu diesem Ergebnis kam.

Die Diskussion ist ein überstrapazierter Begriff. Man diskutiert heute über alles und überall. Wir erleben ein Diskussionszeitalter. Dies hat eine positive und eine negative Seite. Positiv ist sicher, dass in unserer modernen, pluralistischen und demokratischen Gesellschaft jeder frei seine Meinung äußern darf und dass es keine Autoritäten mehr gibt, die jemandem vorschreiben, wie er seine Meinung bilden darf. Negativ ist in der Diskussion, dass es oft am notwendigen Hintergrundwissen mangelt, dass Fakten geleugnet werden, dass viele Diskussionsteilnehmer sie als aggressive Selbstbehauptung benutzen.

Die Teilnehmer in einer Diskussionsrunde können nach ihrem Verhalten positiv und negativ bezeichnet werden. Jeder, der eine Diskussion leitet, erlebt unterschiedliche Verhaltenstypen, Teilnehmer-funktionen, die sich selbst während der Diskussion ändern können. Jemand beginnt als zustimmender, braver Teilnehmer und ändert sein Verhalten um in einen protestierenden, wütenden Teilnehmer - oder umgekehrt. Die hierunter geschilderten Teilnehmerfunktionen sind oft nicht in dieser puren Form vorhanden, sondern kreuzen und vermischen sich. Hier werden zwölf positive und negative Teilnehmertypen erwähnt.

Zu den positiven Teilnehmerfunktionen gehören: 1. Informationen einholen, Fragen zur Klarstellung stellen, zusätzliche Informationen und/oder Tatsachenmaterial anfordern. 2. Informationen erteilen, Vorbringen von Tatsachen oder eigenen Erfahrungen. 3. Aktivität fordern, Aufzeigen von Lösungsmöglichkeiten oder neuen Ideen, Wunsch, weitere Details zu erfahren. 4. Vorgebrachte Ideen unterstützen. 5. Praktische Durchführbarkeit untersuchen. 6. Vermitteln und Ausgleichen - dazu gehören: Abbau negativer Einstellungen, die Darstellung der gespannten Situation als Einzelvorfall im größeren Zusammenhang, die Beruhigung aufgeregter Gemüter und die Abschwächung aggressiver Bemerkungen. Falls vertretbar, ist dieser Funktionsträger zu Kompromissen bereit. 7. Zusammenfassen. Überblick über die bisherigen Leistungen der Diskussion. Hervorheben der wichtigsten Punkte und Formulierung des Arbeitsergebnisses. 8. Ermutigen. Freundliches Verhalten, Aufgeschlossenheit, Lob für andere und deren Ideen, Zustimmung zu den Beiträgen anderer. 9. Toleranz. Anderen Teilnehmern ermöglichen, einen Diskussionsbeitrag zu liefern. 10. Anteilnahme. An der Diskussion und der Beschlussfassung der Gruppe aktiv mitarbeiten. 11. Vergleich. Vergleichen und Abmessen des Geleisteten gegenüber den gesteckten Zielen. 12. Koordination. Versuch, einer Cliquenbildung, Gruppenspaltung und Polarisation entgegenzuarbeiten. Beziehungen zwischen verschiedenen Gedanken, Meinungen und Vorschlägen aufzeigen und herstellen.

Zur negativen Teilnehmerfunktion gehören unter anderem: 1. Dominanz. Einer oder einige Gruppenmitglieder versuchen, bestimmenden Einfluss bzw. Überlegenheit zu erlangen. Betonen der sozialen Stellung oder der höheren Position, Monopolisieren der Verständigungswege. Sich selbst in den Mittelpunkt stellen durch dauerndes Reden, in autoritärem Stil Vorschläge machen, Anordnungen erteilen usw. 2. Prestigekampf. Kämpfen, um nicht nachgeben zu müssen. Sich jede Kritik verbieten. Imponieren um jeden Preis. Prahlen, hervorheben eigener Leistungen. 3. Aggression. Opposition um der Opposition willen betreiben. Persönliche Angriffe auf andere oder auf die Gruppe. Ideen anderer lächerlich machen, ihre Werte und Leistungen geringschätzig behandeln. Behaupten, das hätte man ohnehin schon gesagt, positive Leistungen entwerten. 4. Obstruktion. Zu ausgedehnte Argumentation über einen Punkt. Ablehnung von Ideen und Vorschlägen, ohne darüber nachgedacht zu haben. 5. Egoismus. Über sich selbst reden. Vorbringen persönlicher, nicht auf die Gruppe ausgerichteter Gefühle und Ansichten. Die Gruppe als Resonanzkörper verwenden. 6. Versuch, Mitleid zu erwecken. Sympathie bzw. Mitleid der anderen Gruppenmitglieder aufgrund von eigenen Problemen oder Unglücksfällen soll gewonnen werden. Beklagen der eigenen Situation. Herabsetzung der eigenen Kenntnisse und Ideen, um Unterstützung zu gewinnen. 7. Spezialanliegen. Vorbringen oder Befürworten von Vorschlägen, die mit den eigenen Lieblingsproblemen oder -ansichten in Zusammenhang stehen, und diese als Konsens verkaufen. 8. Auffallen. Die Aufmerksamkeit durch lautes und übermäßig ausgedehntes Reden auf sich lenken. Äußerung extremer Ideen und ungewöhnliches Benehmen. 9. Distanzierung. Durch passives Verhalten von der Diskussionsgruppe distanzieren. Abkommen vom Thema oder Beachtung striktester Formalität. 10. Geistige Abwesenheit. In die Diskussion eingreifen, aber etwas völlig anderes, nicht zum Thema gehörendes behaupten. 11. Desinteresse. Das Thema missachten, indem man sich darüber abwertend äußert. 12. Privatgespräche. Die Diskussionsrunde benutzen, um mit Bekannten zu plaudern. Dazu gehören allerdings zwei.

*

Wenn Sie Zeit und Lust haben, beantworten Sie die folgenden Fragen und lösen Sie die folgenden Aufgaben:

1. Was ist der Sinn einer Diskussion?

2. Wie ist die Sitzordnung bei einer Diskussion?

3. Wie definieren Sie die Aufgaben des Diskussionsleiters?

4. Welche Fragen soll sich der Diskussionsleiter stellen?

5. Was ist über die Teilnehmerzahl zu sagen?

6. Was ist die Rolle eines Moderators?

7. Wann spricht man von Vorurteilen?

8. Was sind die positiven und die negativen Aspekte des "Diskussionszeitalters"?

9. Welche positive Teilnehmerfunktion finden Sie attraktiv?

10. Welche negative Teilnehmerfunktion ist die auffallendste?

Aufgabe 1: Beobachten Sie sich selbst bei einer Diskussion. Welche Teilnehmerfunktion erfüllen Sie? Nennen Sie davon 2 positive und 2 negative.

Aufgabe 2: Ergänzen Sie die Fragen, die der Diskussionsleiter sich stellen kann. Erfinden Sie noch zwei Fragen.

Aufgabe 3: Stellen Sie sich vor, sie wurden kurzfristig beauftragt, eine Diskussion zu moderieren. Nennen Sie drei Aufgaben, die Sie als Moderator unbedingt erfüllen müssen!

1.7 Das Schreiben einer Diplomarbeit

Die Diplomarbeit wird als schriftliche Hausarbeit erbracht. In ihr soll der Studierende zeigen, dass er "befähigt ist, innerhalb vorgegebener Frist eine praxisorientierte Aufgabe aus dem Sozialwesen, sowohl in den fachlichen Einzelheiten als auch in den fachübergreifenden Zusammenhängen, nach wissenschaftlichen und fachpraktischen Methoden selbständig zu bearbeiten." (ADPO vom 25.06.1982, 23 § Abs. 1.) Der Student kann Vorschläge für den Themenbereich machen - das Thema wird ihm jedoch von dem betreuenden Dozenten "erteilt". In der Praxis gibt es aber wenige Dozenten, die eine Liste von Themen haben, meist geht der Studierende zu dem Dozenten, der nach seiner Meinung sein gewähltes Thema in der Lehre und Forschung vertritt, der ihn schon aus Seminaren kennt und zu dem er Vertrauen hat.

Die Diplomarbeit kann auch in Form von Gruppenarbeit geschrieben werden - meist zu zweit. Es sind die Studierenden, die schon eine Zusammenarbeit beim Referatschreiben oder bei gemeinsamen Prüfungsvorbereitungen erprobt haben und sich davon Erfolg versprechen. Die Anteile der einzelnen Bearbeiter müssen gekennzeichnet werden und deutlich unterscheidbar und bewertbar sein. Einführung und Schlusswort werden als gemeinsame Arbeit bewertet. Es muss darauf geachtet werden, dass die Einzelleistungen in der Diplomarbeit ausgewogen bleiben, und zwar in doppelter Hinsicht. Es ist nicht geraten, den theoretischen Teil von nur einem und den praktischen Teil nur von dem anderen zu konzipieren. Ebenso verfehlt ist es, wenn einer doppelt so viel schreibt wie der andere. Die Prüfer werden dies in der Regel nicht akzeptieren oder bestrafen es mit unterschiedlichen Noten.

Die Diplomarbeit wird von zwei Prüfern bewertet. Einer der Prüfer ist der Betreuer der Arbeit, der zweite Prüfer wird vom Prüfungsausschuss bestimmt, was nicht ausschließt, dass der Student auch diesen zusätzlich um Beratung bitten kann. Oft wählt man einen Zweitkorrektor, der für den empirischen Teil (Fragebogen, Interview usw.) zuständig ist. Der Erstkorrektor ist meist ein Dozent (Professor), der im Thema kundig ist. Der Zweitkorrektor (Dozent, lehrender Sozialarbeiter oder Lehrbeauftragter) kann auch fachfremd sein - er/sie protokolliert das Kolloquium. Bei der Notenfindung müssen Erst- und Zweitkorrektor nicht unbedingt die gleiche Note geben. Ein arithmetisches Mittel wird ausgerechnet, bei der Abweichung von mehr als drei Noten wird ein dritter Dozent die Arbeit begutachten. Das schriftliche Gutachten (bestehend aus einem inhaltlichen und aus einem kritisch-bewertenden Teil) und die Noten werden vom Erstkorrektor in Einvernehmen mit dem Zweitkorrektor geschrieben, und beides gehört genau wie das während der halbstündigen Prüfung angefertigte Protokoll zu den Prüfungsunterlagen.

Für Details und andere Fragen, z.B. Anfechtung der Note, Eingabefristverlängerung usw., sollten die Diplomanden die Allgemeine Diplomprüfungsordnung (ADPO) konsultieren. Die Prüfungsakten werden im Allgemeinen zehn Jahre lang aufbewahrt, und der Student kann Einsicht in die Akten verlangen. Dies bedeutet auch, dass, wenn wegen Fälschung eine Anfechtung eingereicht wurde, das Diplom entzogen werden kann.

Der Student sollte in dem Bereich der Diplomarbeit ein bestimmtes Basiswissen und erste praktische Erfahrungen haben. Basiswissen kann er sich durch intensive Mitarbeit in Lehrveranstaltungen, durch Anfertigung von schriftlichen Referaten und Lernbereichs- bzw. Lernprojektarbeiten sowie durch vertiefendes Literaturstudium aneignen. Praxiserfahrungen vermitteln Voll- und Teilzeitpraktika und Projekte. Wenn er in seiner Diplomarbeit eine schriftliche Befragung - Interview, Beobachtung, Dokument- und Inhaltsanalyse usw., einbauen will, dann braucht er dazu die Grundkenntnisse der Methoden empirischer und angewandter Sozialforschung, die ihm im ersten und/oder zweiten Semester im Fach Methode empirischer oder angewandten Sozialforschung vermittelt werden.

Der Student sollte im Regelfall zu Beginn des 6. Semesters mit den Vorbereitungen für die Diplomarbeit beginnen. Viele unterbrechen aber ihre Studien und legen nach der letzten Prüfung eine Pause - eine Babypause bei weiblichen Studierenden – ein. Wenn dies mehrere Jahre dauert und schon die Gefahr der nähernden Zwangsexmatrikulation droht, beginnen sie mit der Diplomarbeit. Dann müssen sie alles neu lernen, wieder zur wissenschaftlichen Arbeit zurückfinden, und dies ist nicht leicht. Ein Diplomandenseminar oder eine tiefgehende Lektüre zum Thema "Wie schreibe ich eine Diplomarbeit?" kann hier helfen.

Der Diplomand besorgt sich im Sekretariat Formblätter für die Anmeldung zum Diplom und das Informationsblatt bezüglich der formalen Gestaltung seiner Diplomarbeit. Oft wird schon beim ersten Kontakt mit dem Erstkorrektor die Frage gestellt: „Wie viele Seiten soll die Arbeit umfassen?" Es gibt keine allgemeine Regel. Mehr als 200 und weniger als 60 Seiten sollte die Arbeit aber nicht umfassen. Das Problem für den Studenten zu Beginn seiner Arbeit ist: Wie kriege ich so viele Seiten zusammen? Während des Schreibens taucht aber meist ein zweites Problem auf: Was soll ich auslassen, damit ich nicht zu viel schreibe? Zur Vorbereitung nach der Lösung des Seitenzahlproblems (was eigentlich keines ist) gehören insbesondere die Zeitplanung sowie die Stoff- und Materialsammlung.

Nicht nur die drei Monate, die für die eigentliche Bearbeitung, entsprechend der gültigen Prüfungsordnung, zur Verfügung stehen, sind zu planen, sondern auch alle Vorarbeiten, wie z.B. das Heraussuchen von Anschriften, das Suchen einer Schreibgelegenheit (PC ausleihen, Schreibprogramm einstellen, Kopierladen suchen für Deckblatt und Bindung usw.), die Recherchen außerhalb des Studienortes, die Planung der Interviews oder die Verteilung der Fragebögen.

Im begründeten Fall kann der Diplomand eine Verlängerung der Bearbeitungszeit (maximal drei Wochen) beim Prüfungsamt beantragen. Begründet ist die Verlängerung, wenn Krankheit vorliegt, aber auch dann, wenn bei der Materialsammlung bzw. bei der Durchführung der Interviews oder der Befragung unerwartete Schwierigkeiten aufgetaucht sind. Der Antrag muss vom Betreuungsdozenten unterstützt und befürwortet werden.

Zur Zeitplanung gehört eine grobe, aber großzügige Schätzung: 1. Zeiteinteilung für Stoff- und Materialsammlung, die erfahrungsgemäß die Hälfte der zur Verfügung stehenden Zeit in Anspruch nimmt. 2. Zeit für Auswertung des Materials. Dies beinhaltet eine Sichtung, eine Selektierung und eine Exzerpierung des zurückgebliebenen Wissensstoffes. 3. Zeitspanne für Niederschrift des Rohentwurfes. Hier wird ein Skelett der Kapitel, ein Gerüst aufgebaut, das später noch geändert werden kann. 4. Zeit für Bearbeitung des Rohentwurfs. Dies ist ein sehr wichtiger Punkt in der Zeitplanung. Jetzt muss nämlich der Diplomand entscheiden, welches Material definitiv aufgenommen wird. Alles kann er nicht nehmen, und etwa zwei Drittel des gesammelten Materials landen leider im Papierkorb - eventuell im Papierkorb der Microsoft Windows. 5. Zeit für die Herstellung des Manuskriptes. Ab diesem Moment geht es definitiv nicht mehr um neues Material - der Diplomand schreibt seinen Text und präsentiert ihn seinem Erstkorrektor. Nach der Besprechung wird vieles gestrichen, durchformuliert, eventuell neu geschrieben. 6. Überarbeitung des Manuskripts. In dieser Phase versucht der Diplomand, die letzten Unebenheiten zu glätten, grammatische und stilistische Korrekturen zu machen. Ein Germanist sollte die letzten Korrekturen erledigen. 7. Reinschrift, die - je nach Umfang - 8 bis 10 Tage in Anspruch nimmt. Es bleibt dann noch die Überprüfung der Seitenzahlen, die Korrektur der Tippfehler, und alles ist klar für den Kopierladen. 8. Binden der Arbeit. Empfohlen wird eine einfache und billige Leimbindung. Einige Fachhochschulen erlauben eine graphische Gestaltung des Deckblattes (die Titelei), andere bestehen auf vorschriftsmäßiges, einheitliches Deckblatt in einer neutralen Farbe. Man sollte diese Vorschriften beachten, um zu vermeiden, das Werk neu drucken und binden zu müssen.

Material und Stoff für die Diplomarbeit kann man aus unterschiedlichen Quellen gewinnen. Zuallererst ist die Fachliteratur da, aber auch die Lehrveranstaltungen können Anregungen geben; Interviews, Statistiken, Tabellen, Konferenzen, Tagungen, praktische Erfahrungen können auch aufgearbeitet werden. Gute Seminararbeiten, Praktikumsberichte oder auch Projektbeschreibungen dienen oft als Themenlieferanten für die Diplomarbeit. Oft sind es die Praktika oder die Supervision, die einen zu einem Diplomarbeitsthema motivieren. Die bei der Anfertigung der Referatstexte gewonnenen Erfahrungen, was wissenschaftliches Arbeit bedeutet, können in der Diplomarbeit sehr wohl von Nutzen sein. Einige schriftliche Arbeiten während der Studienzeit können schon als "kleine Diplomarbeit" betrachtet werden.

Soweit wie möglich sollte das Material in Karteien gesammelt werden, weil sie flexibel und handlich sind. In einer Kartonschatulle mit alphabetischer Einteilung sind sie leicht zu ordnen und wiederzufinden. Es klingt merkwürdig, aber manuell geht die Quellensuche oft viel schneller als am PC! Den exzerpierten Textstellen, Statistiken, Tabellen etc. sollte sofort der genaue Fundort (Quellennachweis) beigefügt werden, und auch Verweise auf andere Autoren mit gleichen oder eben gegensätzlichen Auffassungen sollten aufgenommen werden. Sie erleichtern die in der Arbeit notwendigen Auseinandersetzungen mit ihnen und die nötige Zusammenschau.

Größere Textauszüge (fotokopiert), Broschüren, Monographien etc. ordnet man am besten in größeren Ordnern zu bestimmten Stichworten oder zu den Überschriften der Disposition. Ordnung ist das halbe Leben. Dies gilt für wissenschaftliches Arbeiten besonders. Sogar mehr als die Hälfte einer wissenschaftlichen Arbeit besteht aus Quellensuchen, Lesen und vor allem aus Ordnen, und zwar Ordnen nach einem System. Hauptsache ist, dass man ein schon begonnenes System während der Arbeit nicht wechselt. Ordnen kann man die Quellen nach Autoren, nach Titeln, nach Themen, und unterordnen kann man diese chronologisch, alphabetisch oder nach Erstellung der Gliederung, nach Kapitel.

Sobald ein Basiswissen vorhanden ist, sollte der Diplomand eine Gliederung anfertigen, die er mit dem Betreuer der Arbeit bespricht. Die Gliederung ist das Gerüst der Arbeit, das der Diplomand mit Inhalt zu füllen hat. Man sollte möglichst viele Punkte in die Gliederung aufnehmen - später kann man sie zusammenziehen, kürzen, aussortieren und einige ganz weglassen. Sie sollte logisch aufgebaut sein, d.h. die

Gedanken müssten folgerichtig entwickelt und aufeinander aufgebaut sein. Die Länge der Abschnitte und Kapitel ist ihrer Bedeutung entsprechend zu bemessen.

Es hängt vom Thema ab, ob ein historischer Überblick notwendig ist, wie viele und welche Theorien geschildert werden müssen. Im Allgemeinen besteht eine Diplomarbeit ausgewogen aus einem theoretischen und einem praktisch-sozialarbeiterischen Teil.

Im theoretischen Teil müssten die zum Thema wichtigsten Definitionen erklärt werden. Interne akademische Theoriediskussionen sollte man vermeiden, sich bei den Theorien auf das Wesentliche beziehen. Es ist eine Kunst, komplizierte Theorien auf ein paar Seiten gut, verständlich und bündig zusammenzufassen.

Im zweiten, praktisch-sozialarbeiterischen Teil erfolgt eine Überprüfung der Theorien in der Praxis ihrer Relevanz für die sozialarbeiterischen Problem- und Fragestellungen bezüglich des gewählten Themas. Statistiken, Tabellen und evtl. Interview- und Befragungsergebnisse finden hier ihren Platz. Viele Diplomarbeiten bringen in diesem Teil den Fall oder das Feld, wo sozialarbeiterisches Handeln stattfindet, und wenden die Theorien an bzw. zeigen, mit welchen Methoden das Problem eventuell zu lösen ist. Alternativlösungen und Modellversuche geben einer Diplomarbeit die erforderliche Wissenschaftlichkeit. Im Anhang werden verwendete Musterfragebögen abgebildet, Kopien von Gesetzestexten, Satzungen, Hausordnungen usw. als Belege dargestellt.

Die Arbeiten sind in der jeweiligen Fachsprache abzufassen, die sich durch Sachlichkeit, Klarheit, Deutlichkeit in der Wortwahl auszeichnet. Die Fachsprache bedient sich bestimmter Fachtermini, die an entsprechendem Ort und entsprechender Stelle anzuwenden sind. Die formalisierte Sprache der Diplomarbeit unterscheidet sich von der literarischen und auch von der Alltagssprache. Hier sollte man sich üben und zumindest während der Zeit des Schreibens die Fachsprache pflegen. Diese soll stilistisch einwandfrei und anschaulich verwandt werden. Grammatik, Orthographie sowie Interpunktion müssen beherrscht werden. Ausländischen Diplomanden ist zu raten, den Text von einem Bekannten, der die deutsche Sprache sehr gut beherrscht, korrigieren zu lassen. Obwohl die Professoren diesbezüglich generell tolerant sind, macht ein Text, der sehr viele Fehler innehat, einen schlechten Eindruck und kann leider auch die Notenfindung beeinflussen.

Kapitelüberschriften und Inhalt müssen aufeinander bezogen sein. Die Übergänge zwischen den einzelnen Kapiteln dürfen keine Gedankensprünge aufweisen. Ein Gedanke muss zu Ende geführt werden, ohne überflüssiges Dehnen und Wiederholungen. Das Abschweifen auf Nebengebiete ist zu vermeiden. Diese Gefahr droht besonders, wenn man die Neigung hat, um jeden Preis Beispiele im Text zu bringen. Zur Verdeutlichung des Geschriebenen sollte man auf Tabellen und Statistiken zurückgreifen und Beispiele nur punktuell anbringen.

Die äußere Form besteht aus: a) festem Einband, b) Gliederung bzw. Inhaltsverzeichnis, c) eventuell Abkürzungsverzeichnis, d) dem Korpus, d.h. den eigentlichen Ausführungen zur Arbeit in Kapitel, Punkte und Unterpunkte geteilt, e) Literaturverzeichnis, eventuell weiterführende oder zu konsultierende Literatur, f) Ortsverzeichnis, Namensverzeichnis und Sachwörterverzeichnis sind nur bei sehr umfangreichen Diplomarbeiten zu erstellen. g) Anhang, numerisch geordnet und mit getrennten Seitennummern. Hierzu gehören, wie erwähnt: Musterfragebögen, Zeichnungen, größere Grafiken und Tabellen, Gesetzestexte, Zeitungsausschnitte, Gesprächsprotokolle usw. h) eidesstattliche Versicherung, dass der Verfasser die Arbeit selbständig verfasst hat und keine anderen als die angegebenen Quellen und Hilfsmittel verwendet hat. Oft folgt eine zweite Erklärung: Falls die Diplomarbeit mindestens die Note "gut" erreicht, ist der Verfasser damit einverstanden, dass seine Arbeit in der Bibliothek der Fachhochschule zur Verfügung gestellt wird.

Die Arbeit ist im Format DIN-A-4 und in Maschinenschrift (Computerdruck) zweizeilig fehlerfrei abzusetzen. Die Blätter sind einseitig zu beschreiben. Die Seitenzählung beginnt auf dem ersten Blatt hinter dem Titelblatt und endet mit der eidesstattlichen Versicherung. Oben, links und unten ist jeweils ein mindestens 3,5 cm breiter Rand zu lassen.

Die Literatur ist zu ordnen: 1. nach Lexika, Nachschlagewerken und Handbüchern, 2. nach Büchern und Lehrbüchern, 3. nach Monographien, 4. nach Zeitschriften und Zeitungen.

Die Literatur ist nach den "bibliographischen Grunddaten" alphabetisch innerhalb der eben genannten Ordnungen aufzuführen: 1. Familienname. Er wird oft in Großbuchstaben geschrieben. Die zweiteiligen Namen und Titel, die zum Namen gehören, werden nach dem eigentlichen Vornamen, mit einem Komma getrennt, vermerkt wie de oder von, zu, Freiherr, Graf - aber Mc oder Mac sind vom Familiennamen nicht zu trennen. 2. Vorname. Meist genügt nur ein Vorname oder Doppelvorname - nur wenn der zitierte Autor explizit mehrere Vornamen verwendet (z.B. spanische, afrikanische Autoren), sind diese auch zu erwähnen. 3. Titel des Buches oder des Artikels. Untertitel kann weggelassen werden. 4. Ort. Immer ist der erste im Impressum vermerkte Ort zu schreiben. 5. Jahr. Immer das letzte, neueste Jahr, was in Impressum steht, sollte angegeben werden, und man sollte darauf hinweisen, welche Auflage vorhanden ist. In den neuesten Bibliographien erscheint das Datum in Klammern nach dem Namen des Verfassers.

Bei Zeitschriftenaufsätzen ist zusätzlich noch Folgendes anzugeben: Nach dem Vermerk des Namens, Vornamens und des Titels des Aufsatzes und der Benennung des Zeitschriftentitels (nicht abgekürzt) kommt der Jahrgang der Zeitschrift, das Erscheinungsjahr und Monat und die Heftnummer und schließlich zwei Seitenzahlen, nämlich Beginn und Ende des Aufsatzes mit Trennzeichen. Einem Aufsatz in einem Sammelband ist die Herausgeberangabe beizufügen. Alle anderen schriftlichen Quellen sind nach Möglichkeit nach dem Muster der schon genügend bekannten bibliographischen Grunddaten zu vermerken. In komplizierten Fällen sollte der Bibliothekar oder der Erstkorrektor konsultiert werden.

*

Wenn Sie Zeit und Lust haben, beantworten Sie die folgenden Fragen und lösen Sie die folgenden Aufgaben!

1. Was ist eine Diplomarbeit?

2. Wenn Sie ihre Diplomarbeit zusammen mit jemanden schreiben, worauf sollten Sie achten?

3. Was ist die Aufgabe des Zweitprüfers?

4. Warum ist die Seitenzahl bei einer Diplomarbeit eigentlich kein Problem?

5. Was sind die Quellen für eine Diplomarbeit?

6. Was muss man unbedingt am Anfang des theoretischen Teiles erklären?

7. Was heißt es, bei der Diplomarbeit die Fachsprache zu benutzen?

8. Was gehört zur äußeren Form einer Diplomarbeit?

9. Wie ordnet man die zitierte und verwendete Literatur?

10. Worauf sollte man bei Zeitschriftenaufsätzen achten?

Aufgabe 1: Stellen Sie zu einem Ihnen bekannten Thema (z.B. Jugendarbeitslosigkeit) eine grobe Gliederung in fünf Punkten auf, als wäre dies die Gliederung einer Diplomarbeit!

Aufgabe 2: Stellen Sie einen Zeitplan für diese fiktive Diplomarbeit auf. Bedenken Sie, Sie haben insgesamt nur drei Monate Zeit!

Aufgabe 3: Schreiben Sie einen Antrag zur Verlängerung der Bearbeitungszeit Ihrer Diplomarbeit. Begründen Sie diesen Antrag!

1.8 Die Vorbereitung auf die Prüfung

Man kann unterscheiden zwischen Herstellung und Darstellung des wissenschaftlichen Wissens. Die Herstellung wird durch Hören und Lesen und teilweise durch Schreiben (z.B. Exzerpieren, während der Vorlesung Notizen machen) gesichert. Die Darstellung kann mündlich und schriftlich vorgenommen werden. In der Prüfungssituation wird eine kontrollierte, zeitlich begrenzte und formalisierte mündliche (beim Kolloquium) oder schriftliche (bei Klausur) Darstellung des gelernten und im Gedächtnis behaltenen Wissens mit Noten zensiert. Die methodisch kontrollierte, zeitlich nur teilweise begrenzte und durch wissenschaftliche Regeln formalisierte Wissensdarstellung ist der mündliche Vortrag (an den Fachhochschulen die Vorlesung von Seiten der Dozenten und der Seminarbeitrag von Seiten der Studenten) oder die schriftliche Arbeit in der Form von Fachartikel, Studie, Forschungsbericht oder Buch.

Die Prüfung als wissenschaftliche Arbeit ist die aufregendste studentische Tätigkeit während oder am Ende des Studiums. Sie gibt einerseits

Auskunft über das angeeignete Wissen, und dies sogar differenziert mit Noten belegt; andererseits wird für den Prüfling, für den Prüfer, für die Hochschule, für den Einstellungsträger und schließlich für die Gesamtgesellschaft bestätigt, dass der Kandidat befähigt ist, in seinem Fach und in seinem Beruf Funktionen auszuüben. Sie ist in unserer Leistungsgesellschaft nicht wegzudenken, und alle Versuche, Prüfungen abzuschaffen, scheiterten, weil dies die einzige Möglichkeit ist, eine Befähigung zu attestieren.

Als intellektuelle Anstrengung ist die Prüfung die kondensierteste Beschäftigung mit einer Wissenschaft in der Form eines Faches, soweit es um die Fachprüfung geht. Beim Hören oder beim Lesen sind Unaufmerksamkeiten noch verzeihlich - man kann Versäumtes noch nachholen - bei der Prüfung aber nicht. Zeit- und ortsgebunden unterliegen Prüfungen einem besonderen akademischen Ritual, sind juristisch und formal durch die Prüfungsordnung abgesichert.

In jedem Prüfungsprozess spielen drei Faktoren eine Rolle. 1. Der persönliche Faktor. Hierzu gehören der Prüfer und der Prüfling als Hauptakteure - das Prüfungsamt oder -sekretariat und die Hochschuladministration als Nebenakteure. 2. Der formale Faktor. Gemeint sind hier einerseits die Prüfungsarten, d. h. Aufnahmeprüfung, Zwischenprüfung, Eignungsprüfung und schließlich, als Krönung der Prüfung, die Diplomprüfung, andererseits die Prüfungsformen, etwa die mündlichen (das Kolloquium) oder die schriftlichen (die Klausur) Formen. 3. Der inhaltliche Faktor. Es geht hier also um den Stoff, den der Prüfling lernen muss, um die Prüfung zu bestehen. Dies wird von den Dozenten nach dem Prinzip der Lehrfreiheit allein bestimmt. Es gibt aber auch hier gewisse Beschränkungen, informelle Absprachen mit der Studentenschaft, Gewohnheiten und Traditionen. Bei einer schriftlichen Fachprüfung sind in der Regel alle Vertreter des Faches Prüfer, und sie setzen die Prüfungsfragen gemeinsam auf. Sie können Fragen zur Wahl zulassen, sie können das sogenannte "multiple choice"-Verfahren praktizieren, und sie können die Prüfung nach ihren persönlichen Erfahrungen, aber unter Beachtung der Vorschriften, gestalten.

Bei der Analyse des persönlichen Faktors beschäftigen wir uns zuerst mit der Person des Prüfers. Jeder Dozent kann bestätigen, dass Prüfen für ihn keine angenehme Aufgabe ist sondern ein notwendiges Übel, verbunden mit viel administrativen Formalitäten und Stress. Die Studierenden können unterscheiden zwischen strengen und milden Prüfern - diesen Ruf erhalten Professoren und Prüfer schon zu Beginn ihrer Karriere, und dies begleitet sie bis zur Pensionierung. Eine andere Unterscheidung ist die zwischen dem schweigsamen Prüfer, der seine Fragen stellt und den Studenten allein mit seinen Gedanken, Formulierungen und Unsicherheiten läßt, und zwischen dem gesprächigen Prüfer, der seine Fragen erörtert, erklärt und dadurch vielleicht mehr Verunsicherung als Selbstvertrauen bei dem Prüfling schafft. Es gibt aber sehr viele Varianten von Prüfertypen, sie können auch in mündlichen und in schriftlichen Prüfungen unterschiedlich sein. Der Belehrende, der Sarkastische, der Witzige oder der Ernste – all dies sind Verhaltensvarianten, die eigentlich der Belastung der Prüfungssituation entgegenwirken wollen.

Psychologen und Pädagogen beginnen oft ein Kolloquium mit der Frage: Wie fühlen Sie sich? Diese Frage dient zur Entkrampfung und möchte eine lockere Atmosphäre schaffen. Eine Ermunterung ist besonders bei nervös wirkenden Studenten generell angesagt. Bei einer Klausur kann der Prüfer die Prüflinge darauf hinweisen, dass sie viel Zeit haben, dass sie zuerst die Schmierblätter benutzen und noch klärende Fragen stellen können. Das Wohlwollen und die Hilfsbereitschaft müssen aber bei jedem Prüfertypen mit jeder Variante hypostasiert werden.

Die Person des Prüflings ist nicht zu beneiden. Oft beobachtet man, dass Studenten bei einer Prüfung ein völlig fremdes, anderes Verhalten an den Tag legen. Dies kann im engen Zusammenhang stehen mit ihrer Prüfungsvorbereitung, mit ihrem psychischen oder physischen Zustand und mit der berühmten Prüfungsangst, die bei einem nur ein ganz normales Lampenfieber ist - bei einem anderen dagegen sogar eine ausgesprochen pathologische Form annehmen kann. Dies manifestiert sich unter anderem dadurch, dass der Prüfling das Gelernte nicht in einer elaborierten Fachsprache darstellt, sondern die einfache, alltägliche Umgangssprache benutzt.

Besonders bei einer mündlichen Prüfung können wir beobachten, welche Verhaltenstypen vorhanden sind. Bei einer Klausur sind eher die äußeren Merkmale auffällig, da hier eine verbale Kommunikation im Prinzip ausgeschlossen ist. In der mündlichen Prüfung begegnet der Prüfer dem Selbstbewußten, der die Fragen souverän beantwortet - der ist der Traum jedes Prüfers. Ein Alptraum dagegen ist der Prüfling, der

Mitleid erwecken will und erhofft, dass sein unterwürfiges, unbeholfenes Verhalten ihm eine gute Note sichert. Unbequem ist auch der Streitsüchtige, der seine Unwissenheit durch einen provozierten Streit mit dem Prüfer zu überspielen gedenkt. Sehr unangenehm und für jeden Prüfer eine Qual ist der Trickreiche, der alle Register zieht, wenn er sieht, dass die Dinge für ihn nicht gut stehen. Tränen, plötzliches Unwohlsein, theatralische Ausbrüche und vieles mehr belasten eine Situation, die sowieso nicht zu retten ist.

Guter Rat ist teuer - aber der beste Prüfling ist der, der sich selbst gibt und nicht versucht, eine Rolle zu spielen, die ihm fremd ist, und sich dabei nicht wohl fühlt. Stärken und Schwächen darzulegen, ehrlich zu sein vor allem für sich selbst und Selbstvertrauen zu bewahren - dies wären die allgemeinen Ratschläge, die eigentlich jeder weiß, nur in der Prüfungssituation vergisst.

Bei der Prüfungsvorbereitung muss man wissen, dass das Gedächtnis besonders belastet ist, mehr als bei intensiver Lektüre oder bei aktivem Zuhören. Das Gedächtnis kann sich in visuellen, auditiven und gemischten Formen äußern. Die meisten Prüflinge sind entweder visuell eingestellt - sie "sehen" diffus oder klar die Stellen, wo die Fragen im gelernten Text auftauchen, oder gemischt veranlagt, d.h. sie "hören" noch zusätzlich auch den vortragenden Dozenten. Oft bindet das Gedächtnis wichtige Definitionen, die unbedingt zu behalten sind, an alltäglichen Dingen, an Farben, Geräuschen usw. an. Einige sind geschickt darin, mnemotechnische Wörtchen zu konstruieren, die im Gedächtnis gespeichert und bei der Prüfungsfrage sofort abrufbereit sind. Man nennt Mnemotechnik eine Methode der Gedächtnislehre, die darin besteht, dass die Funktionen des Gedächtnisses (z.B. Gedanken behalten, abrufen, speichern, ordnen) mit künstlichen Wortkonstruktionen garantiert werden. Diese können Anfangsbuchstaben, reimende Wörter oder Wortassoziationen usw. sein. So haben zum Beispiel ehemals Philosophiestudenten die Regel der Syllogismen der scholastischen Philosophie mit Hilfe eines Gedichtes eingepaukt (Barbara, Celarent primae, Darii ferioque, usw.). In der Soziologie gibt es das berühmte AGIL-Schema von Talcott Parsons, das die vier grundlegenden Funktionen eines sozialen Systems mit den Anfangsbuchstaben bezeichnet (a-daptation, g-oal attainement, i-ntegration und l-atency). Um diese vier Buchstaben bzw. deren Interpretation ist schon eine ganze Bibliothek entstanden!

Die Prüfungsvorbereitung kann auch gemeinsam mit einem guten Freund oder einer guten Freundin arrangiert werden. Wenn jemand um die Vorteile des gemeinsamen Lernens weiß und die entsprechenden Techniken zum Beispiel bei Seminararbeiten schon geübt hat, kann er diese gut vor der Prüfung verwenden. Jeder muss natürlich für sich lernen, die individuelle Anstrengung wird keinem erspart, aber es gibt vielleicht zwei große Vorteile, die eher psychologischer Natur sind, wenn man von der vorteilhaften Möglichkeit des gegenseitigen Abfragens und des wechselnden Rollenspiels Prüfer-Prüfling absieht. Der erste Vorteil ist das Wissen, dass man nicht allein und verloren ist, dass ein anderer daneben sitzt und dasselbe Problem hat, dieselben oder die ähnlichen Schwierigkeiten - also sozusagen eine geistige Solidarität in Not. Der zweite Vorteil ist der Verstärkereffekt: das Wissen, "gemeinsam packen wir es", der tägliche Fortschritt und die sanfte Kontrolle des anderen. Als Nebeneffekt kann natürlich auch Neid und Enttäuschung entstehen, wenn der andere schneller lernt oder wenn man spürt, dass man selbst in der Vorbereitung überfordert ist. Wenn dies kritisch wird, sollte man diese gemeinsame Prüfungsvorbereitung schnellstens abbrechen.

In den ehemaligen sozialistischen Ländern gab es - wie in allen Bereichen des Lebens – Kollektive, die sich gemeinsam für eine Prüfung vorbereitet haben. Die positive Seite sollte nicht geleugnet werden - nur wenn dahinter ein ideologischer Zwang stand, dann war es sicherlich negativ. Es wurden auch Lernpaare initiiert: Ein guter Student sollte (unfreiwillig) mit einem schwachen Studenten zusammen die Prüfung vorbereiten. Ob ein freiwilliges Zusammenlernen von guten und schwachen Studenten in einer Prüfung beiderseitig Früchte trägt, lässt sich nicht mit Gewissheit sagen.

Wie lernt man zur Prüfung? Ist dieses Lernen anders als das Lernen im Studium im Allgemeinen? Um diese zwei Fragen zu beantworten, muss man wissen, dass die studentische Praxis eigentlich nur das Lernen für die Prüfung kennt. Ideal wäre natürlich, wenn das Gehörte und Gelesene während des Semesters geistig und gedanklich verarbeitet wäre, d.h. im Gedächtnis eingeprägt wäre. Dies ist aber nur selten der Fall. Die meisten Studenten jobben während des Studiums und nicht nur in den Semesterferien. Fachleute sprechen deswegen heute vom Verschwinden der klassischen Studentenschaft - den Studenten gibt es nicht mehr, es gibt nur den Studierenden. Etwa einen Monat vor der Prüfung beginnt also bei den meisten „Studierenden" das intensive Lernen.

Vom Lerntypus hängt es ab, wie intensiv dieses Lernen ist. Viele benutzen eher die nächtliche Zeit, um in aller Ruhe lernen zu können; andere stehen sehr früh auf. Viele machen einen Lernplan in der Form eines Stundenplans - der meistens dann nicht eingehalten wird. Je näher der Prüfungstermin rückt, desto hektischer und nervöser wird das Lernen.

Der wichtigste Punkt beim Prüfungslernen ist die Konzentration, das sparsame Umgehen mit der Zeitknappheit. Erst muss das Prüfungslernen vorbereitet und dabei auf die Kardinalpunkte geachtet werden. Diese werden meist durch Definitionen beschrieben. Hier stellt man sich die Frage, ob Definitionen wortwörtlich und auswendig gelernt werden sollten. Viele geben den Rat, dies zu tun. In der Tat, eine gut plazierte Definition wirkt sowohl bei der mündlichen als auch bei der schriftlichen Prüfung. Das Auswendiglernen ist aber bei längeren und komplizierten Definitionen nicht erfolgversprechend. Ein Verheddern in der Fachsprache wirkt negativ bei einer Prüfung. Generell sind Prüfer gegen das Auswendiglernen. Der Prüfungsstoff ist kein Gedicht, sondern ein aus Aussagen, Begründungen und Argumentationen zusammengesetzter Text einer Wissenschaft. Bei einer Klausur ist es sowieso verdächtig, wenn der Prüfling seitenweise aus einem Lehrbuch ohne den geringsten Fehler aus dem Gedächtnis abschreibt.

Statt Auswendiglernen ist es hilfreich, den Stoff in Punkten zusammenzufassen und ein dazugehörendes Stichwort zu merken. Bei sehr jungen und prüfungsunerfahrenen Studierenden sieht man oft, dass sie ihr "punktuelles Wissen" auf den Finger zählen. Oft kann der Dozent selbst mit einem Stichwort das im Stocken geratene Gedächtnis des Prüflings ins Rollen bringen. Bei der Klausur sind die Schmierblätter da, um solche Punkte und Stichwörter gleich zu Beginn der Prüfung aufzuschreiben.

Die mündliche Prüfung gewinnt in den letzten Jahren immer mehr den Charakter eines Fachgespräches. Eine Prüfung, und auch die in der Sozialarbeit, ist aber nur zum Teil ein Fachgespräch, weil ein Fachgespräch einen gleichen Wissenstand vorstellt. Dies ist aber bei den meisten Prüflingen nicht der Fall - sie sind eben nicht gleichwissende Partner eines Gespräches. Man kann den Rahmen und den Ablauf der mündlichen Prüfung zwar als Fachgespräch gestalten - aber letztlich ist diese eine asymmetrische Kommunikation mit der Belastung der Notengebung. Die unausweichliche Stresssituation, die prüfungsrechtlichen Formalitäten erlauben ein "normales" Fachgespräch sowieso nicht. Bei einer Eignungsprüfung oder bei dem berufspraktischen Abschlusskolloquium ist der Gesprächscharakter eher vorstellbar.

Auch für die mündliche Prüfung braucht man eine kleine schriftliche Vorbereitung. Man könnte den Stoff in Fragen und Antworten grob aufteilen, dies auf ein Karteisystem eintragen und die Prüfung üben. Gute Planer können den Stoff sozusagen in täglichen Rationen erlernen - Hauptsache ist, dass alle mögliche Störfaktoren ausgeschaltet werden, die diesen Plan durcheinander bringen können. Oft ist die gewohnte Umgebung, die „Bude" oder das Elternhaus, in Prüfungszeiten nicht optimal für eine gute Vorbereitung. Es empfiehlt sich, einen anderen ruhigen Ort zu suchen, wo kein Fernseher, kein Besuch von Freunden oder andere störende Umstände vorhanden sind. Man sollte dorthin nur die Lehrbücher oder die Vorlesungsschrift mitnehmen und für das Ausschalten längere Spaziergänge einsetzen. Zwei Wochen kann jeder in der Abgeschiedenheit aushalten. Kurz vor der Prüfung sollte man nicht mehr lernen - es stiftet nur Verwirrung, zu wissen, wie viel man noch nicht weiß.

Ein besonderes Thema zur Prüfungsvorbereitung ist die Prüfungsangst - bei einigen die Angst vor der Angst. Diese ist zwar statistisch unbegründet, weil im Studium der Sozialarbeit etwa weniger als fünf Prozent der Prüflinge durchfallen, aber die Angst kümmert sich nicht um Statistiken und kann sich bei den Prüflingen wie eine Epidemie ausbreiten. Gerüchte und falsche Informationen über den Prüfer und seinen Prüfungsstil können diese Angst nur noch verstärken. Bei der mündlichen Prüfung ist es besonders dramatisch, wenn vorangegangene Prüflinge mit Schreckensnachrichten aus dem Zimmer des Dozenten kommen. Die Prüfung ist eine besondere und unbekannte Situation, in der außer dem Wissen auch das Selbstwertgefühl und die Anerkennung geprüft wird. Die Erwartung des Misserfolges ist kein

Zeichen des "positiven Denkens", und man sollte eher auf Erfolg setzen.

Es ist ein schwacher Trost für den Prüfling, dass eine Prüfung zweimal wiederholt werden darf. Jeder möchte natürlich bei dem ersten Anlauf die gute Note haben. Dies ist aber nicht immer der Fall, und mittlerweile überlegt man an den Fachhochschulen, ob man eine Art Probeprüfung (Freischuss) einführt. Dies würde bedeuten, dass man eine Prüfung auch dann wiederholen darf, wenn man nicht durchgefallen ist, sondern nur eine schlechte Note erreicht hat. Die "private" Probeprüfung existiert schon. Einige Studenten wissen schon von vornherein, dass sie die schriftliche oder die mündliche Prüfung nicht bestehen werden, gehen aber trotzdem hin; entweder einfach, um sich selbst zu testen oder um den Prüfer kennen zu lernen.

Das Verhalten während der Prüfung – vorausgesetzt, dass die Prüfungsangst durchgestanden ist - soll durch Ehrlichkeit gekennzeichnet werden. Man sollte zum Beispiel ehrlich zugeben, wenn man die Frage nicht zu beantworten weiß, am besten mit einem radikalen und knappen "Ich weiß es nicht." Es spielt für die Prüfungssituation leider keine Rolle, dass man es gewusst hat, gelernt hat, dass man sich nur im Augenblick nicht daran erinnert. Wenn nicht der Fall des totalen "black out" vorliegt, sondern etwas sich im Gedächtnis doch bewegt, gilt die Regel: Zeit gewinnen. Man gewinnt Zeit, wenn man den Prüfer bittet, die Frage zu wiederholen. Es könnte sein, dass er dann die Frage anders stellt, und prompt fällt die Antwort ein. Man kann aber einfach um Zeit zum Nachdenken bitten; zwei, drei Minuten Stille in der Prüfung sind nicht ungewöhnlich. Es ist aber grundsätzlich falsch, das Nichtwissen (sei es nur ein momentanes oder ein nichtgelerntes) durch Nebenreden zu überspielen. Bald merkt der Prüfer, dass hier nur geredet wird, aber zur Sache nichts gesagt wird. Einige setzen darauf, dass bei solchen Nebenreden irgendwann der richtige Gedanke kommt, und vielleicht liegen sie auch nicht falsch. Das Risiko ist aber groß, dass der Dozent diese Zeitverschwendung beendet, bevor die rettende Idee im Gedächtnis auftaucht.

Der Prüfling sollte unbedingt beim Thema bleiben und nicht abschweifen. Dies kann man strukturieren, indem man zuerst die Frage bzw. den in der Frage liegenden Sachverhalt (Problem oder These) beschreibt und definiert, danach erörtert und schließlich möglichst unpersönliche Fallbeispiele bringt. Diese Strukturierungsregel gilt sowohl für Klausur als auch für das Kolloquium.

Während der Klausur müssen zwei wichtige, aber oft vergessene "Selbstverständlichkeiten" beachtet werden: 1. Die Zeit unbedingt einhalten, und wenn es nicht geht, hinweisen auf das Schmierblatt, wo noch Sätze oder Stichwörter stehen, die noch nicht ins Reine geschrieben wurden. 2. Leserlich schreiben. Studenten glauben nicht, welches Problem sie dem Prüfer mit einer unleserlichen Schrift verursachen. Abgesehen davon, dass es sehr unhöflich ist, unleserlich zu schreiben, kommt noch der Ärger des Dozenten dazu, der durch das Entziffern wertvolle Korrekturzeit vergeudet. Es ist schon vorgekommen, dass ein Prüfling seinen total unlesbaren Text unter Aufsicht auf einer Schreibmaschine mit zwei Fingern tippen musste!

Man sollte auch die Prüfungskriminalität erwähnen. Schwindeln, vorsätzliches und arglistiges Betrügen sind verzweifelte Versuche, ohne Wissen die Prüfung zu bestehen. In der mündlichen Prüfung gibt es dazu kaum Gelegenheit; bei der seltenen mündlichen Gruppenprüfung könnte man eventuell flüstern und vorsagen.

Viel gravierender ist es aber bei der Klausur. Das Spicken, Vorsagen und die Zeichengebung wird immer wieder versucht in einem großen Raum, oft mit Hunderten von Prüflingen. Jeder sollte wissen, dass Täuschung bei der Prüfung einen sofortigen Ausschluss bedeutet. Das Benutzen von Spickzetteln (manchmal in Miniaturformat) wird auch früher oder später entdeckt. Die Aufsicht kann aber nicht überall und hinter jedem Prüfling stehen und kontrollieren. Eine Toilettenkontrolle ist abzulehnen - ebenso die Kontrolle der Federhalter und der Taschen. Statt dessen sollte der Prüfer in einer dreistündigen Klausur nach anderthalb Stunden eine zehnminütige Pause für einen Toilettenbesuch einlegen. Wenn jemand trotz Kontrollmaßnahmen schwindelt und nicht ertappt wird, muss er dies mit seinem Gewissen klären.

In belgischen Schulzeugnissen steht auf dem Deckblatt der vielsagende Satz: "Plus est en toi!" (Mehr ist in dir!). Dies sollte sich jeder Prüfling merken, wenn er mit der Note oder mit seiner Prüfungsleistung unzufrieden ist. Die Prüfung, besonders die Notengebung, ist eine zusätzliche Belastung für den Prüfer. Sein Gerechtigkeitssinn ist auf die Probe gestellt. Bei der mündlichen muss er sofort die Note feststellen -

bei der schriftlichen hat er Zeit; dies macht aber seine Entscheidung nicht leichter. Es gibt keine absolute Gerechtigkeit und auch keine absolut objektive Beurteilung. Die Prüfer an den Universitäten und Fachhochschulen - dies haben Untersuchungen bewiesen - tendieren zu den Noten 1,7 bis 2,7, also zu der oberen Hälfte. Die Noten sind generell strenger in Naturwissenschaften, Medizin und Recht - milder in der Fachhochschule für Sozialwesen. Ist dies vielleicht eine unbewusste Belohnung der Studierenden in den mit wenig Prestige (und Einkommen) versehenen helfenden Berufen?

Keiner ist frei von Vorurteilen. Auch der Prüfer, trotz seiner Bemühung, gerecht und objektiv zu sein, hat unterschwellige, unbewusste Vorurteile. Man spricht von Erwartungseffekt, wenn es um einen Prüfling geht, der dem Prüfer von seinen allgemein guten Leistungen her bekannt ist. Seine Note wird wahrscheinlich trotz seiner schwachen Prüfung besser sein, als er es selbst erwartet. ("Ich kenne ihn, er ist sehr gut, nur hat er heute einen schlechten Tag erwischt"). Ebenso spricht man von Überraschungseffekt im Falle eines bekanntlich "schlechten" Studenten - er bekommt trotz seiner guten Prüfungsleistung nur eine mittelmäßige Note. ("Ich kenne ihn, er hat gerade mit der Frage Glück gehabt - andere Fragen hätte er nie beantworten können.")

Die Notengebung ist die Taxierung der festgestellten Prüfungsleistung, die bewertet wurde. Die Note kann im begründeten Fall angefochten werden, auch annulliert werden - aber dies ist äußerst selten. Die Anfechtung ist eine juristische Prozedur. Die Prüfungsämter haben ein wachendes Auge auf den formalen, rechtmäßigen Prüfungsablauf. Einfache Formfehler (z. B. Zeitüber- oder Unterschreitung) können zur Wiederholung der Prüfung führen.

Die wenigsten Studienabbrecher scheitern an Prüfungsängsten. Laut Statistiken des Hochschulinformationssystems verlassen rund 70.000 Studenten jährlich die deutschen Hochschulen ohne Examen. 27% verlassen frühzeitig die Hochschule und entscheiden sich für eine Lehre. 24% merken zu spät, dass sie mit einem Studium nicht zurechtkommen. 13% haben das falsche Fach gewählt, es früh gemerkt und wollen wechseln. Ebenso 13% müssen so viel jobben, dass ihr Studium auf der Strecke bleibt. 9% scheitern an der Doppelbelastung durch Studium und Familie. 7% haben das falsche Fach gewählt, das aber erst zu spät ge-

merkt, und nur 6% scheitern an schwer beherrschbaren Prüfungsängste.
(Die Zeit, 19.11.1998, Nr.48, 91)

*

Wenn Sie Zeit und Lust haben, beantworten Sie die folgenden Fragen und lösen Sie die folgenden Aufgaben:

1. Auf welche Art und Weise kann man Wissen darstellen?

2. Welche drei Faktoren spielen eine Rolle im Prüfungsprozess?

3. Welche Verhaltenstypen sind bei den Prüflingen zu beobachten?

4. Was ist Mnemotechnik?

5. Welche zwei Vorteile hat die gemeinsame Prüfungsvorbereitung?

6. Was spricht gegen das Auswendiglernen?

7. Warum ist eine mündliche Prüfung kein "echtes" Fachgespräch?

8. Warum ist die Prüfungsangst bei Sozialarbeitstudenten "statistisch" unbegründet?

9. Wie strukturiert man die Antwort auf die Prüfungsfrage?

10. Gibt es eine Vermutung für die "milderen" Noten an den Fachhochschulen für Sozialwesen?

Aufgabe 1: Wie würden Sie, gesetzt den Fall, dass Sie Prüfer sind, nervöse Studenten beruhigen und ermuntern? Schreiben Sie drei Sätze, die Sie ihnen sagen würden!

Aufgabe 2: Stellen Sie fest, zu welchem Lerntypus Sie gehören!

Aufgabe 3: Welche Störfaktoren möchten Sie bei Ihrer Prüfungsvorbereitung gern ausschalten? Erwähnen Sie davon drei, die für Sie am wichtigsten sind!

2. Forschen in der Sozialarbeit – Die wichtigsten Forschungsmethoden

2.1 Die Methoden der angewandten/empirischen Sozialforschung

Das wissenschaftliche Wissen geht nicht ohne Methode. Auch im alltäglichen Wissen benutzt man bestimmte methodische Schritte, oft ohne es zu wissen. Es gibt Erkenntnisse, die evident, d.h. selbstverständlich sind; bei der Analyse geht man gewöhnlich vom Einfachen zum Komplizierten, man zerlegt die Dinge, sucht die Allgemeingültigkeit und die Genauigkeit, man versucht schrittweise zu verfahren und dabei einen bestimmten Gedankengang zu bewahren, und man hält für wahr, was bewiesen ist. Vor dreihundert Jahren hatte Descartes diese alltägliche Methodik, die Methodik der Vernunft, als die der Wissenschaft definiert und mit lateinischen Ausdrücken besetzt wie: evidencia, relatio, progressio und continuitas. Wissenschaftliches Wissen und „vernünftiges" Alltagswissen begegnen sich - nur die Wissenschaft geht einen Schritt weiter und reflektiert noch zusätzlich diese Vorgehensweisen, den Weg, den man gegangen ist, um die Wahrheit zu finden. Und genau das bedeutet Methode – der richtige Weg zur Wahrheit (odos auf Griechisch heißt Weg). Man kann natürlich die Frage stellen, ob es eine „Wahrheit" gibt, und wenn es sie gibt, ob wir sie finden können.

Dies tun auch die Radikalkonstruktivisten (eine Denkrichtung, die das objektive Erkennen der Wahrheit und Realität bezweifelt), die behaupten, die Wahrheit sei die Erfindung eines Lügners! Wahrheit und Realität wird bei ihnen als identisch betrachtet (beobachtet), und dann stellen sie als nächste Frage, ob die Realität erfahrbar ist. Auch andere Denkrichtungen ringen mit dem Problem der Realität - die Relativitätstheorie Einsteins in der Physik, die Unschärferelationslehre von Heisenberg und die Chaostheorie sehen alle in der Realität, so wie sie sie beobachten können, ein Problem des richtigen Erkennens.

In der klassischen Philosophie hat man mehrere Methoden, also gehbare Wege, um die Wahrheitsfindung zu erarbeiten. Diese sind Denkmethoden, mit denen man auch im außerwissenschaftlichen Bereich gut auskommt. Die Methoden der Deduktion (von mehreren Schlüssen auf einen zu schließen) oder die Induktion (von einem Schluss auf mehrere zu schließen), die Syllogismen, also Denktriaden mit der generellen Aussage (maior), gefolgt durch die partikuläre (minor) und beendet mit der Anwendung des generellen Merkmals auf das Einzelne (conclusio), die Dialektik mit der bekannten Dreiteilung von These (Behauptung) Antithese (Gegenbehauptung) und Synthese, schließlich in der Systemtheorie die binären Unterscheidungen, im Falle der Wissenschaft wahr/unwahr, - alle bieten dem menschlichen Denken einen Weg an, also eine Methode, um die Wahrheit zu finden.

Zuerst ging es aber darum, sie zu suchen. Lügner wäre zunächst derjenige, der behaupten könnte, er hätte die Wahrheit gefunden. Wir sind alle – ob wissenschaftlich oder alltäglich Denkender - auf der Suche nach der Wahrheit.

Für das Studium der Sozialarbeit stellt sich die Frage, ob die soziale Realität erfahrbar ist, ob das, was wir in unserer gesellschaftlichen Umgebung zuerst wahrnehmen, dann beobachten (also eine Unterscheidung machen), tatsächlich der Realität und den Kriterien der Wahrheit entspricht. Alle Aussagen sind Aussagen eines Beobachters – sagen uns wieder die Konstruktivisten. Wenn ich nach meinem Beobachten eine Aussage mache, dann erfahren die anderen etwas über mich, aber weniger über die Realität. Ich bin subjektiv, meine Sinne können mich täuschen. Aber wenn viele nach der gleichen Beobachtung die gleichen Aussagen machen, ist das schon Realität und Wahrheit? Der intersubjektive Konsens kann auch noch nicht die Wahrheit garantieren. Kollektive Täuschungen sind nachweisbar.

Die hierunter folgenden Überlegungen sind nicht leicht zu verstehen. Sie wollen nur einen Einblick geben in das heutige wissenschaftliche Verständnis der Methode und erwähnen nur die Beobachtungsproblematik und die Brauchbarkeit der Methode in der neuen Sozialarbeitswissenschaft.

Den Ausweg aus diesem erkenntnistheoretischen (epistemologischen) Teufelskreis zeigt uns vielleicht die moderne Systemtheorie. Mit der These der selbstorganisierten Zirkularität will die Systemtheorie uns einerseits von der Abhängigkeit des Subjektdenkens befreien, andererseits von den Tücken der einseitigen Ursachen-Folge-Argumentation entfesseln. Die moderne Wissenschaft kann und will nicht ewige, unabänderliche Wahrheiten verkünden, sondern bezieht eine Position des

Beobachters zweiter Ordnung. Wir sind zunächst alle Beobachter erster Ordnung, indem wir eine Unterscheidung machen und Dinge oder Ideen bezeichnen. Die moderne Wissenschaft beobachtet den Beobachter und sieht auch seinen blinden Fleck. Sie fragt nicht mehr nach dem „was", sondern nach dem „wie". Die Wissenschaft als Beobachter zweiten Grades kann ihrerseits auch beobachtet werden – und gerade das ist die Aufgabe der Methodik. Die Methode ist sozusagen der Beobachter zweiter Ordnung der Wissenschaft. Die Methoden wollen den blinden Fleck der Wissenschaft entdecken und ihr Dienste leisten – ihr sagen, dass sie nicht sehen kann, was sie nicht sehen kann! „Methoden sind Anweisungen an einen Beobachter zweiter Ordnung, an eine Beobachtung von Beobachtern." (Luhmann, 1994, 579).

Es gibt keine wissenschaftliche Methode ohne Theorie, beide sind unzertrennlich. Genau wie die Theorie (siehe nächstes Kapitel) sind auch Methoden wissenschaftliche Programme mit der Aufgabe der Selbstbeobachtung - sie sind auch Techniken der Beobachtung eigener Beobachtungen. Sie müssen innerhalb der Wissenschaft, die sie verwendet, eine Entscheidung treffen über wahr und unwahr. In der Sozialarbeitswissenschaft entscheiden die Methoden (und diese sind fast immer empirische Forschungsmethoden) über die Brauchbarkeit oder Unbrauchbarkeit einer Theorie zur Lösung sozialer Probleme oder zur Notwendigkeit eines Hilfeprozesses. Wenn eine Methode die folgenden drei Voraussetzungen nicht erfüllen kann, dann ist sie für die Sozialarbeit unbrauchbar, obwohl sie in anderen Kontexten als wahr gelten kann: 1. identische Einheiten zu bilden, 2. Widerspruch zu vermeiden, und 3. den „dritten Wert" auszuschließen. Der dritte Wert ist alles, was nicht dem Code wahr/unwahr entspricht und somit eine Entscheidung im Sinne der zweiwertigen Logik unmöglich macht. In diesem Sinne sind Methoden nicht nur Programme, sondern auch flexible Strategien, d.h. sie orientieren sich an der Brauchbarkeit.

Man unterscheidet in der Regel zwischen deduktiver Methodik und kybernetischer Methodik. Die erste ist zum Teil der Weg, den Descartes beschreitet, und der noch heute Gültigkeit hat. Hier sind die Reihenfolgen strikt zu beachten, jeder Schritt folgt dem anderen vorherigen ohne Sprung und Unterbrechung. Die kybernetische Methode verlässt diesen bequemen Weg und revidiert jederzeit vorherige Schritte. Diese wohltuende Unsicherheit macht eine Methode brauchbar, auch für die

Sozialarbeit, in der man ständig mit Unsicherheiten und Ungewissheiten kämpfen muss.

Methoden sind mit Problemen und mit Problemlösungen konfrontiert. Sie geben der Wissenschaft eine genaue Problemdefinition – was die Wissenschaft in der allgemeinen Hypothesenbildung noch nicht leisten kann. Sie vermutet nur, wo das Problem liegt, und die Methode zeichnet den Weg, der zur genauen Erkenntnis des Problems führt. Methoden sind auch dazu da, der Wissenschaft die Problemlösung vorzuzeichnen. Sie müssen zuerst die Lösungsmöglichkeiten auf das Machbare (Brauchbare) limitieren.

Die Frage der Empirie sollte uns jetzt näher beschäftigen. Empirie ist die Bezeichnung einer Erfahrungswissenschaft, also eine Wissenschaft, in der die sinnlichen (hören, sehen) Beobachtungen und die Reflexion dem Beobachteten vorrangig ist. Empirismus ist die Lehre, die allein die Erfahrung als Erkenntnisquelle gelten lässt. Viele vermuten in den Naturwissenschaften einen übertriebenen Empirismus. Gerade der oben erwähnte Heisenberg hat darauf hingewiesen, dass, je mehr die Beobachtungsmethoden und Techniken in der Physik sich entwickeln, desto weniger „scharf" unsere Erkenntnisse über die Materie werden (Heisenberg, 1989). Aus dieser Ecke stammt der Ausdruck von sogenannten „harten" und „weichen" Wissenschaften. Harte Wissenschaften bzw. diejenigen, die mit harten Methoden arbeiten, basieren auf dem Experimentieren (Physik, Biologie, Mechanik usw.) – bei den weichen Wissenschaften ist Experimentieren oft ausgeschlossen. Um Ereignisse zu beobachten – wenn es um soziale Ereignisse geht, – steht dem Sozialwissenschaftler kein Elektronenrastermikroskop zur Verfügung. Er kann nur eine Beobachtung – wenn heute auch mit der Videokamera - machen oder eine Befragung durchführen.

Die Sozialarbeitswissenschaft ist zwar eine Erfahrungswissenschaft, aber das Experimentieren ist bei ihr nicht oder nur im beschränkten Maße möglich – wie auch bei der Soziologie. Entsprechend sollte sie mit weichen Methoden arbeiten. Sie kann Verhaltensweisen beobachten, Menschen über ihre Meinungen und Taten befragen – aber sie kann keine Experimente durchführen, also „hart" vorgehen. Die wenigen Experimente, die man mit Menschengruppen machen kann, unterliegen den strengen ethischen Regeln (siehe Kapitel 4. „Das Experiment"). Man stellt sich natürlich die Frage, ob diese Unterscheidung hart/weich einen Sinn hat. Wenn die Aufgabenstellung genau ist, das Ergebnis kontrollierbar und die Erfolgschancen hoch sind, dann erübrigt es sich, darüber nachzudenken, ob eine experimentelle, harte Methode „besser" ist als eine nur die soziale Realität beobachtende, „weiche" Vorgehensweise.

Die Sozialarbeitswissenschaft sollte die Methoden der angewandten Sozialforschung benutzen. Hier könnte man wiederum kritisch hinterfragen, ob die geläufige Unterscheidung zwischen Grundlagenforschung und Anwendungsforschung sinnvoll ist. Grundlagenforschung in der Sozialforschung arbeitet notgedrungen mit „weichen" Methoden, weil anstelle des Experimentierens und der sinnlichen Beobachtungen hier eher abstrakt-theoretische Reflexionen, Auflösung und Rekombination der Möglichkeiten, Kalküle, Projektionen usw. am Platze sind. In der Anwendungsforschung könnte man dann mit „harten" Methoden arbeiten. Wie wir gesehen haben, stimmt dies nicht für die Sozialarbeit. Deswegen ist schon der Ausdruck „angewandte Sozialforschung" als designierte Forschungsmethode für die Sozialarbeit mehr als fraglich. Auch bildungspolitisch ist es nicht richtig zu sagen, dass Universitäten Grundlagenforschung und Fachhochschulen nur Anwendungsforschung betreiben sollten. Diese Unterscheidung setzt eine Hierarchie voraus, in der die Grundlagenforschung angeblich einen höheren Stellenwert beziehen. Die Aufgabe der Sozialarbeitswissenschaft wäre, diese Unterscheidung aufzuheben (ebenso wie die Unterscheidung zwischen harten und weichen Methoden) und Grundlagenforschung nicht von anwendungsbezogener Forschung zu trennen. Die beiden Forschungsrichtungen sind aufeinander angewiesen.

Eine Forschung - besonders im Bereich der Sozialarbeit, - die man nicht anwenden kann, ist keine Forschung, und eine Grundlagenforschung, die die anwendungsbezogene Forschung nicht bereichert verfehlt ihr Ziel. Im übrigen suggeriert der Ausdruck „angewandte Forschung" bei näherem Hinschauen die Anwendung von Resultaten, die nicht während der Forschung, sondern noch vor ihr entstanden sind. Aber in der empirischen Forschung geht es darum, Resultate zu suchen, die innerhalb des Wissenschaftssystems erst entstehen.

An den Fachhochschulen für Sozialwesen läuft eine Diskussion über diese Benennung. Viele Kollegen waren unzufrieden mit dem Ausdruck „empirische Sozialforschung". Sie meinten, mit dem Adjektiv „angewandt" eine bessere praxis- und lehrenahe Expression gefunden zu haben. Eine Benennung wie „anwendungsbezogene empirische Sozialforschung" ist zwar vielleicht komplizierter, aber den Sachverhalt treffender illustriert. Auf jeden Fall sind für eine Forschung innerhalb der Sozialarbeitswissenschaft die Adjektive „sozial", „empirisch" und „anwendungsbezogen" und auch „grundlagenorientiert" voll berechtigt.

Die empirische Sozialforschung in der Sozialarbeit ist nicht neu und ist gleichzeitig mit den traditionellen Methoden der Sozialarbeit (Einzelarbeit, Gruppenarbeit, Gemeinwesenarbeit) entstanden. Sie hat infolge der zunehmenden Professionalisierung des Berufs noch an Bedeutung zugenommen. Um so unverständlicher ist also die ablehnende Haltung vieler Studenten gegenüber der empirischen Sozialforschung und Statistik (Koch, 1978). Viele identifizieren fälschlicherweise Statistik mit Mathematik und übertragen ihre Ängste aus dem schulischen Matheunterricht. Zuerst stellen wir einmal fest, dass Statistik weder mit Mathematik noch mit der empirischen Forschung identisch ist. Die Statistik basiert zwar auf den Grundkenntnissen der Mathematik, praktiziert aber nicht ihre Abstraktion, sondern ist lebensnah, beispielhaft und instruktiv. Mit der didaktischen, farbigen, medialen Darstellung der „trockenen" langen Zahlen und Prozentkolonnen sollte eigentlich sogar die Statistik für die Studierenden attraktiv sein. Statistische Rechnungen erledigt heute übrigens jedes Computerprogramm per Tastendruck. Die empirische Forschung ist sehr vielseitig, und das ausgesprochen Statistische beträgt nur einen kleinen Teil des Forschungsablaufes.

Um die Ängste vor der Statistik zu nehmen, sollten die Fachhochschulen die Methodenausbildung projektorientiert organisieren. Ein derartiges methodisches Arrangement in Projektform ermöglicht eine empirisch-statistische Methodenausbildung, die sich nicht auf die reine Vermittlung des technischen Methodensets ohne Bezug auf den inhaltlich bestimmten und konkret-praktischen Forschungsprozess beschränkt. Darin liegt eine attraktive Alternative zur traditionell instrumentellen und desintegrierten Praxis und Methodenvermittlung, die Studenten bestenfalls als methodische Pflichtübungen ansehen, und häufig Distanzierung sowie Negation gegenüber quantitativen Verfahren und empirischen Analysen provoziert. Durch die konkrete Untersuchungspraxis, verbunden mit dem Prinzip des erfahrungsorientierten

und entdeckenden Lernens, kann eine projektorientierte Methodenausbildung Hemmschwellen abbauen, sich mit der „trockenen und abstrakten" Materie empirischer Sozialforschung zu beschäftigen, und Interesse an empirischen Vorgehensweisen wecken (Neber, 1973).

Ein Blick auf die Forschungs- und Entwicklungsprojekte in Fachbereichen des Sozialwesens lässt erkennen, welch große Bedeutung diese
Aktivitäten inzwischen an der Hochschule gewonnen haben. Auch in
den kommenden Jahren wird der Lehre mit Sicherheit eine höhere Pri-
orität eingeräumt werden als den Bereichen Forschung und Entwicklung. Unter dem Fachausdruck „Entwicklung" wird nicht etwas Gegenseitiges in der Forschung, sondern etwas Ergänzendes verstanden. Es
geht hier vor allem um die Analyse und Mitgestaltung der Prozesse, die
positive und qualitative Veränderungen in der Lehre des Sozialwesens
und darüber hinaus in der Praxis der Sozialarbeit bewirken können.
Aktuelle Diskussionen über die Zukunft der Fachhochschulen lassen
jedoch erkennen, dass es hierbei nicht nur um quantitative Veränderungen und Verschiebungen im Hochschulbereich geht, sondern auch um
qualitative Veränderungen. Gerade hinsichtlich der qualitativen Veränderungen wird dabei der Förderung von Forschungs- und
Entwicklungsaufgaben eine zentrale Rolle zukommen.

Das Fachhochschulgesetz hat bereits bisher den Fachhochschulen
Möglichkeiten zur eigenen Forschung eingeräumt, die vor allem in den
Bereichen Technik und Wirtschaft intensiv genutzt wurden. Zunehmend setzt sich nun auch im Bereich des Sozialwesens die Vorstellung
durch, dass die Wahrnehmung von Forschungs- und Entwicklungsaufgaben durch die Fachhochschule nicht nur zum Ansehen einer
Hochschule, der Qualifikation ihrer Absolventen und Lehrenden bei-
trägt, sondern dass die Lösung immer komplexer erscheinender gesellschaftlicher Probleme und die weitere Entwicklung der Fächer unmittelbar mit solchen Forschungsaktivitäten in Verbindung gebracht werden müssen.

Zahlreiche Fachhochschulen haben in den Fachbereichen des Sozialwesens in den vergangenen Jahren ein erhebliches Potential an For-
schungsmöglichkeiten aufgebaut und entsprechende personelle und
sachliche Voraussetzungen geschaffen. Es gibt noch forschungstechni-
sche Probleme zu lösen - etwa die Frage der Forschungsinstitute oder
Forschungsstellen an der Fachhochschule, die intensive Beteiligung der

Studierenden in dem Forschungsgeschehen und die Lehrdeputatermäßigung für forschende Professoren. Die Genehmigung eines Forschungssemesters, das sogenannte „sabbatical year", wird von immer mehr Professoren beantragt. Es entstehen während des Forschungssemesters oft Lehrbücher, neue Seminarskripte, Fachartikel für die Lehre und nützliche empirische Forschungen. Die Lehrenden und Studierenden beteiligen sich immer mehr an diesem Prozess der Veränderung und Neuorientierung.

Auch die Forderungen des Fachhochschulgesetzes, insbesondere nach Zusammenarbeit zwischen den deutschen, aber auch zu ausländischen Hochschulen, nach Wissens- und Technologietransfer und Verbesserungen der studentischen Mobilität innerhalb Europas, lassen eine abweichende Position nicht ratsam erscheinen. Die gemeinsamen Forschungsprojekte zwischen deutschen und ausländischen Hochschulen, meist durch einen Kooperationsvertrag gefestigt und juristisch abgesichert, haben heute Hochkonjunktur. Immer mehr Studierende machen nicht nur ihr Praktikum im europäischen, aber manchmal auch im nichteuropäischen Ausland, sondern absolvieren ein oder mehrere Semester in einer ausländischen Hochschule für Sozialwesen. Die letzten Hürden der Anerkennung solcher Semester im Ausland werden bald ausgeräumt. Es ist also zu erwarten, dass die Anziehungskraft einer Fachhochschule durch Forschungsaktivitäten – die die regionalen und sogar den nationalen Rahmen sprengen können – zukünftig eine immer größere Rolle bei der Suche nach motivierten Studierenden und qualifizierten Lehrenden spielen wird.

Es wäre nicht uninteressant „zu erforschen", ob die tatsächlich forschenden Dozenten an den Fachhochschulen für Sozialwesen – schätzungsweise 40% - in der Lehre „besser" bzw. anders sind, d.h. welche konkreten Vorteile holen sie sich, welche neuen Qualitäten und Innovationen entstehen für ihre Lehre gegenüber den Nicht-Forschenden?

Ein weiterer Punkt zum Überlegen ist die Frage der Reputation. Zur Zeit ist es halt so, dass die forschenden Dozenten die Anerkennung sozusagen „von außen" bekommen - von Praxisstellen, Institutionen, die für die Forschung Interesse zeigen, und eventuell von fremden Fachkollegen. Hochschulintern erntet der forschende Dozent kaum Lorbeeren.

Als letzte Entwicklung der Fachhochschulpolitik sollte man das Programm zur ministeriellen Förderung von Forschungs- und Entwicklungsschwerpunkten an Fachhochschulen in NRW im Jahre 1998 unter die Lupe nehmen. Die hierunter geschilderten Empfehlungen zum Inhalt der Forschungsanträge stehen im Zeichen des Innovationsprogramms. Sie betreffen nicht nur die Fachbereiche des Sozialwesens.

Die Kurzfassung der eingereichten Anträge sollte sich an folgender Gliederung orientieren:

1) Ziele des Forschungs- und Entwicklungsschwerpunktes,

2) Forschungsdesign, methodischer Ansatz,

3) Besondere innovative Bedeutung des Themas,

4) Auswirkungen auf Problemlösungen in der Praxis (gesellschaftliche Relevanz),

5) Auswirkungen auf die Lehre,

6) Konkretisierung der Interdisziplinarität und der dadurch ermöglichten fachübergreifenden Problemlösung (Synergieeffekt durch Interdisziplinarität),

7) Bezug zum Profil der Hochschule,

8) Kooperation mit der Praxis.

9) Für die beteiligten Professorinnen und Professoren:

a) Nennung der jeweiligen Lehrgebiete und Fachbereiche,

b) besondere Schwerpunkte der Arbeit der einzelnen Professorinnen und Professoren,

c) Vorleistungen bzw. vorbereitende Arbeiten zur Einrichtung des Schwerpunktes,

d) jeweils die drei wichtigsten aktuellen Veröffentlichungen der beteiligten Professorinnen und Professoren,

e) jeweils die drei wichtigsten Patente der beteiligten Professorinnen und Professoren (bzw. die drei wichtigsten, in der Praxis realisierten Innovationen),

f) Beteiligung an, Symposien, Arbeitskreisen und Fachtagungen (Begrenzung auf insgesamt höchstens drei je Professorin/Professor),

g) von den beteiligten Professorinnen/Professoren bisher insgesamt sowie in den letzten drei Jahren eingeworbene Drittmittel.

Die Kriterien für eine ministerielle Anerkennung und Förderung sollen sein: a) Zusammenarbeit mehrerer Hochschullehrer (mindestens drei Professoren einer Fachhochschule), möglichst interdisziplinär auf einem innovativen Forschungsgebiet des „Innovationsprogramms Forschung" b) Nachweis bisher eingeworbener Drittmittel und Aussichten für das Weiterbestehen des Schwerpunkts über die Förderzeit hinaus (Perspektive) c) Kooperation mit der Praxis (z.B. Wirtschaft, Verbände) d) Einbindung des Schwerpunktes in die regionale Wirtschafts- und Sozialstruktur, Technologietransfer e) bisher erfolgreiche Arbeit, nachgewiesen durch wissenschaftliche Veröffentlichungen, Patente, Diplomarbeiten (letzte zwei Jahre) f) Beteiligung an Messen, Symposien, Arbeitskreisen, Fachtagungen usw. g) Wirkung für die Lehre h) Zusammenarbeit mit anderen Hochschulen (insbesondere mit Universitäten im Hinblick auf Promotionsverfahren) und nationale und internationale Kooperationen.

(aus: MWF Programm zur Förderung von Forschungs- und Entwicklungsschwerpunkten an Fachhochschulen / Erlass IV A 1-9021/17.04.97/)

*

Wenn Sie Zeit und Lust haben, beantworten Sie die folgenden Fragen und lösen Sie die folgenden Aufgaben:

1. Welche methodischen Schritte benutzt man auch in alltäglichem Wissen?

2. Ist die soziale Realität erfahrbar?

3. Was macht der Beobachter zweiter Ordnung?

4. Wann ist eine Theorie „brauchbar"?

5. Was ist der Unterschied zwischen kybernetischer und deduktiver Methodik?

6. Was ist der Unterschied zwischen Grundlagenforschung und Anwendungsforschung?

7. Gibt es einen Unterschied zwischen Forschungs- und Entwicklungsaufgaben?

8. Warum ist der Ausdruck „ angewandte Sozialforschung" fraglich?

9. Warum hat man Angst vor Statistiken?

10. Was sind die Vorteile der projektorientierten Methodenausbildung?

Aufgabe 1: Setzen Sie sich auseinander mit dem Satz: „Die Wahrheit ist die Erfindung eines Lügners"!

Aufgabe 2: Erwähnen Sie einige Denkmethoden der Wahrheitsfindung!

Aufgabe 3: Versuchen Sie, die langweiligen Zahlen- und/oder Prozentenkolonnen in einem ausgesuchten Aufsatz für den Leser attraktiver zu machen!

Literaturangabe:

Heisenberg, Werner: Schritte über Grenzen, 3.Aufl. Köln, 1989.

Luhmann, Niklas: Die Wissenschaft der Gesellschaft, Frankfurt/M, 1994.

Neber, Hans: Entdeckendes Lernen, Basel, 1973.

Koch, Ulrich: Statistik in der Ausbildung von Sozialarbeitern/Sozialpädagogen, in: Neue Praxis, 1/1978 S. 91ff.

2.2 Die Durchführung einer empirischen Untersuchung

Im Rahmen einer erklärenden Sozialwissenschaft, und so auch im Rahmen der neuen Sozialarbeitswissenschaft, kann empirische Forschung als Teil der Theoriebegründung gesehen werden. In einer neuen praxisorientierten Wissenschaft, wie der jetzt entstehenden Sozialarbeitswissenschaft, hat die empirische und angewandte Forschung einen besonderen Stellenwert. Meist sucht man in der Forschung die Bestätigung einer Vermutung in der Praxis, wenn diese von Sozialarbeitern gemacht oder initiiert wird. Die Ergebnisse können dann in eine Praxistheorie integriert werden.

Empirische Sozialforschung in der Sozialarbeit ist entweder Überprüfung theoretischer Modelle oder Erfassung der sozialen Realität aufgrund einer Annahme (Hypothese), die man mit Hilfe einer oder mehrerer ausgewählter Methoden verifiziert oder falsifiziert.

Bei den Sozialarbeitern ist die sogenannte qualitative Sozialforschung sehr beliebt. Man erhofft hierbei eine lebensweltlich begründete, tiefgreifende Erfassung der komplexen sozialen Realität, mehr als bei der sogenannten quantitativen Sozialforschung, in der man angeblich nur äußere, messbare, systemisch begründete Erscheinungen zu begreifen bekommt. Die Unterscheidung zwischen quantitativer und qualitativer Sozialforschung wird heute bei den Wissenschaftlern kontrovers diskutiert. Die zur Diskussion grundlegende Frage ist eine epistemologische, also eine erkenntnistheoretische. Können wir die Wirklichkeit objektiv erkennen? Können wir die Wirklichkeit, also auch die soziale Realität, entsprechend auch messen, in Zahlen und Prozenten erfassen?

Der radikale Konstruktivismus verneint dies und behauptet, dass das, was wir als objektive Wirklichkeit benennen, nur ein Konstrukt unserer Beobachtung sei. Alles, was erkannt wird, ist die Erkenntnis eines Beobachters. Es gebe keine beobachterunabhängige Wirklichkeit. Andere Richtungen im Konstruktivismus - z.B. der moderate oder der operative oder der systemtheoretische - behaupten, dass die Wirklichkeit auch außer uns existiere; wir müssen das annehmen, aber alle Erkenntnisse diesbezüglich sind subjektiv.

Die quantitative Sozialforschung will die erkannten Situationen, Geschehnisse, Meinungen usw. quantifizieren, d.h. auf eine messbare und ausrechenbare, in Zahlen und Prozenten ausdrückbare Ebene bringen.

Die qualitative Sozialforschung meint, dass durch eine übertriebene Quantifizierung die Qualität verloren geht und das subjektiv Erlebte sowieso nicht in Zahlen und Prozenten ausgedrückt werden kann. Die soziale Realität ist so komplex, dass man sie nach Möglichkeit von allen Seiten aus, in jeder möglichen Erscheinungsform, analysieren muss.

Eine Kombination der qualitativen und quantitativen Sozialforschung sowie die gleichzeitige Anwendung mehrerer Methoden gibt uns eine gewisse Garantie, dass wir an die Erfassung der sozialen Wirklichkeit doch näher herankommen können. Gerade aus der klassischen Sozialarbeit kommt aber die Warnung. Die Altmeisterin der amerikanischen Sozialarbeit, Ruth Bang, stellte 1964 lapidar fest: "Den ganzen Menschen werden wir nie richtig erfassen können." (Bang, 1964, 15). Die ganze Wahrheit über Mensch und Gesellschaft wird zwar nicht erhellt - aber soviel von der Wahrheit schon, dass wir damit analytisch-kritisch umgehen können und komplizierte soziale Prozesse und ihre Zusammenhänge (Kreiskausalität) besser erklären können.

In den vielen Varianten der "Aktionsforschung" (z.B. im Bereich der Gemeinwesenarbeit die Methode der aktivierenden Befragung) sind die Forschungssubjekte selbst Teil der Forschung - sogar das Forscherteam ist Forschungsgegenstand, ganz im Sinne des "moderaten" Konstruktivismus, der behauptet, dass der Beobachter Teil seiner Beobachtung sei. Es geht hier nicht nur um die Entdeckung irgendeiner sozialen Realität oder Situation, sondern gleichzeitig um einen Änderungsprozess, der selbst während der Forschungszeit eintreten sollte.

Bei der Durchführung eines empirischen Forschungsprojektes lassen sich einige typische Arbeitsschritte unterscheiden. Diese sind unabhängig von den geplanten und ausgewählten Forschungsmethoden, worüber noch in den nächsten Kapiteln ausführlich berichtet wird.

Die Wahl des Forschungsproblems: In der Regel beginnt ein Forschungsprojekt mit der Festlegung des Gegenstandes der Forschung, der Formulierung des Forschungsproblems. Man kann hier danach unterscheiden, ob es sich um eine von den Forschern selbst initiierte Forschung oder um Auftragsforschung handelt. Bei der letzteren ist das Thema vorgegeben, und der Spielraum des Forschers ist gering. Bei der ersteren ist die eigene Betroffenheit über ein Problem (Rechtsextremismus, Armut, Ausländerfeindlichkeit, Arbeitslosigkeit, Drogen) oder eine Forschungstradition (Armutsforschung, Frauenforschung usw.) maßgebend.

Hypothesenbildung: Nach der Entscheidung, was untersucht werden soll, beginnt die Phase der Hypothesenbildung. Einige Autoren sprechen von Theoriebildung - was aber nicht voll zutreffend ist. Eine

Theorie besteht aus Thesen, bewiesenen Aussagen, die solange gültig sind, bis das Gegenteilige bewiesen wird. Ein Zweifel an der Richtigkeit einer Theorie ist aber zunächst nur eine Annahme, also eine Hypothese. Das muss untersucht werden. Erst während des Forschungsprozesses bzw. nach seiner Abschließung können wir sagen, ob unsere Annahme (Hypothese) wahr oder falsch war. Wenn sie falsch war, das heißt unser Zweifel an der Richtigkeit als unbegründet erscheint, gilt die These weiter. Wenn unsere Zweifel - ausgedrückt in Hypotheseform - begründet waren, dann können wir unsere neuen Thesen aufstellen, die dann zu einer Theorie führen.

Entweder liegen für einen bestimmten Gegenstandsbereich bereits ausgearbeitete Hypothesen in der Literatur vor, oder eine neue Hypothese zur Erklärung des ausgewählten und geprüften Gegenstandsbereichs muss erst entwickelt werden.

Viele soziologische Theorien können als Ausgangspunkt für neue Hypothesen dienen. In der modernen Soziologie ist es immer häufiger der Fall, dass man von Nachbarwissenschaften Hypothesen für die Erklärung bestimmter Aspekte des menschlichen Zusammenlebens übernimmt, z.B. aus der Kybernetik, aus der Biologie, aus der Gehirnforschung, wie das beispielsweise der Fall in der Systemtheorie ist (These der Autopoiesis).

Die Hypothese ist vor allem eine bohrende Frage - und wird auch meistens in der Frageform gestellt. Sie ist ein schöpferischer Akt des Forschers. Quelle und Motive sind irrelevant - wichtig ist ihre Form, die Aufforderung und das Prüfverfahren (Atteslander, 1992).

Sie ist eine empirisch gehaltvolle Aussage, die einer Klasse von Einheiten bestimmte Eigenschaften zuschreibt. Eine Regelmäßigkeit und eine Überprüfbarkeit sollten vorliegen, um die Hypothese überhaupt aufstellen zu können. Die Regelmäßigkeit im sozialen Bereich ist nicht eine mathematische Gesetzmäßigkeit, und meist basiert sie auf der Beobachtung und Erfahrung. Die Überprüfbarkeit bedeutet, dass mit irgendeinem Mittel eine Prüfung stattfindet, die eine Chance hat, eine positive oder negative Erklärung abzugeben. Reine Phantasieprodukte oder fiktiv-esoterische Gegebenheiten sind nicht überprüfbar.

Eine allgemeine Hypothese in den empirischen Wissenschaften ist a) ein System sich nicht widersprechender Aussagen, b) muss eine logische Form haben, c) muss empirisch überpüfbar sein, und d) muss neue Problemaspekte erklären.

Der Widerspruch, die Paradoxie, spielt aber in der modernen Wissenschaft (Systemtheorie, Chaostheorie und Kybernetik) eine wichtige Rolle. Er ist die Einheit der Aussagen von sich Widersprechendem, der sinnmäßig bearbeitbar ist. In der klassischen "alteuropäischen" Wissensschaftsauffassung waren die Widersprüche noch als Defekte oder Imperfektionen definiert.

Eine heuristische Hypothese ist eine Vermutung über Zusammenhänge, die zu weiteren Überlegungen anregen. Dies ist die einfachste Hypothesenform und sie bedient sich der Heuristik (Finden), d.h. der Gedanken, die zur Entdeckung, Auffindung oder Entwicklung neuer oder überraschender Erkenntnisse oder Theorien geeignet zu sein scheinen.

Eine nomologische Hypothese ist eine Gesetzeshypothese, aus dem griechischen "nomos" (Gesetz) abgeleitet. Hier lautet die Grundaussage: wenn Sachverhalt X und Bedingungen Y1 und Y2 - dann Tatbestand Z. Sie findet besonders in der Mathematik und in der Physik eine Anwendung.

Eine statistische Hypothese ist eine Wahrscheinlichkeitshypothese. Es gibt bestimmte Ereigniszusammenhänge, die unter allgemeinen Bedingungen nicht in jedem Fall auftreten. Es wird die Häufigkeit geprüft, und es wird eventuell auf einer Nullhypothese aufgebaut. Die Zusammenhänge zwischen A-Gruppe und B-Gruppe sind dann purer Zufall.

Die Form der Hypothese kann eine einfache Frage sein. Gute Fragen zu stellen ist ebenso schwer wie gute Antworten zu geben. Eine andere Form kann ein "je mehr - desto weniger" oder ein "je weniger - desto mehr" sein. Hier werden bekannte Populationsgrößen miteinander verglichen. Schließlich kann die Hypothese die Satzform "wenn - dann" haben. Hier wird besonders die Unterscheidung und die Variation der Angaben geprüft.

Operationalisierung: Als Operationalisierung bezeichnet man die Angabe, wie einem theoretischen Begriff beobachtbare Indikatoren zugeordnet werden. " Ein Indikator ist eine direkt messbare, beobachtbare, abfragbare Größe, durch die eine Verbindung zwischen einem theoretischen Konstrukt und empirischen Daten hergestellt wird" (Endruweit - Trommsdorf, 1989, 284). Operationalisierungen bestehen aus den Angaben, wie Messungen für einen bestimmten Begriff vorgenommen werden können. Erst anhand der erhobenen Messungen lassen sich Aussagen über den Gegenstandsbereich und damit auch über die vorläufige Akzeptierung oder Verwerfung der zu prüfenden Hypothese machen. Die Messinstrumente werden konstruiert - meistens Fragebögen oder Beobachtungskategorien. Hierzu gehören auch Voruntersuchungen (Pretests), in denen die erstellten Meßinstrumente daraufhin überprüft werden, ob sie gültige und zuverlässige Messungen ermöglichen.

Forschungsdesign: Hier geht es um die Festlegung der Untersuchungsformen. Höchstwahrscheinlich werden die Untersucher für einen Methodenpluralismus optieren. Mehrere Methoden gleichzeitig oder nacheinander können den Grad der Objektivität erhöhen.

Es muss entschieden werden: a) ob Daten zu einem oder mehreren Messzeitpunkten an denselben Personen oder an verschiedenen Personengruppen zu unterschiedlichem Messzeitpunkt erhoben werden sollen, b) ob die Frage zu stellen ist, ob eine oder mehrere Kontrollgruppen notwendig sind. Man darf den Pretest und die Kontrollgruppe nicht verwechseln. Der Pretest ist an und für sich eine kleine selbständige und unabhängige Experimentaluntersuchung und dient dem alleinigen Ziel, die ausgewählten Messinstrumente zu prüfen; dagegen ist die Kontrollgruppe eine interne Sicherung innerhalb der Forschung, ist integraler Teil des Forschungsvorhabens und spielt eine wichtige Rolle bei der Auswertung im Hinblick auf die Verifizierung oder Falsifizierung der gestellten Hypothese. c) Wichtig ist noch zu entscheiden, in welcher Reihenfolge die unterschiedlichen Methoden verwendet werden sollten (Friedrichs, 1990, 98 ff). Eine typische Methodenfolge wäre, mit einem Laborexperiment anzufangen, mit Beobachtung fortzusetzen, mit dem Interview weiterzufahren und schließlich mit einer Befragung zu beenden.

Auswahl der Untersuchungsobjekte: Eine wichtige Entscheidung ist die Festlegung der Anzahl der zu untersuchenden Personen - in der Fachsprache spricht man von Population. Handelt es sich um eine Totalerhebung - z.B. bei einer ganzen Schule oder einer Volkszählung, bei der alle Einwohner des Landes befragt werden, oder werden nur einige ausgewählte Teile der Bevölkerung untersucht? In diesem Fall stellt sich natürlich die Frage der vertretbaren Repräsentativität.

"In der Statistik ist Repräsentativität die Bezeichnung für das Ausmaß, in dem eine Stichprobe die Struktur der Grundgesamtheit in bestimmten Hinsichten getreu widerspiegelt" (Fuchs-Klima u.a.,1978, 641). Die Auswahlverfahren können einfache Zufallsvariationen oder bewusst ausgesuchte Personen umfassen. Wichtig ist dabei, dass alle Elemente die gleichen Chancen für die Auswahl haben müssen.

Datenerhebung: In den Sozialwissenschaften existiert eine Reihe verschiedener Datenerhebungsmethoden. Daten sind Informationen über soziale Tatsachen und Prozesse qualitativer und quantitativer Art, die durch die Techniken der empirischen Sozialforschung erhoben werden. Die Datenerhebung ist die technische Phase des Forschungsprozesses. Die Daten werden gesammelt, gesichtet, kontrolliert, gezählt und für die Datenerfassung aufbewahrt.

Datenerfassung: Erhobene Daten müssen gespeichert, niedergeschrieben oder auf andere Art festgehalten und aufbereitet werden. Computerprogramme wie Excel, Windows SPSS und andere ersetzen heute die manuelle Erfassung oder die früheren Lochkartensysteme. Eine Datensammlung muss auf eine bestimmte Art und Weise strukturiert werden, bevor eine Auswertung möglich wird. Daten müssen "codiert" werden, bevor sie im Computer analysiert, verglichen und ausgewertet werden.

Datenanalyse: Die Datenanalyse in der empirischen Sozialforschung besteht überwiegend aus dem Einsatz statistischer Methoden unter Verwendung von Computern und speziellen Programmen, den Datenanalysesystemen. Man sucht die Zusammenhänge zwischen bestimmten Daten, die Querverbindungen und die Korrelationen. Korrelation ist die allgemeine Bezeichnung für das gemeinsame Auftreten und Variieren von zwei oder mehreren Merkmalen. Korrelation bedeutet nicht unbedingt einen kausalen Zusammenhang - er muss erst durch eine richtige Interpretation konstruiert werden. In der sozialen Realität können wir eher von "Kreiskausalität" und von Beziehungen von Daten untereinander sprechen. Mit Hilfe von statistischen Verfahren kann geprüft werden, ob die hypothetisch vorhergegangenen Beziehungen in den erhobenen Daten nachweisbar sind oder nicht. Je klarer die zu prüfende

Hypothese formuliert ist, desto einfacher gestaltet sich die Datenanalyse.

Publikation: Damit eine Forschungsarbeit zum wissenschaftlichen Fortschritt und zu praktischen Veränderungen beitragen kann, sollten die Ergebnisse eines Forschungsprojekts veröffentlicht werden. Manchmal - meist wegen Geldmangels - sind es nur hausinterne Veröffentlichungen, die nur von Mitarbeitern gelesen werden. Sie haben trotzdem eine wichtige Funktion, weil sie z.b. eine neue sozialarbeiterische Handlungsweise innerhalb der Institution oder Organisation bestimmen können. Evaluationsforschungen und Managementforschungen beinhalten sogar oft Angaben und Erkenntnisse, die für Nichteingeweihte keine Relevanz haben. Im Grundsatz ist aber jede wissenschaftliche Arbeit an und für sich für jedermann zugänglich - nur der Zeitpunkt und die Gelegenheit zur Veröffentlichung müssen richtig gewählt werden. Geheimberichte sind nicht Sache der Wissenschaft.

Die Veröffentlichung geschieht in der Regel - sofern es sich um einen Forschungsauftrag handelt - zum einen durch einen Endbericht für den Auftraggeber und zum anderen durch eine oder mehrere Buch- oder Zeitschriftenaufsatzveröffentlichungen. Im Endbericht können technische Einzelheiten erwähnt werden - in der Veröffentlichung sind nur die Methode, die Hypothese und das Resultat interessant.

Bis zur Veröffentlichung eines Forschungsergebnisses können, vom eigentlichen Projektbeginn an gerechnet, mehrere Monate, sogar Jahre vergehen. Die meisten sozialwissenschaftlichen Großuntersuchungen haben den Nachteil, dass sie eigentlich im Moment der Veröffentlichung schon veraltet sind. Ausnahmen sind solche Forschungsprojekte, bei denen die Finanzierung vorab gesichert und ein finanzkräftiger Auftraggeber vorhanden ist, wie z.B. ein Ministerium oder eine private Stiftung (Shell, Volkswagenstiftung) oder ein europäisches Forschungsprogramm. Um eine Veröffentlichung kleinerer, jedoch interessanter Projekte zu finanzieren, fehlt oft leider das Geld.

*

Wenn Sie Zeit und Lust haben, beantworten Sie die folgenden Fragen und lösen Sie die folgenden Aufgaben:

1. Was ist empirische Sozialforschung?

2. Worin liegt der Unterschied zwischen qualitativer und quantitativer Sozialforschung?

3. Was ist der Unterschied zwischen Auftragsforschung und selbstinitiierter Forschung?

4. Was ist eine Hypothese?

5. Was versteht man unter einer heuristischen, nomologischen und statistischen Hypothese?

6. Was gehört zur Operationalisierung der empirischen Sozialforschung?

7. Was ist ein Pretest?

8. Was ist entscheidend bei der Repräsentativität?

9. Was ist der Unterschied zwischen Datenerhebung und Datenerforschung?

10. Was ist eine Korrelation?

Aufgabe 1: Stellen Sie fest, auf welche sozialen Indikatoren Sie bei der Untersuchung der Armut in einem Stadtteil zurückgreifen werden!

Aufgabe 2: Stellen sie eine Hypothese zu einem sozialarbeiterischen Forschungsthema auf und variieren Sie sie: a) in Frageform, b) in Aussageform und c) in Wenn-Dann-Form!

Aufgabe 3: Stellen Sie einen Zeitplan für eine fiktive Forschung zum Thema "Gewalt in der Schule" auf.

Literaturangabe:

Bang, Ruth: Die helfende Beziehung als Grundlage der persönlichen Hilfe, München, 1964.

Endruweit, Günter - Trommsdorf, Gisela: Wörterbuch der Soziologie. 3. Bände, Stuttgart, 1989.

Fuchs, Werner - Klima, Rolf u.a. (Hrsg.):Lexikon der Soziologie, Opladen, 1978.

Friedrichs, Jürgen: Methoden empirischer Sozialforschung, Opladen, 1990.

Atteslander, Peter: Methoden der empirischen Sozialforschung, Berlin, 1992.

2.3 Die Beobachtung

Die Beobachtung scheint auf den ersten Blick die einfachste Methode der empirischen und angewandten Sozialforschung zu sein. Alltagsbeobachtungen macht jeder, und diese können auch sehr genau sein (z.b. ein Augenzeuge bei einem Unfall), aber auch sehr widersprüchlich aussehen (z.b. mehrere einander widersprechende Augenzeugen bei dem gleichen Unfall). Dies kommt davon, dass die Menschen bei der Beobachtung ihre emotionellen, emphatischen Zustände auch mitinterpretieren und glauben, dadurch der Objektivität gedient zu haben.

Die wissenschaftliche Beobachtung unterscheidet sich von der Alltagsbeobachtung (naive Beobachtung) durch das methodische Vorgehen. Sie versucht, den Beobachter von seiner subjektiven und emotionellen Einstellung „zu befreien", indem sie ihm bestimmte Techniken als Werkzeuge an die Hand gibt und ihn auffordert, voll konzentriert das Geschehen zu verfolgen, zu registrieren, zu messen und schließlich zu deuten. Man kann alles beobachten, aber nicht jeder ist geeignet für eine objektive Beobachtung. Hier gilt auch das sozialarbeiterische Prinzip: Distanz zu nehmen und zu wahren, um die Chancen der Objektivität zu erhöhen.

„Durch die Beobachtung kann das Sozialverhalten von Einzelpersonen und sozialen Gruppen durch einen Beobachter direkt wahrgenommen werden. Beobachtbar sind sinnlich wahrnehmbare Tatbestände und Prozesse" (Atteslander, 1984, 136). „Die Beziehung zur Welt wird uns vermittelt durch die Sinnesorgane, mit deren Hilfe wir unsere Erfahrungen machen. Im allgemeinsten Sinne ist Beobachtung eine Art Erfahren von Welt..."(König, 1965, 107).

Gegenstand der sozialwissenschaftlichen Beobachtung sind alle sinnlich wahrnehmbaren Tatbestände, die mit dem Menschen zu tun haben.

Die Beobachtung dient einem Forschungszweck und erfolgt nach einem Plan und verändert die Tatbestände nicht. Sie ist systematisch und nicht dem Zufall überlassen, ist geprüft und kontrolliert. Sie hat bestimmte Vorteile gegenüber anderen Methoden in der Sozialforschung. Sie hält Verhalten in dem Zeitpunkt fest, da dies sich tatsächlich ereignet (Momentaufnahme). Sie unterliegt keiner Stimmung des Forschers – wenn er dazu die geeigneten Mittel, die ihm ein Maximum von Objektivität sichern, verwendet. Sie entziffert Selbstverständlichkeiten und ist anwendbar dort, wo andere Methoden versagen oder unpraktikabel sind. Die Methode aber – wie jede Methode übrigens – hat ihre Grenzen. Intim- oder Geheimgeschehnisse können nicht beobachtet werden, und in der Regel muss man warten, bis das Ereignis eintritt. Es könnte erhebliche Probleme geben mit der unabdingbaren Quantifizierbarkeit des beobachteten Ereignisses bzw. Verhaltens. Die Häufigkeit des beobachtbaren Ereignisses, die zeitlichen Rahmen zu setzen, sind Entscheidungen des Beobachters – ein anderer Beobachter könnte andere Häufigkeiten und Zeitsequenzen festlegen und dadurch eventuell auf andere Ergebnisse stoßen.

Beobachtung ist eine der ältesten und heute noch gebräuchlichsten Methoden wissenschaftlicher Forschung überhaupt, und für die Sozialforschung ist sie unverzichtbar. Sie kann mit so geringen Mitteln wie Papier und Bleistift durchgeführt werden oder sich der neuesten Medien bedienen.

Man unterscheidet in der Regel drei Formen der Beobachtung: 1. teilnehmende, 2. systematische und 3. standardisiert experimentelle Beobachtung in Testsituation. In der Sozialarbeit ist die teilnehmende Beobachtung sehr beliebt. Da sie z.B. in die Gruppenarbeit integriert werden kann, erlaubt sie die Erforschung neuer Subkulturen oder Lebensweisen oder kleinerer Gruppen, über die man sehr wenig weiß. Die erste Anwendung der teilnehmenden Beobachtungsmethode wurde in der Sozialanthropologie registriert. Die Forscher waren entweder kaum bemerkbar in den „primitiven" Stamm integriert – oder, im Gegenteil, übernahmen dort Führungsrollen. Paradebeispiel für die soziologische Beobachtungsmethode ist der Klassiker von William F. Whyte: Street Corner Society, die Beschreibung einer teilnehmenden Beobachtung einer Jugendbande in einer amerikanischen Großstadt in der Zwischenkriegszeit.

Generell ergeben sich bei jeder Form der Beobachtung drei Fragen: a) Was soll beobachtet werden? b) Wie soll das Beobachtete aufgezeichnet werden und c) wie sollte das Verhältnis zwischen Beobachter und Beobachtetem gestaltet werden?

Das erste Problem ist eigentlich ein inhaltliches. Da die Meinung des Beobachters sich dauernd ändert, soll er ein flexibles, anpassendes Verhalten an den Tag legen. Er muss auch die überraschenden Entwicklungen mittragen, zum Teil auch mitmachen, dabei darf er aber seine Rolle nicht vergessen: Er ist da, um zu notieren, um festzuhalten und zu reflektieren. Die Beobachtungsinhalte sollten auf einer Kontrollliste notiert und festgehalten werden, um die spätere Auswertung zu ermöglichen. Auf einer Kontrollliste sollte der Beobachter auch die Teilnehmerzahl vermerken, die Interaktionen notieren, die Mittel der Kommunikation (z.B. Verbalkommunikation) bemerken, die Stimuli beobachten, sehen, welche die Faktoren sind die, die Situation in Gang halten, und welche Hindernisse vorhanden sind. Die Zeitdauer der sozialen Situation kann auch wichtige Inhalte liefern. Die Zusammenhänge, Regelmäßigkeiten und Wiederholungen des Verhaltens bei den Einzelnen und bei der Gruppe sollten registriert werden – dies auf der positiven Seite. Auf der negativen Seite wären die bedeutsamen Unterlassungen, die Abweichungen und schließlich die Widersprüchlichkeiten zu notieren (Scholl, 1993).

Die Frage des Aufzeichnens stellt sich in jeder teilnehmenden Beobachtung. Wann sollen Notizen gemacht werden, und wie sollen diese Aufzeichnungen geführt werden? Dies ist vor Ort nicht immer möglich. Als Grundregel gilt, dass die schriftlichen Aufzeichnungen vor Ort durch Schlüsselworte und durch Codes vermerkt, chronologisch und systematisch nach Inhalt geordnet werden müssen. Es ist vorstellbar, dass das Notizbuch und der Kugelschreiber bei einigen teilnehmenden Beobachtungen heutzutage durch Kassettenrecorder, Videokamera, Handy, Notebook oder Laptop ersetzt werden (Aster u.a., 1990).

Um das Verhältnis Beobachter-Beobachteter zu klären, sollte zuerst auf jeden Fall feststehen: Wie weit geht die teilnehmende Rolle? Ist eine schwere Fließbandarbeit, die Teilnahme an einer Sektensitzung, die formelle Aufnahme in einen Verein oder die Einbürgerung in eine Gemeinde vertretbar? Es gibt keine allgemeine Regel, aber fest steht, dass eine zu nahe Teilnahme – ebenso wie eine „zu ferne" - der Methode nicht dienlich ist (Dechmann, 1978).

Die systematische Beobachtung arbeitet mit im Voraus aufgestellten Kategorien. Diese Methode ist besonders anwendbar in kleinen Gruppen (bis zu einer Teilnehmerzahl von 15), wo unmittelbare und persönliche Kontakte bestehen. Inhaltlich befindet sich der Beobachter in einer schon definierten Situation, er kann diese beschreiben und diagnostizieren. Eine systematische Beobachtung in der Kleingruppe kann die Beziehungen erhellen, die Struktur aufdecken, die Gruppenproduktivität messen, die Zusammenarbeit abschätzen und den Wettbewerb zwischen Gruppenmitgliedern registrieren. Bei der Aufzeichung seiner Beobachtung kann er – dank der Bekanntheit der Situation und der systematischen Vorgehensweise - mehr Genauigkeit erreichen und präziser quantifizieren als bei der teilnehmenden Beobachtung. Die Aufzeichnungen und Registrierungen (per Videokamera oder per Tonband z.B.) kann er vor Ort machen, da die Beobachteten seine Rolle kennen. Das Verhältnis Beobachter-Beobachteter ist praktisch verträglich geklärt. Wichtig ist, dass alle Teilnehmer der Beobachtung ihr Einverständnis zu diesem Vorgang geben. Nach einiger Zeit werden sich die Beobachteten an die Beobachtung gewöhnen und sich im weiteren Ablauf „normal" verhalten (Grümer, 1974).

Die Beobachtung in standardisierten Experimental- oder Testsituationen unterscheidet sich in einem wesentlichen Punkt von den zwei vorangegangenen Beobachtungsmethoden. Es geht hier vor allem darum, eine Hypothese zu prüfen oder eine – meist ungewöhnliche – Situation zu schaffen. Für das Gelingen der Beobachtung sind schon alle notwendigen Informationen vorhanden. Die Schwierigkeiten dieser Beobachtungsmethode sind aber erheblich. Die sozialen Situationen haben ihre Eigendynamik, und trotz einer Fülle von Informationen und guter Vorbereitung können sie außer Kontrolle geraten. Zweitens sind Situationen sehr komplex, und das Beobachtungsinstrument eignet sich nicht zu einer vollständigen Registrierung. Um die Situationen zu kontrollieren, neigen viele Beobachter zum Eingreifen, und während der Beobachtung versuchen sie, die Experimental- oder Testsituation nach ihrem Willen zu verändern (Friedrichs / Lüdtke, 1973).

Es gibt die verdeckte und die offene Beobachtung, wobei die offene Beobachtung den Beobachter erscheinen lässt und dadurch vielleicht das beobachtete Verhalten beeinflusst. Die verdeckte Beobachtung lässt den Beobachter im Verborgenen, also geheim, und dadurch ist sie aus praktischen, legalen und ethischen Gründen meist in der Sozialforschung nicht vertretbar.

Es gibt vier mögliche Fehlerquellen in der Beobachtung: 1. den Beobachter selbst, 2. das beobachtete Objekt, 3. die Beobachtungsmittel und 4. die Umgebung, in der die Beobachtungen gemacht werden. Darüber hinaus können aus diesen Quellen drei mögliche Typen des Irrtums kommen. 1. Unsorgfältige Beobachtung, falsches Zählen oder falsches Messen. Dies nennt man „systematische Verdrehung". 2. Etwas nicht bemerken, was da ist. Dies ist der Nebel, d.h. die Information geht verloren, z.B. wenn ein Beobachter farbenblind oder schwerhörig ist. Auch Vieldeutigkeit bei der Sprache ist eine Art von Vernebelung, oder Hintergrundgeräusche oder eine Blendung. 3. Etwas bemerken, was nicht da ist. Dies ist das Phänomen der „fata morgana" oder eher Luftspiegelung. Hier kommt auf uns eine zusätzliche, nicht verlangte Information zu, die für die Beobachtung unrelevant ist (Ackoff- Emery, 1975).

Die Beobachtung ist auch ein Verfahren der Feldforschung. Das Wort Feldforschung stammt aus dem Englischen: „learning from the field". In Bezug auf die Beobachtung handelt es sich um eine Methode, sich mit Menschen eines bestimmten Feldes und deren Lebenssituation und Handlungen zu befassen. Wichtig ist, dass man das Feld erst nach der Erforschung des Beobachtungsobjekts definieren kann. Zwar kann ein Beobachter über ein bestimmtes Vorwissen verfügen, jedoch kann dieses Vorwissen durch Antworten und Handlungen des Akteurs während der Beobachtungsphase widerlegt oder aber auch erweitert werden, da z.B. das Vorwissen des Beobachters für die Handlungen des Akteurs bereits überholt ist. So gibt das Vorwissen des Forschers keine Garantie, sondern sein Wissen muss nach der Erforschung des Feldes neu definiert werden. Die Aufgabe der Feldforschung ist demnach, ein Untersuchungsfeld neu oder wieder neu zu beobachten. Forschung und Beobachtung laufen dabei zeitgleich ab (Scheuch, 1958).

Die unstrukturierte Beobachtung dient dazu, die Hypothesen genauer abzuklären und die Grundlagen für die Erstellung adäquater Beobachtungskategorien zu schaffen. Unstrukturierte Beobachtung ist somit oft unerlässliche Voraussetzung für das Einsetzen der strukturierten Beobachtung. Grundsätzlich ist eine strukturierte Beobachtung erst möglich, wenn dem Beobachtungsvorgang differenzierte und relativ konkrete Hypothesen zugrunde liegen. Voraussetzung hierfür ist, dass der Beobachter einen guten Überblick über die zu beobachtende soziale Situation sowie über die verschiedenen möglichen Zusammenhänge besitzt. Daher empfiehlt sich für den Beobachter, zwar mit formulierten Fragen und Interesse ins Feld zu gehen, diese gleichzeitig aber offen zu halten, so, dass das im Feld gewonnene Wissen zur weiteren Anleitung der Beobachtung genutzt werden kann, also im Laufe der Teilnahme von einer unstrukturierten Beobachtung zu einer strukturierten Beobachtung übergegangen werden kann.

Mit direkter Beobachtung bezeichnet man die unmittelbare Beobachtung vor Ort, im Gegensatz zur indirekten, die mit den Beobachtungen einer dritten Person oder mit vorhandenen Indizien arbeitet. In der direkten Beobachtung kann der Beobachter das Beobachtungsfeld unmittelbar erfassen und ist weitgehend unabhängig von Fremdeindrücken. Bei der Übermittlung von Eindrücken geht im Prinzip nichts verloren und wird auch nichts verändert. Bei der indirekten Beobachtung ist man aus „zweiter Hand" auf Berichte angewiesen, die erst auf ihren Quellenwert hin überprüft werden müssen. Andererseits lernt der Beobachter Verhaltensweisen kennen, die der Proband gegenüber dem Beobachter nicht zeigen würde: Er ist nicht immer auf das zur Zeit vorliegende Verhalten angewiesen, da er aus Spuren Rückschlüsse ziehen kann (Friedrichs, 1973).

Die technisch vermittelte Beobachtung (Videotechnik und digitalisierte PC-Bilder) hat gegenüber der unvermittelten, ohne technische Mittel durchgeführten Beobachtung (eigene schriftliche Aufzeichnungen) Vor- und Nachteile. Zu den Vorteilen gehören das Vor- und Zurückspulen der registrierten Vorgänge; man kann es sich später (nach Wochen und Monaten) noch einmal ansehen (oder anhören), man kann Kleinigkeiten besser feststellen, andere können es auch sehen, die Leistungsfähigkeit von Auge und Ohr wird durch den Einsatz von technischen Mitteln verbessert (Verstärkungstechnik, Nahaufnahme, Gleichzeitigkeit mehrerer Bilder, verschiedene Blickpunkte). Zu den Nachteilen zählen die umfangreiche Installation der Geräte, unvermeidliche technische Pannen bei Aufnahmen und bei der Projektion oder Audition (Antons, 1992; Merliens, 1984).

Das Bewusstsein über die subjektiven sowie die gesellschaftlichen Zustände und Bedingungen ist für einen Beobachter unerlässlich. Selbstreflexion und die Fähigkeit, soziale Strukturen in den erforderlichen angemessenen Zusammenhang zu stellen, sind Grundvoraussetzung für den Beobachter.

Beginnt der Beobachter seine Planung, ein bestimmtes soziales Feld zu beobachten, muss ihm klar sein, dass er für die Zeit seiner Arbeit genau hier in diesem Feld dazuzugehören hat; er nimmt am Leben der Beobachteten teil. Er vermeidet jedoch, einen konkreten Einfluss auf das soziale Feld zu nehmen, da er ja beobachten und ganz und gar nicht verändern will. In dieser Anfangsphase ist das angemessene Verhalten des Beobachters von großer Bedeutung, er muss sich glaubwürdig, aber nicht künstlich in die gegebenen sozialen Bedingungen einfügen können, ohne seine Kompetenz als Forscher zu verlieren. Nach diesen Grundvoraussetzungen gilt es in der Vorphase der Beobachtung, die Realitäten des Feldes herauszufinden, Sachinformationen durch Literatur zu studieren, frühere Erfahrungen damit zu verbinden, um eine greifbare Planung herausarbeiten zu können. Mit diesem Vorverständnis erreicht man die geplante weitere Vorgehensweise, nämlich die Erschließung des Feldzuganges. Das Interesse und die Bereitschaft der Beobachteten müssen geweckt werden. Sie dürfen auf gar keinen Fall bedrängt, geschweige denn manipuliert werden. Der Eintritt in die Beobachtung – wenn diese offen ist - ist sicherlich ein schwieriger Schritt und bedarf einer einfühlsamen Vorgehensweise seitens des Beobachters. Bei fehlerhaftem Verhalten kann sich die Problemstellung der gesamten Untersuchung verändern. Trifft der Beobachter nicht den im Feld üblichen Ton im Gespräch, oder benimmt er sich "zu wissenschaftlich" im Empfinden der Beobachteten, entwickeln sich Blockaden, die sich negativ auf eine neutrale Beobachtung auswirken müssen. Mit in die Planung einbezogen wird die Entscheidung, ob sich a) eine systematische Beobachtung empfiehlt, in der es strikte Kategorieneinteilung gibt, b) oder ob die teilnehmende Beobachtung effektiver ist und c) ob genügend Material vorhanden ist, um die aufgestellten Hypothesen testen zu können (Atteslander, 1985).

Die Eintrittphase bedeutet für den Beobachter einen Sozialisationsvorgang ab dem ersten Tag der Beobachtung. Er muss für seine Beobachtung Voraussetzungen schaffen: a) Braucht er die Möglichkeit, z.B.

in einem Büro Notizen zu machen? b) Braucht er Kommunikationsmöglichkeiten? c) Wie sichert er den Respekt vor den Identitäten der zu Beobachtenden? In dieser Zeit erhält der Beobachter seine Identitätstellung – die zu Beobachtenden werden sich positiv repräsentieren, was bei freundlicher Hinnahme bald vorübergeht. Nach dieser Eintrittphase tritt eine Ermüdungsphase ein (Hagmüller, 1979).

Die technische Durchführung der Beobachtung unterscheidet sich von der praktischen Durchführung. Beobachtungen in Gemeinden, Kleingruppen usw. sind meist ziemlich genau festgelegt. Beim Aufzeichnen der Beobachtungen kann man eine Gliederung für die Analyse nach Kategorien erstellen. Systematische Beobachtungen sind meistens schon genau definiert. 1. Die notwendigen Rahmenaufzeichnungen erhalten eine chronologische Ordnung, wenn man Randbemerkungen mit inhaltlichen Kategorien macht. 2. Stichwortaufzeichnungen bedürfen einer systematischen Gliederung des Materials. 3. Es muss dargestellt werden, was sich auf tatsächliche Ereignisse, bzw. auf die Interpretation des Beobachters, bezieht. 4. Zeiteinheiten und Zeitintervalle zur Aufzeichnung erleichtern die Arbeit ebenso wie eine vorher erlernte Symbolsprache, die das Mitschreiben beschleunigt. 5. Es ist sinnvoll, mehr Punkte als tatsächlich benötigt festzuhalten, da man den Verlauf der Geschehnisse nicht vorhersehen kann (Kromrey, 1980).

Die praktische Durchführung der Beobachtung kann ebenso in fünf Punkten zusammengefasst werden. 1. Der verdeckte Beobachter sollte seine Beobachtung regelmäßig mit einem Außenstehenden durchsprechen. Der offene Beobachter hat den Vorteil, als Stückwert „ein Fremder" zu bleiben. Der passive Beobachter besitzt ein Stück Fremdheit, die durch die Tatsache der Beobachtung begründet ist. Dieses bringt der Gruppe den Vorteil der übergreifenden, generalisierenden Perspektiven und Erfahrungen. 2. Emotionen dürfen nicht bekannt werden, da sonst der Rückzug einiger zu Beobachtender zu erwarten ist. Der Beobachter sollte ein „Parteiergreifen" distanzlos vermeiden. 3. Man kann als Beobachter zu einem Konfliktbeispiel ein Gegenbeispiel liefern und sich somit aus dem Konflikt heraushalten und trotzdem gleichzeitig Informationen sammeln. Dialogisch ist es auch der Vergleich von Perspektive und Gegenperspektive. 4. Der Beobachter kann sich von mehreren zu Beobachtenden die Perspektive zu einer bestimmten Situation einholen. Er kann den Austausch oder Zusammenprall verschiedener Situationen im sozialen Handeln bewusst anwenden. 5. Sympathien und Antipathien zwischen Beobachter und zu Beobachtenden sind nicht auszuschließen, dürfen allerdings die Arbeit nicht beeinflussen (König, 1965).

Schließlich können wir den Austritt aus dem Beobachtungsfeld auch in fünf Punkten nach Atteslander charakterisieren: 1. Beim Austritt aus dem Feld muss der Beobachter prüfen, ob er sämtliche Problemstellungen bedacht und sämtliche zugänglichen Informationen eingeholt hat. 2. Es wird von dem Beobachter ein höfliches Sich-Verabschieden erwartet. Dazu gehört auch, dass er das „Feld" frei von Utensilien hinterlässt. 3. Der Beobachter, bzw. das Team, steht gegenüber der empirischen Forschung in der Verantwortung. Solche Beobachtungen werden unter den entscheidenden „Genehmigern", z.B. Personalchefs, weitergegeben, was den Zugang zum Feld für Nachfolger entscheidend beeinflussen kann. 4. Der Beobachter sollte sich bei den relevanten Personen über die Beobachtungsergebnisse zurückmelden. Diese müssen nicht so detailliert sein wie das Endergebnis. Sie sollten in die Beobachtung frühzeitig miteingeplant und relativ bald abgegeben sein. Dabei sollte man das Sprachniveau des Empfängers berücksichtigen. 5. Um für späteres Forschen das Feld offen zu halten, ist es wichtig, dass man den zu Beobachtenden erklärt, wie man die Anonymität der Daten gewähren will, da die Feldmitglieder oft um die Decodierung an entsprechenden Stellen wissen (Atteslander, 1985).

Nach Planung und Durchführung tritt die letzte Phase innerhalb des Beobachtungsprozesses, nämlich die Auswertung, ein. Sie besteht im Wesentlichen aus der Überprüfung der für die Problemstellung wichtigen Informationen sowie aus der Ergänzung fehlender Faktoren. Hier ist der Ansatz, ungewollte Vorurteile korrigieren zu können und neue Aspekte, die man im Laufe der Beobachtung erst entdeckt hat, in die Arbeit miteinzubeziehen. Ein Veranschaulichen der bisher gewonnenen Erfahrungen sollte vom Beobachter an die beobachteten Feldpersonen gewährleistet sein. Solche Rückmeldungen können zu Diskussionen und gegenseitigem Austausch führen, unter der Voraussetzung, dass die Beobachtung offen war. Spätestens in der Hauptphase der Beobachtung sollte geplant werden, die gesammelten Beobachtungen zusammenfassend auszuwerten. Diese Auswertung kann durch kurze, einfache Kommentare erfolgen, für ausführliche Interpretationen fehlt meist die

Zeit. An diesem Punkt muss nochmals darauf hingewiesen werden, dass diese Arbeit erleichtert wird, wenn man das Sprachniveau der Beobachteten trifft (Mayntz, 1969; Huber, 1987).

Ähnlich wie beim Eintritt in die Beobachtungsphase schaffen wissenschaftliche Formulierungen oder aber allzu saloppes Auftreten des Beobachters eine Distanz; die weitere Arbeit wird durch den folgenden Verlust der Glaubwürdigkeit erschwert. Des Weiteren fällt in die Rückmeldung in der Auswertungsphase die Annahme von Korrekturvorschlägen und die Einhaltung der versprochenen Anonymität, um die weitere Ermöglichung von Forschung zu sichern.

*

Wenn Sie Zeit und Lust haben, beantworten Sie die folgenden Fragen und lösen Sie die folgenden Aufgaben:

1. Worin besteht der Unterschied zwischen alltäglicher und wissenschaftlicher Beobachtung?

2. Was sind die Grenzen der sozialwissenschaftlichen Beobachtung?

3. Welche Formen kann die Beobachtung annehmen?

4. Welche drei Probleme treten in einer Beobachtung auf?

5. Was ist die Grundregel der teilnehmenden Beobachtung?

6. Was sind die Fehlerquellen und Irrtümer in der Beobachtung?

7. Was ist der Unterschied zwischen direkter und indirekter Beobachtung?

8. Was sollte man bei der praktischen Durchführung einer Beobachtung beachten?

9. Worauf sollte man bei dem Austritt aus dem Beobachtungsfeld achten?

10. Was gehört zur Auswertung einer Beobachtung?

Aufgabe 1: Beobachten Sie eine Seminardiskussion nach drei ausgewählten Kriterien (z.B. wer, wie oft, wann ergreift jemand das Wort) !

Aufgabe 2: Erstellen Sie eine Kontrollliste mit zehn Angaben für eine fiktive Beobachtung!

Aufgabe 3: Erwähnen Sie die technischen Mittel, die heute in einer Beobachtung verwendet werden können!

Literaturangabe:

Ackoff, Russel L – Emery, Fred, E: Zielbewußte Systeme – Anwendung der Systemforschung auf gesellschaftliche Vorgänge, Frankfurt, 1975, S. 270-280.

Antons, Klaus: Praxis der Gruppendynamik, 5. Auflage, Göttingen, /Hofgrefe/ 1992.

Aster, Reiner – Merkens, Hans – Repp, Michael (Hrsg.): Teilnehmende Beobachtung, Stuttgart, /Campus/ 1990.

Atteslander, Peter: Methoden der empirischen Sozialforschung, Berlin, 1984, /Sammlung Göschen de Gruyter/, Kapitel IV, Beobachtung, S. 144-189.

Atteslander, Peter: Methoden der empirischen Sozialforschung, Berlin, 1985.

Dechmann, M.D.: Teilnahme und Beobachtung als soziologisches Basisverhalten, Stuttgart, 1978.

Friedrichs, Jürgen – Lüdtke, Hartmut: Teilnehmende Beobachtung, Weinheim, /Beltz/ 1973.

Friedrichs, Jürgen: Methoden empirischer Sozialforschung, Hamburg, 1973.

Grümer, K-W: Beobachtung, Stuttgart, 1974.

Hagmüller, Peter: Empirische Forschungsmethoden, München, /Kösel/ 1979.

Huber, Oswald: Beobachtung, in Roth, E.: Sozialwissenschaftliche Methoden, 2.Auflage, München, /Oldenbourg/1987.

König, René: Beobachtung und Experiment in der Sozialforschung, Köln, /Verlag für Wissenschaft und Politik/ 1965.

König, René: Die Beobachtung, in Handbuch der empirischen Sozialforschung. Bd. 2. Grundlegende Methoden und Techniken, 1.Teil,
Stuttgart, 1973, S. 1-65.

Kromrey, H: Empirische Sozialforschung, Opladen, 1980.

Mayntz, Renate: Einführung in die Methoden der empirischen Soziologie, 5.Auflage, Opladen, 1969.

Merliens, Hans: Teilnehmende Beobachtung und Inhaltsanalyse in der
erziehungswissenschaftlichen Forschung, Weinheim, /Beltz/ 1984.

Scheuch, E. K.: Methoden, in König, René: Soziologie. Das Fischerle-
xikon, Frankfurt/M. 1958.

Scholl, Armin: Die Befragung als Kommunikationssituation, Opladen,
/Westdeutscher Verlag/ 1993.

Whyte, William, F: Street Corner Society, Chicago, 1943.

2.4 Das Experiment

Das Experiment in der Sozialforschung ist eine systematische Untersuchung zwischenmenschlicher Beziehungen, die unter kontrollierten
Bedingungen stattfinden. Die kontrollierten Bedingungen bedeuten einen Versuchsplan, wobei die unabhängigen, stets vorhandenen
Variablen (z. B: Alter , Geschlecht) systematisch verändert und an den
abhängigen, wahrscheinlich vorhandenen Variablen (z.B. Beziehungen,
Verhaltensweisen) gemessen werden.

Das Experiment als Methode wurde aus der Naturwissenschaft übernommen, um exakte Messungen auch in der sozialen Realität nach-
zuahmen. Dies erwies sich aber immer als problematisch, da Menschen
nicht Trivialmaschinen sind und das Verhalten schließlich unbere-
chenbar bleibt.

Das Experiment entwickelte sich aus dem sogenannten „Probieren"
heraus, das auch heute noch als „trial and error"-Verfahren in der wissenschaftlichen Methodologie Anwendung findet. Probieren ist dabei
die versuchsweise Anwendung eines neuen Werkzeuges oder Verfah-

rens, ohne dass dabei die Gesetze bekannt sind, die der Wirkungsweise zugrunde liegen.

Probieren und Experimentieren haben gemeinsam die Einwirkung auf die Umwelt und die Überprüfung einer Vorstellung durch eine „Frage an die objektive Realität". Das Experimentieren ist dem Probieren aber entschieden überlegen (Maschewsky, 1977).

Die Geschichte des Experiments zeigt uns den mühsamen Weg, den die Menschheit vom Probieren bis zu den methodischen, wissenschaftlich abgesicherten modernen Experimenten gegangen ist. In der Urgeschichte war der technologische und gesellschaftliche Entwicklungsstand so niedrig, dass es kein eigentliches Experimentieren gab, sondern nur sporadisches Probieren und zufälliges Beobachten.

In der europäischen Gesellschaft mit antiker Produktionsweise, wie z.B. Griechenland, entstanden erste Formen der rationalen (wissenschaftlichen und philosophischen) Widerspiegelung von Natur und Gesellschaft. Probieren wurde zum Forschen. Die Naturphilosophen entdeckten die ersten Kausalzusammenhänge. Die Pythagoräer machten schon akustische Versuche, Heron erfand die primitive Dampfmaschine, Archimedes entwickelte die Grundlagen der Mechanik (archimedische Schraube).

Die wesentlichen Prinzipien der experimentellen Methode waren schon in der Antike ansatzweise bekannt und fanden in einzelnen Experimenten schon Anwendung, jedoch mit geringem Erfolg. Im Allgemeinen kam dem Experiment nur eine nebensächliche, sporadische Rolle zu, weil generell der Empirie nur eine untergeordnete Rolle zugeordnet wurde.

In der Übergangzeit zum Feudalismus blieben die geistigen Auseinandersetzungen überwiegend religiös – aber schon im 13. Jahrhundert sah Roger Bacon das Wissen durch Erfahrung begründet. Im Spätmittelalter waren es die Alchimisten, die die ersten chemischphysikalischen Experimente – im Auftrag des Fürsten, um Gold zu gewinnen - durchgeführt haben.

In der Neuzeit fand eine naturwissenschaftliche Revolution statt und veränderte die Rolle des Experiments; die technischen Neuerungen forderten immer mehr physikalische Experimente. Galilei stellte die

Grundprinzipien der wissenschaftlichen Forschung auf (Grundlage der Mechanik, Gesetze des freien Falls), Francis Bacon verkündete den Siegeszug der experimentalen Methode in der modernen Wissenschaft, Newton entdeckte die Bewegungsgesetze der klassischen Mechanik, und schließlich wirkte Leibniz bahnbrechend in der Mathematik sowie in nahezu allen wissenschaftlichen Gebieten.

Im neunzehnten Jahrhundert erwarb sich die Wissenschaft eine neue einflussreiche Position. Biologie und Chemie wurden definitiv zu experimentell-empirischen Wissenschaften. In den Humanwissenschaften war es die Psychologie, die die ersten Experimente zur Prüfung des menschlichen Verhaltens veranstaltete (Verhaltensforschung). Es folgten Sozial- und Industrieexperimente von Fourier, Owen bis Ford. Im 20. Jahrhundert wurde das Experiment für Sozialwissenschaften definiert und sogleich kontrovers diskutiert.

Ein sozialpsychologisches Experiment befasst sich mit Menschen und ihren Handlungen. Es erlaubt, Situationsbedingungen nahezu vollständig zu kontrollieren und zu gestalten. Außerdem ergibt sich die Möglichkeit, eine Vorstellung, eine Idee oder eine Hypothese in Situationen mit anderen Menschen zu überprüfen, zu bestätigen oder zu widerlegen.

Das Ziel des Experiments in der Psychologie ist die Erklärung von Verhaltens- oder Handlungsphänomenen. Beispiel: Aggressive Eltern haben auch meist aggressive Kinder. Die Eltern sind deswegen aber nicht die alleinige Ursache für die Wirkung: „aggressive Kinder". Im Experiment gibt es immer einen oder mehrere Versuchsleiter und eine oder mehrere Versuchspersonen. Wenn der Versuchsleiter gleichzeitig die Versuchsperson ist, ist die Fehlerquote hoch. Ein „echtes" Experiment besteht aus der Trennung von Versuchsleiter und Versuchsperson (Wörmsen, 1974).

Das psychologische Experiment bedient sich auch der Form des Tests; er ist die abgenommene Verhaltensstichprobe der Versuchsperson unter standardisierten Bedingungen. Er kann integrierter Teil eines Experiments sein, kann es aber nicht ersetzen, weil die Variierbarkeit fehlt. Für das Experiment gibt es nämlich drei Kriterien (die Wundt'schen Kriterien): Willkürlichkeit, Wiederholbarkeit und Variierbarkeit. Feste Bestandteile des psychologischen Experimentierens sind die drei Arten von Variablen: die unabhängige Variable, die abhängige Variable und die intervenierende Variable. Unabhängige Variable in einem Experiment ist zum Beispiel „Lärm", wenn der Einfluss von Lärm auf eine Leistung untersucht werden soll. Die abhängige Variable ist der Faktor, der in seiner Abhängigkeit von der unabhängigen Variablen untersucht wird (z.b. Arbeitsleistung bei Lärm). Als Vergleich könnte man auch „Reiz" und „Reaktion" anführen.

Das klassische Experiment hat nur eine unabhängige Variable. Intervenierende Variablen sind Begriffe aus der Verhaltensforschung, wie Hemmung, Trieb oder Erinnerung, sie treten besonders häufig bei Lernexperimenten auf (Selg, 1985).

Die Beschreibung von verschiedenen Arten des Experiments in der Soziologie bzw. in der Sozialarbeit wird dem Buch von Atteslander entnommen. Es wird zwischen Feldexperiment und Laboratoriumsexperiment unterschieden. Bei einem Feldexperiment bleibt der untersuchte Gegenstand in seiner natürlichen Umwelt bestehen. Das Feldexperiment kann dann angewandt werden, wenn es möglich ist, unter besonders günstigen Umständen eine Experimentalgruppe in ihrer normalen Umwelt zu untersuchen (z.B. Katastrophen). Das Laboratoriumsexperiment untersucht einen Vorgang, bei dem die Ausgangssituation planmäßig vorhanden ist. Bei einem Laboratoriumsexperiment wird eine Experimentalgruppe und eine Kontrollgruppe unter künstlich gegebenen Bedingungen beobachtet. Es wird beobachtet, ob ein Kausalfaktor für die soziale Umgebung (unabhängige Variable) die ihm zugeschriebene Wirkung (abhängige Variable) hat. Es bietet den Vorteil, dass keinerlei andere Faktoren auf die untersuchte Gruppe wirken.

Die Kontrollgruppe in einem Experiment wird keiner experimentellen Behandlung unterzogen. Sie unterscheidet sich dadurch von der Experimentalgruppe, dass an ihr die Wirkung der experimentellen Bedingungen überprüft wird. Erst ein Vergleich der Ergebnisse der beiden Gruppen ermöglicht in der Regel eine Aussage über die Wirkung der experimentellen Bedingungen. Beispiel: Pharmakologisches Experiment – Verabreichung von Placebos (Bredenkamp, 1969).

Als indirektes Experiment benennt man die Vorgehensweisen bei der planmäßigen Beobachtung und ihren Veränderungen unter kontrollierten Bedingungen, bei denen die Variationen so komplex sind, dass die Situation nicht genau erfassbar ist, weil der Forscher die vorgefundene soziale Realität nicht manipulieren kann. Dies macht das Experiment bei Drogensüchtigen und Alkoholabhängigen problematisch.

Bei einem direkten Experiment sind die Sachverhalte durchsichtig und begrenzt. Dadurch ist die Manipulierbarkeit (d.h. Variation und Kontrolle) besser gegeben. Dem direkten Experiment der Sozialforschung kommt vor allem in der Kleingruppenforschung eine große Bedeutung zu. Die Vorteile des Experimentierens gegenüber der Beobachtung liegen einmal darin, Versuchspersonen in einen künstlich gestalteten Prozess einzubauen und so die sozialen Zusammenhänge unter ständiger Kontrolle darzustellen. Weiter können Extremsituationen konstruiert und die Annahmen unter strengen Prüfungsbedingungen getestet werden. (König, 1972)

Ein projektives Experiment untersucht einen sozialen Vorgang, in dem ein neuer Reiz gegeben wird und dieser von der Einführung bis zu seiner Auswirkung verfolgt und untersucht wird.

Ein Ex-Post-Facto-Experiment untersucht einen bereits abgeschlossenen sozialen Vorgang. Man versucht auf die Ursache zurückzuschließen, d.h. die Entwicklung wird von der Gegenwart aus zurückverfolgt. Dieses Untersuchungsverfahren zeigt jedoch keinerlei Charakter eines Experiments. Als Beispiel: Die Hälfte der Bewohner eines Flüchtlingslagers wird in normale Häuser eingewiesen. Es wird die Wirkung der Wohnverhältnisse auf Desintegrationserscheinungen überprüft. (Atteslander, 1984)

Bei einem Simultanexperiment werden zwei oder mehrere Gruppen gleichzeitig beeinflusst bzw. untersucht.

Bei einem sukzessiven Experiment wird eine Gruppe vor und nach der Einwirkung eines Reizes untersucht.

Man kann Experimente unterscheiden, die nur mit einer Gruppe, die zugleich Versuchs- und Kontrollgruppe ist, oder die mit einer getrennten Versuchs- und Kontrollgruppe arbeiten.

Werden Theorien oder Modelle mathematisch oder verbal dargestellt, so lassen sich spieltheoretische Methoden anwenden. Zwei dieser Methoden sind die Simulation und das Planspiel.

Bei der Simulation besitzt man ein Modell über ein bestimmtes System, z.B. eine Gesellschaft oder eine Gruppe. Die wichtigsten Variablen sind bekannt. Diese werden dann raumzeitlich abgewandelt. Die Variablen werden manipuliert, und der Einfluss der Manipulation wird geprüft. Die Ergebnisse werden auf die Wirklichkeit bezogen. Diese Simulation wird dann bei Modellen angewandt, wenn diese Modelle realitätsbedingt nicht manipuliert werden können (Kriegssituation). Die Simulation kann die Gegenüberstellung der Hypothese mit der Wirklichkeit nicht ersetzen. Sie ermöglicht vielmehr die Überprüfung der Logik von Hypothesen. Sie ermöglicht es, Prognosen abzuleiten.

Im Gegensatz zur Simulation ist beim Planspiel eine Situation simuliert, aber das Verhalten der Akteure ist nicht festgelegt. Beispiele für Planspiele sind militärische Manöver oder Ökospiele (Ökolopoly von Vester), sie können nur Verallgemeinerungen oder ungenaue Prognosen herleiten, da die Hypothese fehlt. Das Spiel ist auf die aktive Mitwirkung von Individuen angewiesen. Aus dem im Spiel gezeigten Verhalten der Akteure werden Schlüsse auf die dem Spiel entsprechende Realität gezogen. (Zimmermann, 1972)

Kontrollen sind notwendig, um Hypothesen verifizieren oder falsifizieren zu können. Die Kontrollmöglichkeiten sind aber im Experiment oft nur unvollständig. Die bedeutsamen Faktoren sollten kontrolliert werden, und dabei ist zu prüfen, ob überhaupt diese Faktoren kontrollierbar sind.

Die Kontrolltechniken sollten drei Voraussetzungen erfüllen: A) Die Faktoren sollten gleichgesetzt werden sowohl in der Versuchsgruppe als auch in der Kontrollgruppe. B) Die maximale Zufallstreuung, die zufällige Auswahl muss gewährleistet werden. C) Zufällige Faktoren sollen durch die Wahrscheinlichkeitsrechnung berechenbar werden.

Das Ziel der Kontrolltechniken ist die Sicherung der internen Validität und Präzision des Experiments. Um dieses Ziel zu erreichen, seien hier sieben Techniken erwähnt: 1. Konstanthaltung. Es gibt hierzu zwei Erfordernisse: a) Die zu untersuchende Bedingung muss auch in verschiedenen Einheiten immer gleich bleiben. b) Die Rahmenbedingungen müssen immer konstant bleiben. 2. Elimination, d.h. Beseitigung von Störfaktoren, die das Experiment beeinflussen und damit verfälschen könnten. 3. Randomisierung („zufällige Auswahl") dient zur Neutralisierung unbekannter Störfaktoren durch zufällige Zuteilung der Probanden. 4. Kontinuierlicher Vergleich des Ergebnisses des Experimentalversuches und des mitlaufenden Kontrollversuches, um die Wirkung der experimentalen Bedingungen zu checken. 5. Ausbalancieren bedeutet eine Kontrolle des internen systematischen Fehlers, der durch einen möglichen Effekt der Reihenfolge der Bedingungen entstehen kann. Im gegebenen Fall sollte die Reihenfolge der Bedingungen geändert werden. 6. Die Einführung eines Kontrollfaktors hat das Ziel der Sicherung der internen Validität, der Erhöhung der Präzision oder der Überprüfung der externen Validität. Man unterscheidet zwischen qualitativem Kontrollfaktor (z.B. Geschlecht der Probanden) und zwischen quantitativem Kontrollfaktor (z.B. verschiedene Grade der Intelligenz). 7. Die Kovarianzanalyse ist die Schätzung der Einwirkungen unkontrollierter Variablen (Störfaktoren) auf die im Experiment untersuchten Variablen unter der Bedingung, dass diese Störfaktoren messbar sind.

Als Kritik des Experiments in der Sozialforschung erwähnt man immer an erster Stelle das ethische Gegenargument. Menschen sind keine Versuchskaninchen, und das ethische Problem besteht auch dann, wenn für die Probanden die freie Entscheidung gewährleistet ist. Kritisiert wird auch, dass das Experiment nur mit rationalen Faktoren rechnet und die irrationalen Momente außer Acht läßt. Die „Sich-selbst-erfüllende-Prophezeiung" (oder die „Sich-selbst-vernichtende-Prophezeiung") ist dem Experimentator oft vorzuwerfen. Schwerwiegend ist auch das Problem der Kausalität, da oft eine „lineare" Kausalität bevorzugt wird. Dadurch wird im Rahmen eines Experiments die sehr komplexe soziale Realität gefährlich vereinfacht. (Mayntz u.a., 1974)

Die Sozialwissenschaftler und Soziologen setzen sich seit der Entwicklung des Experiments auch mit dem „Für und Wider" dieser Methode auseinander. So entstanden auch Einwände gegen das Experiment in der Sozialforschung und entsprechend auch in der Sozialarbeit.

Ein Experiment befasst sich mit Menschen und ihren Handlungen. Menschliches Handeln wird hier als jegliche Lebenstätigkeit verstanden, die als gewollte, ziel- oder zweckgerichtete Einwirkung auf die Umwelt des Menschen erkennbar ist. Dabei ist es nicht von Bedeutung, aus welchen bewussten oder unbewussten Antrieben oder Motiven diese erfolgt.

In einem Experiment möchte man wissen, ob in einer kontrollierten Situation durch die ebenfalls kontrollierte Veränderung einer oder mehrerer Situationsbedingungen (Variablen) ein bestimmter, prognostizierter Effekt eintritt.

Aus der im Zusammenhang mit jedem Experiment bestehenden Verantwortung des Forschers erscheint es als selbstverständlich, dass die Versuchspersonen zunächst über das Experiment informiert bzw. aufgeklärt werden. Über die Situation aber, die die Versuchspersonen vorfinden werden, dürfen keine Angaben gemacht werden. Die Versuchspersonen könnten sich sonst auf diese Situation einstellen und in ihrem Handeln beeinflusst werden. Diesen Effekt bezeichnet man als „self fulfilling prophecy".

Ein weiterer Effekt ist die sogenannte „self destroying prophecy". Dazu ein Beispiel: Ein Dieb wird durch die Polizei per Radiomeldung gesucht. Der Dieb wird so gewarnt und kann sich seiner Verhaftung entziehen.

Diese beiden Effekte sind auf die Entscheidungsfreiheit des Menschen zurückzuführen, der sich dann prinzipiell anders verhalten kann, als man es von ihm erwartet. Ist für ihn ein bestimmter Effekt wünschenswert, wird er versuchen, ihn durch sein Verhalten herbeizuführen. Wird ihm etwa ein Nachteil vorausgesagt, so versucht er, sich der Gefahr zu entziehen.(Pages, 1967)

Die Sozialwissenschaft hat sich mit diesen Effekten auseinandergesetzt und ist zu dem Ergebnis gekommen, dass diese Erscheinungen weitgehend auszuschließen sind. Über die beiden oben genannten Effekte wurden wiederum Hypothesen gebildet und diese mit in die menschliche Handlungsweise eingebaut.

Gerade dieses Verfahren entkräftet den Vorwurf, Experimente seien für die Sozialwissenschaft von geringem Nutzen, da sich diese Effekte in der Praxis nicht vermeiden ließen und die Künstlichkeit des Experiments, die konstruierte Situation, die Wirkung dieser Effekte verhindere. (Stroebe, 1978)

Ein weiterer Vorwurf und damit ein Einwand gegen das Experiment betrifft die Selektivität, d.h., das Experiment betrachte nur einen bestimmten, begrenzten Bereich menschlichen Handelns. Hieraus folgt, dass die durch das Experiment bestätigte allgemeine Hypothese in der Praxis versagt, weil in dieser mehr Faktoren wirksam sind als im Experiment berücksichtigt. Dieser wichtige Einwand führt zurück auf die Vorläufigkeit aller Theorien, und gibt Anlass zur weiteren Forschung und zur Bildung weiterer Hypothesen.

Ethische Vorbehalte besagen, das Experiment manipuliere Menschen im Dienste der Wissenschaft. Hier erscheint es wichtig, die ethischen Bedenken gegen das Experiment ernst zu nehmen. Es darf nicht leichtfertig ohne vorherige hinreichende theoretische Klarheit experimentiert werden. Der Forscher hat eine Verantwortung gegenüber den Menschen, die an seinem Experiment teilnehmen, und muss daher entsprechend handeln.

Theorien, die durch Experimente bestätigt werden, können durch die Wirklichkeit widerlegt werden. Ebenso kann jede Theorie durch immer neue Verfahren der Überprüfung widerlegt werden.

Experimentell bestätigte, theoretische Aussagen, selbst wenn sie durch wiederholte Experimente und Befunde bestätigt werden, dürfen keine Allgemeingültigkeit beanspruchen, bevor nicht feststeht, inwiefern kulturelle Umweltgegebenheiten und Wertstrukturen überprüft sind. Denn wenn man das gleiche Experiment in verschiedenen Kulturen durchführt, kann man ganz verschiedene Ergebnisse erhalten.

Jeder Mensch besitzt die Freiheit und Fähigkeit zu kreativem Handeln. Aus diesem Grund verhindert die Unberechenbarkeit des menschlichen Handelns genaue, endgültige Aussagen. Dem Individuum Mensch bleibt die Freiheit zu seinem individuellen Handeln.

*

Wenn Sie Zeit und Lust haben, beantworten Sie die folgenden Fragen und lösen Sie die folgenden Aufgaben:

1. Was ist ein Experiment in der Sozialforschung?

2. Was ist der Unterschied zwischen Probieren und Experimentieren?

3. Welche Variablen gibt es, und wie charakterisieren Sie diese?

4. Worin besteht der Unterschied zwischen Feldexperiment und Laborexperiment?

5. Was ist ein „Ex-post-facto"-Experiment?

6. Welche Beispiele gibt es für ein projektives Experiment in der Sozialarbeit?

7. Was ist der Unterschied zwischen direktem und indirektem Experiment?

8. Welche ethischen Vorbehalte gibt es gegenüber dem Experiment?

9. Was ist eine Sich-selbst-erfüllende-Prophezeiung (self-fulfilling-prophecy) ?

10. Worin besteht die Verantwortung des Forschers (Experimentators) ?

Aufgabe 1. Simulieren Sie eine Konfliktsituation in einem Obdachlosenheim!

Aufgabe 2. Bei dem Experiment über die Lerngeschwindigkeit in einer Schulklasse wählen Sie eine Experimentalgruppe und eine Kontrollgruppe aus!

Aufgabe 3. Finden Sie drei Argumente für und drei gegen ein Sozialexperiment in der Sozialarbeit!

Literaturangabe:

Atteslander, Peter: Methoden der empirischen Sozialforschung, Kapitel V. Das Experiment, S. 190-210., Berlin, /Sammlung Göschen de Gruyter/ 1984.

Bredenkamp, Jürgen: Experiment und Feldexperiment, in Graumann, G.F. (Hrsg.): Handbuch der Psychologie, Bd.7. Göttingen, 1969.

König, René: Beobachtung und Experiment in der Sozialforschung, in Praktische Sozialforschung 2, Köln, 8. Auflage, 1972, II. Teil: Das Experiment, S.171-313.

Maschewsky, Werner: Das Experiment in der Psychologie, Frankfurt a. M., /Campus Verlag/ 1977.

Mayntz, Renate – Holm, Karl – Hübner, Peter: Einführung in die Methoden der empirischen Soziologie, 4.Auflage, Opladen, 1974, Kapitel 9: Experimentelles Verfahren, S.169-189.

Pages, Robert: Das Experiment in der Soziologie, in König, René: Handbuch der empirischen Sozialforschung I, Stuttgart, 1967.

Selg, Herbert: Einführung in die experimentelle Psychologie, Stuttgart, 1985.

Stroebe, W: Das Experiment in der Sozialpsychologie, In Stroebe, W. (Hrsg.): Sozialpsychologie Bd.1. Darmstadt, 1978.

Wörmsen, Rudi: Experimentelle Psychologie, München /Ernst Rheinhard Verlag / 1974.

Zimmermann, Viktor: Das Experiment in den Sozialwissenschaften, Stuttgart, 1972.

2.5 Die Dokument- und Inhaltsanalyse

Es gilt hier zunächst einmal, den Begriff „Dokument" zu klären, da er im allgemeinen Sprachgebrauch meist nur gebraucht wird, wenn jemand ausdrücken will, dass es sich um einen sehr wichtigen Text handelt, z.B. eine Urkunde, einen Vertrag oder ein Testament.

Der Begriff Dokument wird für den Sozialforscher wesentlich offener genutzt, da Dokumente alle Arten von Zeugnissen umfassen, die das menschliche Verhalten, bzw. zwischenmenschliche Zusammenhänge, erklären können.

So sind für uns auch Bilder (aller Epochen), Baustile und alle Gebrauchsgegenstände, die zu einer Klärung führen können, als Dokumente wichtig. Jedoch werden in der Sozialforschung häufig nur die folgenden Dokumente analysiert: Texte und Statistiken sowie Tonbänder, Filmaufzeichnungen, Medien wie Funk und Fernsehen.

Dokumente sind Grundlage der Sozialforschung. In der Vorbereitung einer Untersuchung ist die wichtigste Arbeit das Auswählen verschiedener Dokumente und das Herausarbeiten der Arbeitshypothesen, die der Untersuchung zugrunde gelegt werden. Durch den immer stärker werdenden Vormarsch der Massenmedien und der Massenkommunikation gewinnt ein weiterer Bereich immer mehr an Bedeutung. Dieser Bereich befasst sich mit den Dokumenten nicht mehr als Sekundärliteratur, sondern nimmt die Dokumente als „Objekte ihrer Studien" (Attesländer, 1975, 63). Die Aufklärung durch die Massenmedien und die freie, möglichst objektive Berichterstattung sind zu einem Pfeiler der modernen Demokratie geworden. Dokumentenanalyse ist einerseits unabdingbare Hilfe der Sozialforschung, andererseits auch deren sozialkritisches Hauptanliegen.

Systematische Dokumente nennt man Dokumente, die eindeutig für wissenschaftliche Zwecke erstellt werden. Sie werden von der Planung an primär zu Forschungszwecken geschrieben und stehen somit im Gegensatz zu den akzidentellen Dokumenten.

Die systematische Dokumentanalyse erfasst in der Regel vorerst einmal nur offensichtliche, eindeutige oder manifeste Inhalte. Zu ihren Anwendungsgebieten zählen z.B. die Erforschung der Trends von Kommunikationsinhalten, Vergleiche verschiedener Medien oder „Ebenen" der Kommunikation, Feststellen internationaler Unterschiede im Inhalt von Kommunikationen, Feststellung propagandistischer Gehalte von Aussagen (z. B. Atheismus), Messung der „Lesbarkeit" von Texten (auch das Lesen „zwischen den Zeilen"), Feststellung stilistischer Profile, Entdeckung eventuell verborgener Absichten, die der Kommunikator mit seiner Mitteilung bezweckt, und schließlich die Erforschung der in einer bestimmten Epoche vorherrschenden Attitüden, Interessen und Werte.

Bevor mit der Erfassung des Inhalts von Dokumenten begonnen werden kann, sind immer zwei Punkte abzuklären: 1) Das zu analysierende Material muss abgegrenzt werden. Wie viele der in die Untersuchungsperiode fallenden Dokumente sollten erfasst werden? Muss ein Dokument in seiner Gesamtheit oder nur in einzelnen Teilen untersucht werden? 2) Die Hauptkategorien der Analyse sind festzulegen. Die einzelnen Elemente eines Dokumentes werden nach einem bestimmten Raster vorher festgelegter Kategorien geordnet. Vor Beginn der Analyse werden nur Hauptkategorien relativ starr festgelegt, währenddessen man das dichtere Netz der Unterkategorien möglichst offen hält, so, dass eine Möglichkeit zur Anpassung besteht. Jedes Dokument wird in gleichartige Grundelemente zerlegt (Wörter, Sätze, Abschnitte usw.). Es ist selbstverständlich, dass mehrere Teilanalysen kombiniert werden können. Je besser die beiden Größen (Kategorien einerseits und Analyseelemente andererseits) aufeinander abgestimmt sind, um so genauer werden die Resultate ausfallen.

Akzidentelle Dokumente sind Dokumente, die nicht primär zu Forschungszwecken erstellt werden, sondern zufällig entstehen. Sie werden weiterhin in persönliche und in übrige Dokumente unterteilt. Persönliche Dokumente wären z.b. Briefe, Autobiographien oder Tagebücher, während übrige Dokumente z. B. Berichte oder Aufzeichnungen sind.

Persönliche Dokumente werden von den Informatoren aus subjektivem Anlass geschrieben. Daher stellt sich die Frage, inwieweit der Informator seine Wirklichkeit verfälscht in dem Moment, in dem er sie mündlich oder schriftlich mitteilt. Diese Verzerrungen können bewusst oder unbewusst entstehen. Für den Sozialforscher ist es nun von Vorteil, wenn er den Grund oder die Gründe kennt, warum ein Informator ein akzidentelles Dokument verfasst hat.

Der Sozialforscher Allport hat Motive zusammengestellt, warum ein Informator ein akzidentelles Dokument erstellt: Exhibitionismus, Bedürfnis nach Ordnung, Freude an literarischer Ausdrucksform, Verlangen nach Katharsis, Streben nach materiellem Gewinn, wissenschaftliches Interesse, Wunsch nach Unsterblichkeit. Zudem sei noch zu erwähnen, dass es für den Wahrheitsgehalt einer Untersuchung wichtig ist, ob der Verfasser während der Niederschrift unter dem Druck einer kognitiven (die Erkenntnis betreffenden) Dissonanz stand, die die bewusste oder unbewusste Verfälschung begründen könnte (Atteslander, 1975, 67 ff). Prinzipiell kann man sagen, dass Tagebücher einen höheren Wahrheitsgehalt haben als Autobiographien, da das Tagebuch allein für den Autor bestimmt ist und die Autobiographie für die Öffentlichkeit.

Gottschalk, Kluckhohn und Angel stellten fünf Umstände zusammen, die einen relativ hohen Wahrheitsgehalt vermuten lassen: 1) wenn der Informator dem Wahrheitsgehalt eines Sachverhaltes indifferent (gleichgültig) gegenübersteht, 2) wenn es sich um eine Aussage handelt, die für den Informator schädlich ist, 3) wenn die Aussage einen Sachverhalt betrifft, der in der Öffentlichkeit allgemein bekannt ist, 4) wenn der für den Forscher wichtige Teil einer Aussage sowohl zufällig als auch wahrscheinlich ist, 5) wenn Aussagen den persönlichen Erwartungen des Informators schätzungsweise widersprechen.

Nun können aber auch Dokumente verfälscht werden, wenn sie von Drittpersonen aufgezeichnet werden. Dies ist z.b. der Fall bei Analphabeten, die eine Drittperson zum Schreiben brauchen. Hier entstehen immer Verfälschungen, da der Forscher nie in der Lage sein wird, die Gedanken und Gefühlswelt des Informators exakt wiederzugeben. Als weiteres Beispiel sei die Übersetzung genannt (traduttore traditore!), in der es oft schwierig ist, sinngemäße Aussagen zu übertragen, weil es kein entsprechendes Wort in der anderen Sprache gibt (Hunt, 1996).

Im Gegensatz zu Historikern gibt sich der Sozialforscher nicht mit Einzelschicksalen zufrieden. Er ist nicht nur bestrebt, aufgrund einer repräsentativen Auswahl empirischer Daten allgemeingültige Aussagen zu geben, sondern muss sich auf eine repräsentative Vielzahl von Unterlagen berufen. In den Fällen, in denen die repräsentative Auswahl des Materials nicht gegeben ist, können keine allgemeingültigen Schlüsse gezogen werden. Aber auch solche Dokumente benutzt der Sozialforscher, nämlich zur Hypothesenbildung.

Unter der Bezeichnung „übrige Dokumente" verstehen wir Aufzeichnungen und Berichte. Aufzeichnungen sind aktuell und geben die unmittelbare Handlung wieder, wie z.B. Protokolle oder Tonbandaufzeichnungen. Hier hat man den Vorteil, dass man nicht nur erfährt, was gesagt, sondern auch wie etwas gesagt wurde. Durch die hohe Zuverlässigkeit dieser Dokumente sind sie für die wissenschaftliche Arbeit sehr wichtig. Allerdings ist keine Überprüfung möglich, was aus welchem Grunde ausgelassen wurde (Voges, 1987).

Berichte hingegen halten ein Ereignis nicht unmittelbar, sondern nachträglich fest. Dadurch sind Verfälschungen und Verzerrungen hier häufiger als bei Aufzeichnungen. An Stelle der eigentlichen Handlung rücken dann individuelle Bewertungen und Abstraktionen. Berichte von Zeitungen, Radio oder Fernsehen können in diesem Zusammenhang genannt werden. Unbewusste Verfälschung liegt vor, wenn vor Veröffentlichung mehrfach zensiert wird; - bewusste Verfälschung ist gegeben, wenn bestimmte Textteile ausgelassen werden und einseitige Titelgebung praktiziert wird.

Bei der Beschäftigung mit einem wissenschaftlichen Thema fängt der Sozialwissenschaftler in den meisten Fällen nicht in einem völlig neuen Gebiet an. Er kann auf vorherige Arbeiten von Kollegen zurückgreifen, die sich mit dem gleichen bzw. mit einem verwandten Thema schon auseinandergesetzt haben. Somit wird es zur wichtigsten Aufgabe vor der Durchführung einer Untersuchung, das vorhandene Material zu einem Thema zu sammeln und zu sichten. Dieses Material weiterzuverarbeiten und es somit für die eigenen Zwecke nutzbar zu machen, nennt man „desk research". Es kann durchaus bei diesem desk research als Ergebnis herauskommen, dass ein Thema schon ausreichend behandelt ist und somit keiner Neuerungen bedarf. Darüber hinaus erhält der Sozialforscher wichtige Impulse für sein weiteres Vorgehen und Hypothesen für seine folgende Arbeit; er kann dadurch den Rahmen für seine Untersuchung abstecken.

Wissenschaftliche Dokumente sind Materialien, die durch wissenschaftliche Untersuchungen erarbeitet wurden. Bei Verwendung der wissenschaftlichen Dokumente ist jedoch besonders zu beachten, dass man die Zuverlässigkeit und die Aktualität der Texte prüft.

Die Statistiken und Kompillationen sind neben den wissenschaftlichen Unterlagen noch zwei weitere wichtige Bereiche der Dokumente. Der große Bereich der Statistiken kann dem Sozialforscher vielerlei Aufschlüsse über Quantitäten vermitteln. In nahezu allen Bereichen des alltäglichen Lebens finden sich die verschiedensten Arten von Statistiken wieder. Die Einbeziehung von Statistiken muss jedoch sehr kritisch geschehen und bringt eine Vielzahl von Fragen mit sich (Verzerrungen). Statistiken können missbraucht werden, z.B. im politischen Leben. Sie werden häufig zur Beweisführung herangezogen, die aber keiner wissenschaftlichen Kritik standhalten kann.

Unter Kompillationen werden alle Dokumente zusammengefasst, die sehr stark systematisch aufgebaut sind und daher wissenschaftlich wirken könnten, die jedoch keinerlei wissenschaftliche Hintergründe haben (Telefonbücher, Karteien, Buchhaltungen). Wie auch bei den Statistiken sind diese Dokumente vor deren Verwendung zu prüfen. Hierbei sind folgende Fragen zu berücksichtigen: Zu welchem Zweck wurden diese Dokumente erstellt und welche Aussagekraft hat dies für die Arbeit? Welche Fehler und Mängel könnten sie beinhalten?

Die Inhaltsanalyse versucht, das täglich praktizierte Sprachverstehen durch systematische und objektive Analysen auf eine wissenschaftliche Ebene zu heben. Man definiert sie als Forschungstechnik, welche Schlussfolgerungen aus Texten auf nichtsprachliche Eigenschaften von Personen und Gesellschaften zieht. Als Text bezeichnet man das gesprochene und geschriebene Wort und im weiterem Sinne auch Filme, Werbung usw. Die Systematik verlangt, dass alle relevanten Aspekte einer bestimmten Forschungsfrage berücksichtigt werden. Man darf den Text nicht allein betrachten, sondern muss den situativen Kontext, in dem der Text steht, berücksichtigen.

Der Inhaltsanalytiker hat das Problem, die sprachlichen Zeichen in einer gegebenen Texteinheit zu deuten, und zu klären, welchen Vorstellungsinhalt Produzent und Empfänger der Kommunikation haben. Die Gefahr der subjektiven Interpretation ist gegeben. Um die Problematik einfacher zu gestalten, muss sich die Inhaltsanalyse zuerst auf den manifesten Inhalt eines Textes beschränken, d.h. was innerhalb eines bestimmten Sprachkreises für „gewöhnlich" oder herkömmlicherweise als normale Bedeutung und normaler Ausdruck des Wortes gilt, muss der Analytiker auch zum Maßstab seiner Arbeit machen, unabhängig von den besonderen Absichten des Sprechers oder Schreibers. Diese Bedeutung ist dem Inhaltsanalytiker als Mitglied der Gesellschaft, in der die betreffende Sprache gesprochen wird, unmittelbar zugänglich. Wenn das Textmaterial aus einem fremden Sprachsystem oder auch nur aus dem Sprachsystem einer dem Analytiker fremden Subkultur der eigenen Gesellschaft stammt (Soziolekt), so ist eine empirisch-semantische Analyse unvermeidlich, d.h. man muss die Bedeutung der sprachlichen Einheiten ermitteln, den situativen Kontext berücksichtigen und das soziale Umfeld beachten. Trotz dieser Methodik beruht die Inhaltsanalyse heute zum großen Teil weiterhin auf dem kontrollierbaren, intuitiven und subjektiven Sprachverständnis derer, die sie betreiben (Bos/Tanai, 1989).

Weiterhin ist es ein Problem, aus den festgestellten Inhalten eines Textes, d.h. aus der Art und Häufigkeit von Sprachelementen bestimmter Bedeutung, auf nichtsprachliche Variablen zu schließen. Derartige Schlussfolgerungen können sich auf den Produzenten eines Textes, den Empfänger oder das Publikum, auf vermutliche Reaktionen des Empfängers, auf Merkmale des engeren oder weiteren sozio-kulturellen

Systems beziehen. Um spekulative und rein impressionistische Interpretation zu vermeiden, müssten sich die Schlussfolgerungen auf eine Theorie stützen können, aus der deutlich wird, unter welchen Umständen sich bestimmte Einstellungen, Absichten, Werte usw. in welche sprachliche Form kleiden. Weil das aber kaum möglich ist, ist gerade die Gültigkeit der sozialwissenschaftlich relevantesten Aussagen der Inhaltsanalyse oft besonders fragwürdig.

Die hermeneutische Inhaltsanalyse ist ein methodisches Verfahren der Geisteswissenschaften, welches wissenschaftlich versucht, regelorientiert Texte auszulegen und den vom Verfasser gemeinten Sinn zu ermitteln. Ziel des hermeneutischen Verfahrens ist also die Ermittlung des Sinnes von Texten durch interpretierende Auslegung. Besonders alte Texte bedürfen der fachkundigen Auslegung, Deutung und Interpretation, damit ihre ursprüngliche Bedeutung für eine gegenwärtige Lesergruppe verständlich wird. Voraussetzung dafür ist das Verstehen des Textes, dies bedeutet das Erfassen der komplexen Zusammenhänge und Sinnstrukturen eines Textes in seiner Ganzheit und in einem höheren Sinn, der über elementares Verstehen und damit bloßes Erklären von Tatsachen hinausgeht (Ritsert, 1972; Merten, 1983).

Wie vollzieht sich nun dieser „höherer Sinn"? Bei der Betrachtung des Textes ist ein einzelner Inhalt nur auf dem Hintergrund eines Ganzen zu verstehen, und das Verstehen des Ganzen ist wiederum das Resultat des Verstehens von Einzelinhalten. Versteht man den einzelnen Inhalt nicht als Teil des Ganzen, führt dies zu einem falschen Verständnis des einzelnen und dies damit dann auch des ganzen Inhalts. Diese Art des Verstehens nennt man auch die Zirkularstruktur des Verstehens. Dabei wird davon ausgegangen, dass mit einem individuellen Verständnis, resultierend aus dem persönlichen Kenntnis- und Erfahrungszusammenhang, an den zu verstehenden Text herangegangen wird und das Textverständnis im Laufe des Prozesses bestätigt, revidiert oder erweitert wird, was eventuell zu einer neuen theoretischen Erkenntnisebene führt. Zusätzlich zum Verstehen des Textes ist dann noch ein individuelles Verstehen des geistlichen Zusammenhanges notwendig. Aufgrund dieses vielschichtigen, aber dennoch individuellen Verstehens ist ersichtlich, dass Theorien nur Annäherungen sein können, die jederzeit verändert, revidiert und verbessert werden können.

Der Begriff der Hermeneutik entwickelte sich weiter und verlor seinen subjektiven und ideologischen Charakter. Die moderne Hermeneutik beinhaltet also: a) das ideologische Hinterfragen der sprachlichen Strukturen einer Gesellschaft, in der der Text entstanden ist, b) das gesellschaftliche Umfeld, in dem der Text entstanden ist, und c) die Stellung des Umfeldes des Interpreten. Es wurden Techniken entwickelt, Überprüfungsverfahren, die den Stempel der „Intersubjektivität" bekommen. Mehrere Autoren sollten unabhängig voneinander zu einem Konsens über den Sinn des Textes kommen. Allerdings ist zu vermuten, dass auch mit dieser neuen Verfahrenstechnik der Hermeneutik nicht gewährleistet ist, dass man zu eindeutigen Ergebnissen der Inhaltsanalyse gelangt (Kops, 1977; Lisch/Kriz, 1978).

Die quantitative Inhaltsanalyse zerteilt den zu analysierenden Gegenstand in Variablen, in einzelne, möglichst sauber voneinander getrennte Aspekte. Sie versucht, anhand vieler Einzelfälle zu verallgemeinern. Zum Messen von quantitativen Analysen lassen sich folgende Skalen, die wissenschaftlich anerkannt sind, heranziehen: 1) Nominalskala. Das Merkmal hierbei ist Gleichheit gegenüber Verschiedenheit, die Ausprägungen schließen sich also logisch aus (ja – nein, krank – gesund, männlich – weiblich). 2) Ordinalskala. An dem Vorhergehenden lassen sich die Ausprägungen in eine Rangordnung bringen. Das Merkmal hierbei ist größer gegen kleiner (häufig - selten – nie). 3) Intervallskala. Alles Vorhergehende und die Unterschiede zwischen den Ausprägungen sind kontinuierlich. Das Merkmal ist die Gleichheit der Intervalle (Intelligenzquotient, Maßeinheiten). 4) Ratio-Skalen. Alles Vorhergehende und die Verhältnisse der Werte sind gleich, sogar der Wert 0 hat einen empirischen Wert (Alter, Gewicht, Zeit) (Mayring, 1988).

Bei der qualitativen Inhaltsanalyse versucht man, die volle Komplexität der Gegenstände zu erfassen, d.h. dass die Ganzheit des zu analysierenden Gegenstandes betrachtet werden muss. Sie isoliert nicht, im Gegensatz zur quantitativen Analyse, störende Nebeneffekte, die nun mal in der Alltagsrealität vorhanden sind. Dieses Verfahren beruht auf den Erkenntnissen der Sozialwissenschaften, nämlich dass die menschliche Wirklichkeit vielfältig und komplex konstituiert wird. Es ist notwendig, den qualitativen Analyseschritt zu überprüfen, da ansonsten bei der folgenden quantitativen Analyse differenzierte und verzerrte, am Gegenstand vorbeilaufende Ergebnisse entstehen. Das heißt, dass das Analyseinstrumentarium je nach Gegenstand und Ziel der qualitativen Analyse unter Zuhilfenahme quantitativer Verfahren erfolgt.

*

Wenn Sie Zeit und Lust haben, beantworten Sie die folgenden Fragen und lösen Sie die folgenden Aufgaben:

1. Was ist ein Dokument für einen Sozialforscher?

2. Was ist der Unterschied zwischen systematischen und akzidentellen Dokumenten?

3. Welche zwei Punkte sind bei der Erfassung eines Dokumentes abzuklären?

4. Welche Art von Dokumenten sind Tagebücher?

5. Welche sind die Umstände, die einen relativ hohen Wahrheitsgehalt eines Dokumentes vermuten lassen?

6. Was ist ein „desk research"?

7. Was ist das Ziel der hermeneutischen Inhaltsanalyse?

8. Welche Skalen sind bei einer quantitativen Inhaltsanalyse zu verwenden?

9. Was sind Kompillationen?

10. Was versucht man in der qualitativen Inhaltsanalyse zu erfassen?

Aufgabe 1: Vergleichen Sie fünf persönliche Dokumente (z.B. Pässe, ärztliches Attest, usw.) nach fünf ausgewählten Kriterien!

Aufgabe 2: Lesen Sie einen Zeitungsartikel aus einem Boulevardblatt, resümieren Sie ihn schriftlich, und praktizieren Sie eine „bewusste Verfälschung" des Inhalts!

Aufgabe 3: Analysieren und deuten Sie eine Bevölkerungsstatistik (z.B. Alterspyramide)!

Literaturangabe:

Atteslander, Peter: Methoden der empirischen Sozialforschung, Kapitel II. Inhaltsanalyse, S. 58-82. /Sammlung Göschen de Gruyter/, Berlin, 1984.

Bos, W. – Tanai, C.: Angewandte Inhaltsanalyse in empirischer Pädagogik und Psychologie, 1989.

Hunt, Morton: Die Praxis der Sozialforschung. Reportagen aus dem Alltag, Köln, 1996.

Kops, M.: Auswahlverfahren in der Inhaltsanalyse, Meisenheim, 1977.

Lisch, R.– Kriz, J.: Grundlagen und Modelle der Inhaltsanalyse, Reinbek bei Hamburg, 1978.

Mayring, Philipp: Qualitative Inhaltsanalyse, Weinheim /Deutsche Studienwerke/ 1988.

Merten, Klaus: Inhaltsanalyse. Einführung in Theorie, Methode und Praxis, Opladen /Westdeutscher Verlag/ 1983.

Ritsert, Jürgen: Inhaltsanalyse und Ideologiekritik, Frankfurt, 1972.

Voges, Wolfgang: Methoden der Biographie- und Lebenslaufforschung, Opladen /Biographie und Gesellschaft/ 1987.

2.6 Die Umfrageforschung

Die Umfrageforschung ist eine statistisch-psychologische Untersuchungsmethode, mit der gesellschaftliche Massenerscheinungen beobachtet und analysiert werden können. Die Aufgabe der Umfrageforschung (Demoskopie, / der Ausdruck ist von dem amerikanischen Soziologen Stuart C. Dodd / public opinion research, „polling") ist es, Zielsetzungen, Einstellungen, Motivationen, Gefühle, Wünsche, Wertungen, Absichten und Meinungen der Bevölkerung oder von Teilen der Bevölkerung zu aktuellen Fragestellungen zu erhalten.

Es geht in der Hauptsache um die Darstellung von Trends in der Gesellschaft. Die Umfrageforschung will einen Überblick geben, deshalb nennt man sie auch Überblickstudie („social survey"). Es wird nie eine ganze Bevölkerung, sondern immer nur ein prozentualer Querschnitt der angesprochenen Individuen befragt. Bei der Auswahl des prozentualen Querschnitts muss darauf geachtet werden, dass die einzelnen Teile der Gesamtheit repräsentativ zu ihrer tatsächlichen Größe bei der Durchführung der Umfrage enthalten sind. Es wäre zu kostspielig und aufwendig, die gesamte Bevölkerung eines Staates zu befragen. Die Volkszählung ist ein statistisches Vorgehen der Totalbefragung – hier geht es um deutlich messbare Fakten und nicht um Meinungen wie bei einer Umfrageforschung.

Die Methoden, die bei der Umfrage verwendet werden, sind: a) die Interviewtechnik. Sie ist eine verbale Form und beruht auf Frage und Antwort (auch Telefoninterviews s. unten), b) die Fragebogentechnik. Sie ist nonverbal, denn die Fragen werden schriftlich gestellt. Die gesammelten Ergebnisse werden mit der Methode der Statistik erfasst und verwertet. Mit Hilfe der Statistik ist es auch möglich, die Ergebnisse auf die Gesamtbevölkerung oder Bevölkerungsgruppe umzurechnen und darzustellen. Die Darstellung der Statistiken erfolgt meist in Form von Diagrammen (Kuchen- und Säulendiagramme), und die Daten werden meist in Prozentwerten angegeben.

Die Umfrageforschung hat eine ca. 350-jährige Geschichte und ist die heute wichtigste Untersuchungsmethode der empirischen Sozialforschung. Im 17. Jahrhundert innerhalb eines Jahrzehntes entstanden unabhängig voneinander in Frankreich, in England und in Deutschland Ansätze, die zu wissenschaftlichen Traditionen wurden, auf die die Umfrageforschung heute gegründet ist. 1654 legte Chevalier de Méré dem Mathematiker Pascal einige Fragen über die Chancen bei Glücksspielen vor. Daraus entwickelte sich unter einem maßgeblichen Beitrag von dem Mathematiker Bernoulli das Gesetz der Wahrscheinlichkeitsberechnung als Grundlage für Stichprobentheorie der repräsentativen Bevölkerungsumfrage. Graunt stellte 1660 anhand einer Übersicht über die Zahl der Todesfälle in verschiedenen Jahren die ersten sozialstatistischen Analysen an. Sir William Petty sammelte auf Reisen durch Irland Informationen über die Bevölkerung und ihre Lebensweise und veröffentlichte die erste soziographische Studie. Conring in Deutschland begann seine statistischen Vorlesungen 1660. In der aktuellen praktizierten Form wurde sie erstmals in den USA vor allem von G. Gallup in seinem Institute for Public Opinion im Jahre 1934 entwickelt. Die Umfrageforschung wurde in Deutschland zuerst mit Skepsis wahrgenommen. Die Bevölkerung hatte nicht akzeptiert, dass eine Auswahl von 1000 Menschen repräsentativ für Millionen sein könnte, und es gab eine tiefe Abneigung gegen Statistik (Noelle-Neumann, 1979).

Man erwähnt vier Kriterien, die bei einer Umfrageforschung erfüllt werden müssen: 1) Beobachtung und Befragung, um Informationen zu sammeln. Hierzu benutzt man schon seit dem 18. Jahrhundert Fragebögen. 2) Quantifizierung, um die Ergebnisse zahlenmäßig fassbar zu machen. Hiermit hängt auch der Übergang von anfänglicher Befragung der Experten (Fabrikbesitzer, Pfarrer) zur unmittelbaren Befragung der Bevölkerung zusammen; Fragebögen werden konkreter und durchstrukturierter. 3) Die analytische Verarbeitung und Interpretation der gesammelten Daten mit dem Ziel, ursächliche Regelmäßigkeiten und Zusammenhänge zu entdecken. Außerdem wird versucht, über die Beschreibung der Verhältnisse, diese zu erklären. 4) Seit Beginn dieses Jahrhunderts macht sich die Umfrageforschung die Wahrscheinlichkeitstheorie zunutze, d.h. anstelle der Befragung großer Massen werden Stichproben (Mikrozensus) durchgeführt (Noelle-Neumann, 1980).

Eine Stichprobe ist eine Auswahl von Elementen der Gesamtmenge, auch Grundgesamtheit genannt, die durch eine oder mehrere gleiche Merkmale gekennzeichnet ist. Stichproben braucht man, weil es nur in seltenen Fällen möglich ist, alle Elemente eines zu untersuchenden Bereichs miteinzubeziehen. Ausnahmen sind Hypothesen, die sich z.B. auf alle Lehrer einer Schule oder Häuser einer Straße beziehen. Hier ist es möglich und sinnvoll, alle Elemente der Grundgesamtheit zu untersuchen. Man spricht in diesem Fall von einer Vollerhebung oder Totalerhebung. Da dies in den meisten sozialwissenschaftlichen Untersuchungen nicht der Fall ist, muss man also eine Auswahl treffen. Der Zweck der Stichprobe ist es, Kosten und Zeit zu senken, indem man nicht alle Elemente, sondern nur eine Auswahl untersucht. Ziel der Stichprobe ist, anhand ihrer Ergebnisse Verallgemeinerungen vornehmen zu können und damit zum Repräsentationsschluss zu gelangen.

Der repräsentative Meinungsquerschnitt wird durch unterschiedliche Umfragemethoden ermittelt. Dazu gehören unter anderem: 1) die Quotenmethode. Sie geht von einer Grundgesamtheit aus, die in Proportionen unterteilt ist wie in Altersgruppen, Berufsgruppen und

Ortsgrößen. Die Funktion der Quoten ist, den Interviewer zu einer Zufallsauswahl zu veranlassen, bei der jedes Mitglied der Grundgesamtheit praktisch die gleiche Chance hat, in die Stichprobe zu gelangen. 2) Die Panel-Methode. Hierunter versteht man in der Umfrageforschung eine Gruppe von Personen, die immer wieder im Abstand von wenigen Wochen oder Monaten um ihre Ansichten gebeten wird. So gelangt man fast einwandfrei zur Kausalanalyse. Ein Problem entsteht dadurch, dass sich die Befragten mit der Zeit auf die Befragungen einstellen. Dadurch werden die Aussagen oft geändert. Es entstehen keine unvorbereiteten Antworten mehr. 3) Die Schneeballverfahren- oder Kettemethode: Sie wird verdeutlicht am Beispiel des Münzensammlers und ist generell für Gruppen oder Menschen gedacht, die schwer zu erreichen oder aus einer Gruppe herauszufinden sind. Hat man nun einen Münzensammler entdeckt, so fragt man diesen nach dem Interview, ob er weitere Münzensammler kennt, bekommt eventuell Adressen, und man kann sich so direkt an diese Leute wenden und auch sie nach weiteren Münzensammlern fragen.

Personen, die Umfragen in speziellen Institutionen durchführen, sind außer nebenberuflichen Interviewern Psychologen, Soziologen, Mathematiker, Statistiker, aber auch Naturwissenschaftler, Volks- und Betriebswirte (Friedrichs, 1985).

Die Anwendungsgebiete und die Aufgaben der Umfrageforschung bestehen überwiegend darin, dass soziale Zustände (Missstände) untersucht und Wahlprognosen erstellt werden. Die Umfrageforschung wird heute außerdem in der Marktforschung, in der Verbraucherforschung, Werbeforschung, bei Betriebsumfragen und ganz allgemein als Instrument aller Sozialwissenschaften einschließlich der Medizin angewandt. Sie ist für die Massengesellschaft ein unentbehrliches Hilfsmittel geworden, da man sich sonst kaum über die so groß gewordene Gesellschaft informieren kann (Gabler, 1994).

Die Hauptthemenbereiche der Umfrageforschung liegen zunächst in der Politikforschung: Wahlprognosen, Beliebtheit und Bewertung von Politikern, Parteien, Regierungen und Opposition sowie die Bewertung ihrer Ziele und Programme. In der Markt- und Verbraucherforschung untersucht man das Konsumentenverhalten, Verbraucherzahlen, Produktvermarktung, Konsumentenwünsche, Produktbeliebtheit und die Verkaufszahlen. Die Medienforschung interessiert sich z.B. für das

Fernsehverhalten von Kindern, Jugendlichen und Erwachsenen, für Zuschauerzahlen (Einschaltquoten), für die Programmgestaltung. Schließlich in den Wissenschaften (am häufigsten in den Sozialwissenschaften) soll die Umfrageforschung generell klären, wie die zunehmende Komplexität des modernen Lebens auf das soziale Verhalten der Einzelnen und Gruppen wirkt. Die Vielzahl der Informationen und Ereignisse hat eine Auswirkung auf das Alltagsverhalten, und deren Zusammenhänge zu erkennen, bleibt eine Aufgabe der Sozialwissenschaft. Die Themenbereiche diesbezüglich sind unerschöpflich (Bretschneider, 1982).

Das Beispiel der Marktforschung (Verbraucherforschung, Werbeforschung) ist deswegen zu erwähnen, weil in der Sozialarbeit immer mehr mit marktwirtschaftlichen Überlegungen gehandelt wird. Allgemeine Ziele der Marktforschung sind zuerst die Beschaffung und Analyse von Daten über alle Faktoren eines Produkts, die dessen Absatzerfolg beeinflussen. Es ist auch wichtig zu erfahren, welche Daten über den momentanen Marktzustand eines Produktes gegeben sind, ebenso bedeutsam ist die Beschaffung von Daten über Marktänderungschancen. Hierzu benötigt man die Zielgruppenerfassung und die Markterfassung. Endabnehmer- oder Verbraucherforschung bedeutet die Ermittlung objektiver und subjektiver Daten über Verbraucher und richtet sich an mögliche Verbraucher, indem man über sie unmittelbare Daten gesammelt hat. Die Konkurrenzforschung ermittelt die Position der Konkurrenzprodukte, richtet sich auf Konkurrenzprodukte und deren Käufer; über sie werden mittelbare Daten gesammelt. Die Handelsforschung ermittelt die Anforderungen des Handelns an einem Produkt, an das Image, welches das Produkt im Handel vertritt, und richtet sich an die Vertriebsstellen, über die der Verbraucher das Produkt erhält. Die Markterfassung besteht zunächst in der Marktdiagnose, wobei die Marktsituation zu einem bestimmten Zeitpunkt und das reelle Marktbild erfasst werden. Die zukünftigen Marktzustände sind Gegenstand der Marktentwicklungsdiagnose. Man unterscheidet noch Marktreaktionsprognose und Marktkontrolle, d.h. den Wirkungsgrad eines Produktes, wenn er auf dem Markt ist. Zusammenfassend lässt sich sagen, dass Zielgruppenerfassung und Markterfassung häufig parallel laufen und dann einen Marketingmix ergeben, der einen möglichst hohen Absatz verspricht. Die Zielvorgaben von Seiten der Unternehmer beeinflussen stark die Aufgabengebiete der demoskopischen Marktforschung (Darnieden, u.a. 1977).

Das demoskopische Interview ist eine mündliche standardisierte Befragung von Personen, die nach statistischen Prinzipien ausgewählt sind. Charakteristisch für das demoskopische Interview ist, dass es von verschiedenen Personen verschieden gesehen wird. Für den Befragten bedeutet es ein lebendiges anonymes und so gelöstes Gespräch. Für den Interviewer ist dies eine korrekt festgelegte Befragung. Für den Forscher ist es ein einheitliches Experiment, in dem Befragte reagieren.

Der Ablauf ist in der Regel eine große Veranstaltung mit vielen Personen in verschiedenen Stellungen (z.B. Sponsoren bis hin zu Soziologen, Psychologen, Statistikern, Interviewern und Befragten). Dabei sind Interviewer und Befragte die schwächsten Glieder dieser Kette; obwohl sie keine Spezialisten sind, sind sie dennoch sehr wichtig. Sie haben die Aufgabe, das gesamte Rohmaterial für die Untersuchungen einzubringen, d.h. Fragen der Interviewer, Antworten der Befragten, Aufzeichnungen; Beobachtungen der Interviewer bilden die Grundlage der Forschungsergebnisse, auf die wiederum wichtige Überlegungen und Entscheidungen gestützt werden. Mit Hilfe des demoskopischen Interviews sammelt der empirische Sozialforscher also Informationen für seine Arbeit (Karmasin, 1977).

Die Merkmale des demoskopischen Interviews sind vielseitig. Die Rolle des Forschers und die des Interviewers werden radikal getrennt, da erstens die Kompetenzen des Forschers bei einem Interview nicht nötig sind und zweitens die Gefahr bestünde, dass unbewusst Temperament und Überzeugungen des Forschers das Ergebnis färbten. Bei der Befragung sollte der Interviewer neutral und unbefangen auftreten. Alle Einzelheiten müssen vor der Befragung festgelegt werden wegen der erforderlichen Einheitlichkeit zum Vergleichen, Wiederholen und Überprüfen der Untersuchung und zur einwandfreien Zählbarkeit. Der Interviewer sollte nicht argumentieren und versuchen zu überzeugen. Er sollte während einer Erhebung nicht zu viele Interviews führen, da Gefahr des selektiven Hörens lauert – man hört allmählich, was man zu hören erwartet. Der Forscher darf seine Forschungsaufgaben nicht an den Interviewer weitergeben. Er muss seine Aufgaben zuerst in Testfragen umsetzen. Die Einfachheit und Klarheit der Fragen muss vor Beginn der Befragung feststehen. Während der Umfrage darf nichts verändert werden, sonst wäre es kein Standard. Zur Überprüfung des Fragebogens dient ein Vortest. Der Befragte muss anonym behandelt werden, damit er sich austauschen lässt: Die Befragung betrachtet nicht die Person an sich, sondern als Angehöriger einer Gruppe.

Das demoskopische Interview ist ein Reaktionsexperiment. Bei Meinungsumfragen werden häufig keine fertigen Meinungen eingesammelt, sondern nur Reaktionen auf die Testfragen hergestellt. Allerdings kommt die Reaktion nicht von ungefähr. Der Hintergrund, die vielleicht gerade bei der Umfrage entstandene Meinung, basiert auf persönlichen Erfahrungen, Kenntnissen und Einstellungen. Deshalb sollten Fragen so gestellt sein, dass der Befragte seine Haltung erkennt und sie zu erkennen gibt. Die scheinbare Sinnlosigkeit vieler Testfragen im demoskopischen Interview darf einen nicht täuschen. Das Sinnvolle daran ist zu sehen, was sich mit dieser Testfrage „sichtbar" machen lässt, da das Interview selber nur ein Experiment ist, welches bei der Analyse ausgewertet wird.

Die Phasen des demoskopischen Interviews, in Kürze zusammengefasst, sind folgende: Klärung der Untersuchungsabsichten, Erstellung des Fragebogens und Verschlüsselung, Erstellung des repräsentativen Querschnittes, Auswählen des Interviewers, Vortest des Interviews, Durchführung des Interviews, Entschlüsselung und Aufbereitung und schließlich Auswertung und Analyse.

Die Auswertung einer Umfrage wird am Beispiel der ALLBUS 1980 beschrieben. Unter ALLBUS versteht man die Allgemeine Bevölkerungsumfrage der Sozialwissenschaften. Die ALLBUS ist eine Mehrthemenbefragung mit Interviewer. Die Adressen wurden zufällig ausgesucht, wobei unter den ausgesuchten Adressen die von Arztpraxen, Rechtsanwaltskanzleien usw. von vornherein ausschieden. In einem zweiten Schritt wurde aus den Haushalten je eine Person für die Befragung ausgesucht. So gab es bei 4620 Haushaltsadressen 367 stichprobenneutrale Ausfälle (Fehler in der Adressenliste). Die verbleibenden 4253 Adresse wurden gleich 100% gesetzt. Zieht man nun noch 1226 nichtstichprobenneutrale Ausfälle (Verweigerung usw.) sowie 72 nicht ausgewertete Interviews ab, so kommt man auf einen Ausschöpfungsquotienten von 69,5 %. Man ging in einem Dreischritt vor: 1) Schichtung der vorliegenden Variablen. Hierbei werden verschiedene Kriterien einzeln anhand von Skalen ausgewertet. 2) Bivariate Analyse. Zwei bestimmte Variablen werden in Beziehung zueinander gebracht. 3) Multivariate Analyse. Mehrere Variablen werden zur Formulierung einer empirisch fundierten Aussage herangezogen. Bei der Auswertung fiel unter anderem auf, dass die Befragten bei Fragen zur Selbstein- schätzung des subjektiven Status in der Gesellschaft eher zur Mitte hin tendierten. Dasselbe Ergebnis stellte sich bei Fragen mit mehreren vor- gegebenen Antworten ein. Intervieweinflüsse bei der Umfrage wurden nicht als negativ wahrgenommen. Unter Sekundäranalyse versteht man die auswertende Bearbeitung von Daten, die von Dritten erhoben wor- den sind. (Porst, 1985)

Die Telefonumfrage ist die Befragung mit Hilfe des Telefons zu ak- tuellen Fragestellungen. Obwohl die Technik des Telefons seit 1861 bekannt ist, fand die Telefonumfrage vergleichsweise spät Einzug in die praktische Sozialforschung. Bis in die 70er Jahre unseres Jahrhunderts war die Dichte der Telefonanschlüsse zu gering, als man für die Sozial- forschung relevante Ergebnisse aus der Telefonumfrage hätte ableiten können. Der rasante Fortschritt auf dem Gebiet der Telekommunikation änderte dies. 1975 verfügten 55% der Haushalte in der Bundesrepublik Deutschland über einen Telefonanschluss und 1990 waren es bereits 92% (Frey, 1990, 15). Trotz dieser Entwicklung gab es generelle Vor- behalte gegen diese Umfragemethode, die innerhalb der Sozial- forschung selbst begründet waren. In den USA hat sich die Telefonum- frage nunmehr zur wichtigsten Methode innerhalb der Sozialforschung entwickelt. In der europäischen Sozialforschung sind die Vorbehalte noch nicht komplett ausgeräumt, aber es ist eine generelle Änderung dieser Haltung zu erwarten, nachdem viele Institute (Infratest, Forsa) positive Erfahrungen vorweisen konnten. Der Vorteil der Telefonum- frage liegt in erster Linie in den geringen Kosten und im geringen zeitlichen Aufwand der Befragung. Personen, die durch Nichtvorhan- densein eines Telefonanschlusses aus der statistischen Gesamtheit herausfallen, spielen heutzutage keine Rolle mehr. Ein weiterer positi- ver Aspekt ist die rasche Verfügbarkeit und Verarbeitungsmöglichkeit von Datenmaterial. Die Nachteile: Die Kontrolle der Interviewsituation wird dadurch erschwert, dass der Befrager nicht wirklich wissen kann, mit wem er redet. Erinnerungsstützen für den Befragten, etwa durch die Vorlage von Tabellen, fehlen, so dass bei unterschiedlichen Antwort- möglichkeiten entweder die erste oder die letzte Frage überdurch- schnittlich häufig gewählt wird. Die Auswahl der Fragegegenstände muss relativ einfach gehalten sein.

Wenn die Demoskopie zur Messung der öffentlichen Meinung bestimmt ist, dann müssen wir in dem modernen Zeitalter die zunehmende Wirkung der Massenmedien auf die öffentliche Meinung unter die Lupe nehmen. Noelle-Neumann beschreibt dies mit dem Bild der Schweigespirale. "Menschen wollen sich nicht isolieren, beobachten pausenlos ihre Umwelt, können aufs feinste registrieren, was zu- und was abnimmt. Wer sieht, dass seine Meinung zunimmt, ist gestärkt, redet öffentlich, lässt die Vorsicht fallen. Wer sieht, dass seine Meinung an Boden verliert, verfällt in Schweigen. Indem die einen laut reden, öffentlich zu sehen sind, wirken sie stärker, als sie wirklich sind. Es ergibt sich eine optische und akustische Täuschung für die wirkliche Mehrheit, die wirklichen Stärkeverhältnisse, und so stecken die einen andere zum Reden an, die anderen zum Schweigen, bis schließlich die eine Auffassung ganz untergehen kann". (Noelle-Neumann, 1989, 264) Aus der empirisch gewonnenen Einsicht in die Öffentlichkeitswirksamkeit der Massenmedien leitet sie zwei Funktionen ab, die in den verfassungsmäßig beschriebenen Funktionen der Meinungsbildung und der Kontrolle noch hinzu kommen. Sie nennt sie die Artikulationsfunktion und die Integrationsfunktion. Unter Artikulationsfunktion versteht man die Hilfe der Massenmedien, eigene Standpunkte auch entsprechend formulieren zu können, den Bürger also sprechfähig zu machen, dass er auch andere mit seinem Standpunkt erreichen kann. Ein solcher Standpunkt dürfte dabei nicht als erkennbares „Minderheitenvotum" mitgeteilt werden, da ihm sonst eine Isolationsdrohung anhafte. Unter der Integrationsfunktion versteht man, dass der Einzelne mehr und mehr den Massenmedien entnimmt, was er tun und lassen kann, ohne sich zu isolieren.

Im Zusammenhang mit in den Massenmedien veröffentlichten Meinungsumfragen muss man darauf hinweisen, dass es wissenschaftlich nicht erwiesen ist, dass veröffentlichte demoskopische Zahlen ihrerseits die öffentliche Meinung beeinflussen. Man kennt aber mit dem in der amerikanischen Soziologie verwandtem Begriff der „pluralistic ignorance" genau den Fall, dass dies doch geschehen kann. Genau dann nämlich, wenn fälschlicherweise eine bestimmte Einstellung für eine Minderheiteneinstellung gehalten wird, mit der man sich isoliert, und die demoskopische Forschung dann zeigt, dass es sich tatsächlich um eine Einstellung handelt, die von der Mehrheit geteilt wird, dann hat das auch Einfluss auf die Bereitschaft, zu seiner vermeintlichen Minderheiteneinstellung zu stehen, und damit wird der Prozess der öffentlichen Meinung erneut angestoßen. Auch wenn dieser „direkte" Zusammenhang zwischen Demoskopie und öffentlicher Meinung als marginal bezeichnet werden kann, hat das Verstehen dieses Prozesses in der öffentlichen Meinung große Bedeutung. Je besser man diesen Prozess versteht, desto eher kann man auf ihn einwirken, etwa durch eigene Anstrengung der Schweigespirale entgegenzuarbeiten.

*

Wenn Sie Zeit und Lust haben beantworten Sie die folgenden Fragen und lösen Sie die folgenden Aufgaben:

1. Was ist eine Umfrageforschung?

2 Was sind die Kriterien der Umfrageforschung?

3. Was ist eine Stichprobe?

4. Was ist der Unterschied zwischen Schneeball- und Panelmethode?

5. Was ist ein demoskopisches Interview?

6. Warum ist das demoskopisches Interview ein Reaktionsexperiment?

7. Was heißt „stichprobenneutraler Ausfall"?

8. Was ist ALLBUS?

9. Was sind die Vor- und Nachteile einer Telefonumfrage?

10. Welche zwei Funktionen haben Massenmedien in der modernen Gesellschaft?

Aufgabe 1: Erwähnen Sie die möglichen Gründe für die Nichterreichbarkeit der Ausgewählten für eine Stichprobe!

Aufgabe 2: Aufgrund der aktuellen Alterspyramide stellen sie nach der Quotenmethode den repräsentativen Querschnitt zu einer Umfrage fest!

Aufgabe 3: Zählen Sie in einer Umfrage zu Konsumgewohnheit der Jugendlichen die möglichen Fachkräfte, die Sie vorab konsultieren wollten!

Literaturangabe:

Bretschneider, Michael: Kommunale Umfragen, Frankfurt/M, 1982.

Darnieden – Scheibler – Weihrauch: Studienhefte für operatives Marketing, Betriebswirtschaftlicher Verlag, 1977.

Frey, James – Kunz, Gerhard – Lüschen, Günther: Telefonumfragen in der Sozialforschung, Köln, /Westdeutscher Verlag/ 1989.

Friedrichs, Jürgen: Methoden empirischer Sozialforschung, Opladen, 1985.

Gabler, Siegfried u.a. (Hrsg.): Gewichtung in der Umfragepraxis, Wiesbaden, 1994.

Hagmüller, Peter: Empirische Forschungsmethoden, München, /Kösel/ 1979.

Karmasin, F.: Einführung in die Methoden und Probleme der Umfrageforschung, Köln, 1977.

Noelle-Neumann, Elisabeth: Umfragen in der Massengesellschaft. Einführung in die Methoden der Demoskopie, Hamburg, /Rowohlt/ 1979.

Noelle-Neumann, Elisabeth: Öffentliche Meinung, Frankfurt/M, 1989.

Noelle-Neumann, Elisabeth: Wahlentscheidungen in der Fernsehdemokratie, Flötz-Verlag, 1980.

Porst, Rolf: Praxis der Umfrageforschung. Erhebungen und Auswertungen sozialwissenschaftlicher Umfragedaten, /Teubner Studienskripten zur Soziologie/ Bd. 126, 1985.

2.7 Die Befragung

Die Befragung ist die wichtigste Methode der empirischen und angewandten Sozialforschung. Sie ist auch die am häufigsten angewandte Forschungsmethode – in Kombination mit anderen Methoden – in der Sozialarbeit. Man versucht, mit dieser Methode die soziale Realität zu erfassen, indem die Menschen befragt werden, wie sie diese soziale

Realität erleben. Dieses Erleben müssen sie zuerst kognitiv und emotionell verarbeiten, dann artikulieren, definieren und verbalisieren. Im Sinne von Thomas-Theorem können wir behaupten, dass, was Menschen als real definieren, auch real für sie ist, und zwar in allen Konsequenzen. Dazu gehören das Verbalverhalten, das Denken, das Fühlen, das Handeln in der Gesellschaft. Die von den Mitgliedern der Gesellschaft konstruierte soziale Realität, wenn dies verbalisiert wird, ist schon eine für den Forscher bewertete Information, die durch das Mitteilen und durch das Verstehen zu einer Kommunikation wird. Die Kommunikation ist die Basis jeder sozialen Beziehung. „Die Befragung als kontrollierte soziale Beziehung versucht, menschliches Verbalverhalten zu erfassen." (Atteslander, 1993, 13)

Unter einer Befragung verstehen wir in erster Linie eine Informationsauskunft, durch die ein neues Forschungs- oder Untersuchungsobjekt erkundet werden soll. Eine Befragung wird in der empirischen Sozialforschung in der Markt- und Meinungsforschung (s. auch Umfrageforschung) verwendet, in der Praxis der Sozialarbeit dient sie dazu, die sozialen Probleme der Klientel, die Struktur der Institutionen und des Trägers und die Meinung der Öffentlichkeit diesbezüglich wissenschaftlich zu erforschen. Mit dem Mittel der Befragung kann aber menschliches, effektives Sozialverhalten nicht direkt erfasst werden. Es ist nur ein Teil der sozialen Realität, d.h. das, was als menschliches Verbalverhalten registriert wird. Die Menschen vermitteln nicht wirklich, was sie denken, fühlen oder handeln, sondern geben nur sprachliche Informationen über diese Dinge. Diese Informationen sind logischerweise subjektiv verfärbt, wobei diese Verfärbung bewusst oder unbewusst geschieht. Um näher an die tatsächlich erlebte soziale Realität der Menschen heranzukommen, sollte man in der Sozialforschung eine Kombination von Befragung (mündlich oder schriftlich), Beobachtung und Experiment benützen.

Ausgangspunkt einer jeden Befragung ist ein Forschungsproblem, bzw. eine Zusammenfassung von Forschungsfragen. Diese Fragen werden mit Hilfe von vorhergegangenen Untersuchungen und Probebefragungen hinsichtlich ihrer relevanten Dimensionen erforscht. Die daraus entstandenen Ergebnisse werden dann für den entsprechenden Befragtenkreis in eine verständliche Sprache übersetzt (Friedrichs, 1980).

Generell kann man die Geschichte der Befragung nicht betrachten, ohne dabei auch auf die Geschichte der Statistik im Allgemeinen einzugehen. Um die Geschichte der Befragung zu verstehen, sollte man zuerst in dem christlichen Abendland auf die archaische, biblisch begründete Angst hinweisen. Die statistische Methoden, auf den Menschen anzuwenden war bis zum 19. Jahrhundert wenig üblich. Ihre Wurzeln liegen jedoch weit zurück. Schon in der Antike wurden in den meisten Großreichen Volkszählungen durchgeführt. Besonders hervorzuheben sind hierbei die regelmäßigen Volkszählungen im alten Ägypten und Rom (Ägypten im 2. Jahrhundert vor Christi alle zwei Jahre, in Rom alle fünf Jahre). Nach dem Untergang Roms bis zum Anfang des 17. Jahrhunderts fehlen Volkszählungen fast völlig. Dieser starke Rückgang an Volkszählungen ist unter anderem auf die Religionsauffasssung dieser Zeit zurückzuführen. So findet man im Alten Testament einen Bericht über eine Volkszählung durch König David, welche von Gott mit einer Pest, die 70.000 Tote forderte, bestraft wurde. Des Weiteren gibt es ähnliche Bekundungen gegen Volkszählungen auch im Islam und in animistischen Religionen. Noch 1753 wurde in England ein Volkszählungsvorschlag als gottlos abgelehnt (Holm, 1976).

Die Formen der Befragung werden hier unten dargestellt. Dies ist eine Möglichkeit der Unterteilung der Befragungsformen auf drei Ebenen: 1. auf der Ebene der Standardisierung (nicht-, teil-, vollstandardisierte Befragung), 2. auf der Ebene der Technik: schriftliche oder mündliche Durchführung, und 3. auf der Ebene der Praxis der Durchführung, ob Einzelne, Gruppen oder Experten befragt werden.

(Formen der Befragung nach Kromrey, 1983, S. 210)

I) Nicht-standardisierte Befragung:

1) mündlich: a) Experteninterview, b) narratives, situationsflexibles Interview, c) Gruppendiskussion

2) schriftlich: a) informelle Umfrage bei Experten oder Zielgruppen

II) Teilstandardisierte Befragung:

1) mündlich: a) Leitfadengespräch, Intensivinterview, b) Gruppeninterview

2) schriftlich: a) Experten- oder Zielgruppenbefragung

III) Vollstandardisierte Befragung:

1) mündlich: a) Einzelinterview (Sonderform: Telefoninterview) b) Gruppeninterview

2) schriftlich: a) postalische Befragung, b) Verteilung und Abholung, c) Befragung in der Gruppensituation.

Eine andere Darstellung wird von Peter Atteslander angeboten, wo Kommunikationsform (wenig strukturiert, teilstrukturiert, stark strukturiert) und Kommunikationsart (mündlich, schriftlich) kreuztabellarisch kombiniert werden und die dadurch entstandenen sieben Typen der Befragung sowohl qualitative (interpretieren) als auch quantitative (messen) Aspekte innehaben. Die Reaktivität prozessiert von „hoch" (beim Typ I) bis „tief" (beim Typ VII) absteigend.

(Typen der Befragung nach Atteslander, 1993, S. 155).

Typ I) Informelles Gespräch, Experteninterview, Gruppendiskussion (wenig strukturiert, mündlich).

Typ II) Informelle Anfrage bei Zielgruppen (wenig strukturiert, schriftlich).

Typ III) Leitfadengespräch, Intensivinterview, Gruppenbefragung, Expertenbefragung (teilstrukturiert, mündlich).

Typ IV) Expertenbefragung (teilstrukturiert, schriftlich)

Typ V) Einzelinterview, telefonische Befragung, Gruppeninterview, Panelbefragung (stark strukturiert, mündlich).

Typ VI) postalische Befragung, persönliche Verteilung und Abholung, gemeinsames Ausfüllen von Fragebogen, Panelbefragung (stark strukturiert, schriftlich).

Typ VII) telefonische Ankündigung des Versandes von Fragebögen, Versand oder Überbringung der schriftlichen Fragebogen, telefonische Kontrolle, eventuelle telefonische Ergänzungsbefragung (mündlich und schriftlich kombiniert).

Beim wenig strukturierten (nichtstandardisierten) Interview verfügt der Forscher über einen hohen Handlungsspielraum, da er die Anordnung und Formulierung seiner Fragen dem Befragten oder der Gruppe anpassen kann. Es ist ihm möglich, wenn es ihm notwendig erscheint, Probleme zu vertiefen, oder, auf mit Vorurteilen besetzte Begriffe zu verzichten. Die Gesprächsführung ist flexibel, der Forscher hat zwar gewisse Vorstellungen und verfolgt auch bestimmte Ziele mit seinen Fragen, versucht aber, den Erfahrungsbereich des Befragten zu erkunden und nimmt auch Hinweise des Befragten auf. Das heißt, die jeweils nächste Frage ergibt sich aus den Antworten des Befragten. Der Interviewer ist vor allem Zuhörer.

Der Forscher muss für das wenig strukturierte Interview sehr sorgfältig geschult sein und muss nicht nur auf den Verlauf des Gespräches achten, sondern auch Hinweise auf der Sprachebene und Bedeutungszusammenhänge wahrnehmen und die ganze Umgebung beobachten. Er muss das Gespräch und den Informationsfluss fördern. Dazu genügen meistens einfache, kurze Fragen, die sich auf vorhergehende Antworten beziehen und somit Sinnzusammenhänge deutlich machen. Das Ziel der wenig strukturierten Befragungen ist, die Meinungstruktur des Befragten oder der befragten Gruppe zu erfassen. Das Vorgehen des Forschers ist nicht vorgefertigt, sondern strebt eine Vielzahl von möglichen Reaktionen des Befragten an (Scholl, 1993).

Bei teilstrukturierten (teilstandardisierten) Interviews werden die Gespräche anhand vorbereiteter und vorformulierter Fragen geführt. Die Abfolge der Fragen ist aber offen, und es besteht, wie beim wenig strukturierten Interview, die Möglichkeit, auf sich ergebende Themen einzugehen und die Antworten des Befragten als Grundlage für weitere Fragen zu nehmen. Für diese Art Gespräche wird in der Regel ein Gesprächsleitfaden benutzt.

Bei den stark strukturierten (vollstandardisierten) Interviews ist es anders: Bevor mit dem Interview begonnen werden kann, muss ein Fragebogen erarbeitet werden. Eine exakte und sorgfältige Vorgehensweise bei der Erarbeitung ist besonders wichtig, da der Fragebogen die Freiheitsspielräume des Befragers und der Befragten stark einschränkt, z.B. sind Fragen zu Verständnisproblemen in der Regel nicht zulässig, da ohne eine „gute Interviewschulung" eine Klärung ohne Beeinflussung des Befragten nicht möglich ist. Deshalb lassen sich Fehler im

Fragebogen in diesem Fall, während der Erhebungsphase, fast nicht mehr korrigieren. Stark strukturierte Befragungen setzen wenig- oder teilstrukturierte Befragungen voraus.

Die wenig strukturierte Befragung wird zur Klärung von Zusammenhängen verwendet. Sie wird im informellen Gespräch, bei Experteninterviews und Gruppendiskussionen angewendet. Sie ist Hauptinstrument der qualitativ ausgerichteten Forschung und Grundlage des stark strukturierten Interviews. Es sind nach Gorden (zitiert bei Atteslander, 1993) sieben Punkte beim wenig strukturierten Interview zu beachten.

1. Abgrenzung des Problems. Oft ist es notwendig, in der Anfangsphase der Forschungsarbeit das Problem genauer abzugrenzen, bevor die eigentliche Erhebung durchgeführt wird. Ein Beispiel von Gorden ist eine Studie über intergenerationelle Konflikte. Anhand wenig strukturierter Interviews stellte sich heraus, dass ein erheblicher Teil der Generationskonflikte in der eigenen Familie ausgetragen werden. Das Forschungsproblem konnte daher auf die Konflikte zwischen Eltern und Kindern eingegrenzt werden. Bei Befragungen von College-Studenten wurde festgestellt, dass sich die Konflikte sehr stark verringerten, wenn die Studenten aus dem Elternhaus ausgezogen waren. Somit wurde die Befragtengruppe auf diejenigen eingegrenzt, die noch bei den Eltern wohnten.

2. Abfolge der Fragen. Der Befragte braucht zu Beginn eines Interviews meistens einige Fragen als Anlaufsphase, um sich in den Interviewablauf einzugewöhnen oder sich besser an zu fragende Themenbereiche erinnern zu können. Von daher sollte die entscheidende Frage mit einigen Fragen eingeleitet werden. Diese einleitenden Fragen können aber auch einen Bezugskontakt herstellen, mit dessen Hilfe der Befragte die Fragen besser einordnen und damit auch leichter beantworten kann. Durch wenig strukturiertes Befragen lässt sich die beste Reihenfolge der Fragen feststellen.

3. Relevante Antwortkategorien. Bei der Konzipierung einer Studie sind Vorstellungen darüber vorhanden, welche Fragen zur Bearbeitung des Untersuchungsproblems erforderlich sind. Aber es ist nicht klar, ob die zur Verfügung stehenden Antworten die ganze Bandbreite des Untersuchungsproblems abdecken. Im wenig strukturierten Interview, bei dem eine geringe Themenkontrolle ausgeübt wird, lassen sich die Voll-

ständigkeit und Klarheit der angenommenen Antwortkategorien überprüfen.

4. Reichweite der Antwortkategorien. Die Reichweite bezieht sich auf
den qualitativen Aspekt der Antworten. Hier führt Gorden als Beispiel
eine Studie in einer unterentwickelten Region an. Die Forscher, die alle
Amerikaner waren, hatten keine Ahnung, wie das Jahreseinkommen einer Familie variieren kann.

5. Auffinden des richtigen Informanten. In einer Reihe von wenig
strukturierten Interviews müssen diejenigen Personen ausfindig gemacht werden, die über die relevanten Informationen verfügen.

6. Sprachliche Besonderheiten. Die meisten sozialen Gruppen entwickeln Sprachbesonderheiten, die oftmals als Codes der Abgrenzung
und Abschottung gegenüber anderen Gruppen dienen. Dies geschieht
z.B. bei Berufsgruppen in unterschiedlichen sozialen Schichten, in Ju-
gendgruppen und in geographischen Regionen. Diese Codes müssen zur
Durchführung einer Studie entschlüsselt und die Fragen entsprechend
formuliert werden, um dann auch die Antworten besser verstehen zu
können.

7. Hemmschwellen der Kommunikation. Fragen werden oft nicht
oder unbewusst falsch beantwortet, weil bei den Befragten individuelle
oder soziale Hemmschwellen bestehen. Gorden führt das Beispiel einer
Sozialarbeiterin an, die Puertorikaner in New York interviewte, um die
Notwendigkeit von Hilfsmaßnahmen für Kinder zu ermitteln. Es wurden Informationen darüber benötigt, ob die Mutter verheiratet war, wie
viele Kinder sie hat und wie alt diese Kinder sind. Die Sozialarbeiterin
bei der Befragung hatte diese Reihenfolge eingehalten. Es stellte sich
jedoch heraus, dass die meisten Paare mit Kindern nicht verheiratet waren, und je länger sie in den Vereinigten Staaten lebten, machten sie
falsche Angaben über ihren Ehestand. Die Sozialarbeiterin entschloss
sich von daher, zuerst nach Anzahl und Alter der Kinder und dann nach
dem Ehestand zu fragen (Gorden, 1979).

Im Experteninterview sprechen wir mit Menschen, die Erfahrung haben im Umgang mit den zu Befragenden. Es ist nicht von vornherein
feststellbar, wer als Experte für unsere Untersuchungsziele gelten kann,
deshalb werden in wenigen strukturierten Befragungen die Experten
identifiziert.

Eine besonders interessante Form der Expertenbefragung ist das berühmte Delphi-Verfahren. In einem meist kontrovers diskutierten Thema (z.b. Nutzung der Atomenergie) werden Experten befragt. In einer zweiten Befragungsrunde wird das Resultat der grob ausgewerteten ersten Befragung den Experten für weitere Meinungsäußerungen dargelegt. Es kann auf diese Art und Weise noch eine dritte, vierte usw. Runde entstehen. Ziel der Befragung ist es, einen Konsens in wesentlichen Punkten zu erreichen, die dann wissenschaftlich als sicher und vertretbar gelten (Scheuch, 1973).

Gruppendikussionen können spontan entstehen oder vom Forscher angeregt werden. Er ist aber darauf angewiesen, dass eine Gruppe dies zulässt. Gruppendiskussionen unterscheiden sich von Gruppenbefragungen dadurch, dass nicht nur der Forscher, sondern auch die Gruppe Fragen stellen kann. In der Diskussion werden möglicherweise Auffassungen und Normen festgestellt, die ohne Beeinflussung durch den Forscher entstehen. Sie kann auch dazu verwendet werden Hemmschwellen abzubauen. Bei einer Gruppenbefragung wird z.B. ein Fragebogen in Anwesenheit eines Forschers beantwortet.

Ein Gruppeninterview liegt vor, wenn ein Interviewer nach einem offenen Konzept Fragen in einer Gruppensituation beantworten lässt. Dabei wird eine Gruppe von Menschen gleichzeitig befragt. Dies hat den Vorteil, dass man vielen Menschen auf einmal die gleichen Fragen stellen kann und dadurch Zeit einspart. Der Nachteil liegt darin, dass sich die Gruppe gegenseitig beeinflusst und dadurch das Bild bzw. Ergebnis verfälscht wird. Wenn das Interview als Rollenspiel gestaltet wird, kann das Verhalten der Einzelnen in der Gruppe in alltäglichen Situationen genauer ermittelt und die Komplexität von Interaktionen bewahrt bleiben (Steinert, 1984).

Bei Leitfadenbefragung werden die Einzelpersonen oder Gruppen anhand von Leitfaden, d.h. themenzentrierte Fragen befragt. Leitfadengespräche sind das wichtigste Instrument bei einem Forschungsvorhaben mit qualitativer Zielrichtung. Der Forscher muss die Fähigkeit haben, zentrale Fragen im geeigneten Moment zur Diskussion zu stellen. Wichtig ist nicht nur der Ablauf des Gesprächs, sondern auch seine Auswertung.

Die bekannteste Form der Befragung ist die des Interviews, das mündlich anhand eines stark strukturierten Fragebogens in Einzelinterviews durchgeführt wird. Sie ist die Methode zur Gewinnung von Daten, bei der ein Interviewer in direktem Gespräch mit einem Interviewten mündliche Fragen stellt, um kontrolliert zu relevanten Informationen zu gelangen (König, 1972). Das Interview wird in verschiedenen Forschungsbereichen eingesetzt:

Das klinisch-therapeutische Interview verfolgt eine intensive persönliche Beziehung zwischen zwei Personen, die weniger der Informationsgewinnung, also der Diagnose dienen, sondern eher weitgehend heilen soll. Hier sind die Beziehungen dazu bestimmt, dass die Meinungen, die Gefühle und die Überzeugungen des Klienten dargelegt und gelenkt werden, um persönlich erlebte Konflikte zu vermeiden und zu beseitigen. Die Initiative geht im Allgemeinen vom Klienten aus, er sucht den Therapeuten auf, weil er von ihm Hilfe erwartet. Der Therapeut wiederum wird als professionelle Autorität empfunden, den der Klient konsultiert.

Das sozialtherapeutische Interview (counseling, Beratung) unterscheidet sich nur wenig vom klinisch- therapeutischen Interview. Dauer und Intensität sind gewiss ein Hinweis auf die Schwere von Problemen, und praktische Lebenshilfe kann eventuell als Indikator für das Vorliegen von eher sozialtherapeutischer Hilfestellung dienen. In der Sozialarbeit liegt die Grenze zwischen pathologischem Sachverhalt oder vorübergehender und weniger schwerwiegender Problematik; diese dürfte aber nicht einfach zu ziehen sein. Diese Form von Interview ist bei den sozial Benachteiligten anzuwenden, um ihre Potentiale zur Selbsthilfe zu aktivieren.

Das Berufsinterview versucht die persönlich erlebten Spannungen am Arbeitsplatz (z.B. mobbing) durch sozialtherapeutische Interviews abzubauen. Die Beobachtung, dass besonders Angestellte in verantwortungsvoller Position dauernden Spannungen ausgesetzt sind, hat teilweise dazu geführt, dass man sich von Gesprächen mit Fachleuten, die außerhalb der Unternehmenshierarchie stehen, ausgesprochen kathartische Wirkung verspricht. In therapeutischen und in Berufsinterviews werden einzelne Individuen angesprochen. Ihre Aussagen werden meist direkt zur Entlastung persönlicher Konflikte oder zum Erreichen persönlicher Ziele eingesetzt. Eine als wünschenswert

angesehene Veränderung wird also unmittelbar durch den Inter-
viewvorgang ausgelöst.

Das Survey-Research-Interview: Die Ausgangslage hier unterscheidet
sich in mehrfacher Hinsicht von den vorgenannten Forschungsbereichen. Die Zahl der Betroffenen ist sehr groß. Von daher gesehen, kann
auch nicht eine unmittelbare einsichtige Veränderung eines Zustandes
erreicht werden. Man bemüht sich vielmehr zunächst nur um die Information über einen Zustand, um dann später, von der Untersuchung
losgelöst, Veränderungen des Zustandes einzuleiten. Zur Datensammlung können auch nicht alle Betroffenen, sondern nur Delegierte der
Interessengruppe miteinander in Kommunikation treten. Der Interviewer als Vertreter des Forschungsleiters trifft auf den Befragten, der aus
einem bestimmten Personenkreis nach einem Zufallsverfahren ausgewählt worden ist. Beide müssen sich deshalb als im Prinzip
austauschbar verstehen. Der Teilnehmerappell kann demnach auch nur
auf Umwegen in Richtung auf eine wünschenswerte Veränderung zielen (Erbslöh, 1972).

Eine besondere Form ist das Intensivinterview. Es unterscheidet sich
von anderen Gesprächen durch Dauer und Intensität, und es setzt eine
hohe Bereitschaft des Befragten voraus. Es wird besonders da angewendet, wo es z.B. darum geht, besondere individuelle Erfahrungen zu
erforschen. Das Intensivinterview kann gewinnbringend z.B. in der
Biographieforschung eingesetzt werden.

Das Tiefeninterview ist ein persönliches Interview mit einem Befragten, wobei der Interviewer nur an einen Interviewleitfaden und
nicht an einen Fragebogen gebunden ist. Der Interviewer übernimmt
zusätzlich die Funktion des Forschers. Tiefeninterviews sind besonders
geeignet, um die wesentlichen Variablen zu definieren und Hypothesen
zu gewinnen (Esser, 1976).

Die postalische Befragung ist dadurch gekennzeichnet, dass der Befragte einen Fragebogen selbständig ausfüllt, der vom Forscher mit der
Post versandt worden ist. Im Gegensatz zur schriftlichen Befragung
unter Aufsicht wird als Hauptangriffspunkt in der Literatur die man-
gelnde Kontrolle der Befragungssituation angeführt. Der ausgeschaltete
Interviewer verschwindet als verzerrender Faktor, aber zugleich auch
als regulierender Faktor. Diese mit erheblichen Kosten verbundene

schriftliche Befragungsmethode ist besonders für Werbezwecke geeignet, und die Rücksendung des Fragebogen wird oft mit einem Geschenk belohnt.

Die Verzerrung im Interview allgemein beschäftigt viele Autoren. Atteslander und Kneubühler nehmen an, dass die Orientierung der Befragten sich weniger nach dem Identifikationsgrad der Bezugsgruppe, sondern nach deren Sanktionsmöglichkeiten richtet. Das bedeutet für Verzerrungen im Interview: a) Befragte verzerren ihre Antwort dann, wenn sie eine mögliche Sanktion durch die Bezugsgruppe erwarten. Nach welcher Bezugsgruppe sich der Befragte richtet (Arbeiter, Intellektueller, Angestellter, Staatsbürger, Sozialhilfeempfänger etc.) hängt vom Befragungsthema ab. B) Verzerrungen entstehen dann, wenn ein Befragungsthema Sanktionserwartungen des Befragten zulässt (Atteslander – Kneubühler, 1975).

Eine Sonderform ist die Panel-Befragung. Dabei wird eine repräsentativ ausgewählte Gruppe mehrmals in zeitlich fixierten Intervallen zum gleichen Thema befragt. Diese Form wird besonders im Bereich der Marktforschung und in der politischen Meinungsforschung verwendet, da sie sich besonders für das Erfassen von Veränderungen der Einstellungen eignet. Eine in zeitlicher Folge mehrmals wiederholte Untersuchung mit derselben Population (unabhängig von verwendeter Methode) nennt man „Längsschnittsuntersuchung". Man kann so z.B. die Entwicklung des Eheglücks bei Verheirateten bis zum „goldenen Hochzeitstag" genauestens verfolgen (Dolase, 1976).

Die Trendbefragung unterscheidet sich von der Panel-Befragung, da sie zwar die gleichen Fragen beinhalten, aber sich nicht auf den gleichen Kreis der Befragten beziehen. Oft wird durch diese Untersuchung die Entwicklung einer Mode, einer Verhaltensweise quer durch eine gemischte Bevölkerung festgestellt (Merton/Kendall, 1979).

Beim wenig- oder teilstrukturierten (standardisierten) Gespräch bestehen höhere Anforderungen an den Interviewer und die Notwendigkeit einer besonderen Interviewerschulung. Es gibt stärkere Interviewereinflüsse und Abhängigkeit der Datenqualität von der Qualität des Interviewers. Es werden höhere Anforderungen an die Bereitschaft des Befragten zur Mitarbeit und an seine sprachliche und soziale Kompetenz gestellt. Der Zeitaufwand ist höher als bei stark strukturierten (vollstandardisierten) Befragungen, und diesem liegt eine geringere Vergleichbarkeit der Ergebnisse und damit schwierigere Auswertbarkeit zugrunde. Von der wenig bis hin zur stark strukturierten Befragung sind unterschiedliche Beeinflussungen und Erfassungen beim Interview gegeben. Man kann sagen, je geringer die Strukturiertheit (Standardisierung), desto eher werden mit ihr qualitative Aspekte erfasst, und je stärker die Strukturierung, desto eher ermöglicht sie das Erfassen quantitativer Aspekte. Im qualitativen Bereich überwiegt das Interpretieren, und das Interview im quantitativen Bereich gilt zumeist als Messinstrument.

Wenn man die Zuverlässigkeit (d.h. die Stabilität des Ergebnisses bei Wiederholung) der schriftlichen Befragung im Vergleich zum Interview prüft, stellt man fest, dass die Bereitschaft zur Beantwortung schriftlicher Fragebögen genereller ist, die Antworten auf schriftliche Befragung sind offener, die Genauigkeit in Bezug auf Untersuchungen von objektiven Daten ist größer, und man bekommt mehr Antworten, welche einer Nachprüfung standhalten. Die Vorteile der schriftlichen Befragung sind: der geringere Zeitaufwand, geringere Kosten, kein Einfluss des Interviewers, mehr Zeit zur Beantwortung, und die Befragung zerstreut lebender Personen wird ermöglicht. Die Nachteile sind: die niedrigen Rücklaufsquoten, die Unkontrollierbarkeit der Erhebungssituation, die Unkenntnis der Motive der Nichtbeantwortung und die Unmöglichkeit der persönlichen Erläuterung der Fragen. Deswegen ist ein Pretest bei der schriftlichen Befragung eine absolute Notwendigkeit.

In der schriftlichen Befragung muss der Fragebogen auch äußerlich richtig gestaltet werden. In der Einleitung des Fragebogens muss der Name des Verantwortlichen, seines Institutes ausdrücklich erwähnt werden. Der Zweck, das Ziel und der Auftraggeber der Untersuchung, die Zusicherung der Anonymität müssen ausdrücklich erwähnt werden. Es ist auch üblich, über die Motive der Auswahl des Befragten zu informieren. Einige stellen noch die Frage, ob der Befragte an dem Ergebnis interessiert ist. Es ist auf jeden Fall sinnvoll, das Ziel zu betonen, so dass der Befragte überzeugt wird, dass ihm die Ergebnisse der Untersuchung (bzw. der Wissenschaft) nützen und so seine Bereitschaft zur „guten" Mitarbeit fördern.

Der Fragebogen gilt als eine schriftlich fixierte Ordnung von Erhebungs- bzw. Testfragen, die durch Operationalisierung aus

Forschungsfragen hervorgegangen sind. Er ist das Kernstück der Befragung und steht im ständigen Wechsel zwischen Spannung und Entspannung von schweren und leichten Fragen. Je mehr Spaß der Fragebogen dem Befragten macht, um so überzeugender sind die Antworten (Kreutz/Titscher, 1987).

In der Fachliteratur finden wir einen Katalog der Fragetypen. Es gibt Fragen nach nachprüfbaren Tatsachen (Faktfragen), nach demographischen Daten, um das Wissen des Befragten zu ermitteln (Wissensfragen oder Überzeugungsfragen), um einen Sachverhalt einzuschätzen (Einschätzungsfragen), um den Standpunkt, die Wünschbarkeit oder die Beurteilung des Befragten zu Sachen, sozialen Ereignissen usw. zu messen (Bewertungs-, Meinungs- und Einstellungsfragen), und es kann nach dem Handeln oder dem Verhalten des Befragten forschen (Handlungsfragen oder Verhaltensfragen). Hierbei ist aber zu bedenken, dass es sich um ein berichtetes Verhalten aus der Vergangenheit, Gegenwart oder Zukunft handelt. Oft stimmen die Angaben über zukünftige Handlungsabsichten nicht mit der tatsächlichen Handlungsweise überein.

Ein wichtiger Fragetyp sind die Fragen nach Eigenschaften der Befragten. Diese „Fragen zur Person" leiten normalerweise auf einem Fragebogen die anderen „Fragen zur Sache" ein. Sie beziehen sich auf demographische Eigenschaften wie Alter, Geschlecht, auf sozialen Status wie Beruf, Einkommen, Ausbildung usw. Sie werden routinemäßig erfragt, um sie in Bezug zu den Einstellungen, Überzeugungen und Verhaltensweisen setzen zu können (Kirschhoffer-Bozenhardt, 1979).

Bei den Frageformen finden wir zuerst die Einleitungsfragen. Durch sie soll die Angst einer ungenauen Prüfungssituation genommen werden, sie sind leicht zu beantworten, sind aktuell und interessant. Sie dienen zur Erwärmung und zur Erweckung des Interesses.

Bei den offenen Fragen werden dem Befragten keine vorabbestimmten Antwortmöglichkeiten gegeben. Er kann den Umfang und die Formulierung selbst bestimmen. Offene Fragen werden in erster Linie für die Erfassung von Motivationen, Werterhaltungen, Zielsetzungen, zur Bestimmung von Bedeutungsumfängen und ohne Vorgabe bestimmter Kenntnisse und Hintergrundinformationen eingesetzt. Der Nachteil liegt in der Tatsache, dass die Antworten wenig konkret sind, und bei der Auswertung sollen sie schwierig codierbar sein. Diese Frageform sollte nur in seltenen Fällen und sehr gut platziert angewendet werden.

Bei der geschlossenen Frageform werden alle Antwortmöglichkeiten vorher erfasst, so dass der Befragte sich für eine Antwort, manchmal für mehrere Antworten entscheidet. Fragen werden hierbei konkret beantwortet, und die Auswertung ist einfacher. Sie benötigen eine genaue Formulierung. Geschlossene Fragen geben Antwortmöglichkeiten, zwischen denen sich der Befragte entscheiden muss. Dabei kann es sich um eine Alternative wie ja/nein oder um eine Mehrfachvorgabe handeln, bei der beliebig viele Antworten vorgegeben werden können. Bei der Mehrfachvorgabe unterscheidet man noch zwischen einer Rangordnungsfrage (Antwortskala) und einer Frage mit mehrfachen Antwortmöglichkeiten (Esser, 1974 und 1975).

Eine Kombination aus einer offenen und geschlossenen Frage nennt man „halb-offene (oder halb-geschlossene) Frage. Hier hat der Befragte die Möglichkeit, neben vorgegebenen, nummerierten Antwortmöglichkeiten zusätzlich eine eigene Antwort zu formulieren.

Unter indirekten und projektiven Fragen versteht man solche Frageformen, die dazu dienen, einen Sachverhalt, der durch eine direkte Frage schwer erfassbar ist, dennoch in Erfahrung zu bringen. Dies kann der Fall sein, wenn der Befragte Verbalisierungsschwierigkeiten hat, wenn Sachverhalte tabuisiert oder sozial unerwünscht sind und wenn dem Befragten der Sachverhalt nur diffus bewusst ist.

Filterfrage bedeutet eine Vorsortierung der urteilsfähigen und nicht-urteilsfähigen Personen auf einen gewissen Sachverhalt hin. Sie wird oft begleitet mit dem Vermerk: Wenn ja (nein), gehen sie zur Frage x.

Kontakt-, Programm- und Trainingsfragen haben die Funktion, den Fragebogen interessanter zu machen und die Bereitschaft zum Antworten zu erhöhen. Die Fragen zur Kräftigung des Selbstvertrauens, die provokativen Fragen und die Fragen mit Fallgruben sind psychologischer Natur und begleiten sinnvoll die Sachfragen. Dialogfragen (oft mit Bildern illustriert) versuchen, eine eindeutige Stellungnahme zur einen oder anderen geschilderten Meinung einzuholen.

Thermometerfragen (Skalafragen) und Trichterfragen, Sondierungsfragen und Wortassoziationen verlangen eine intellektuelle Anstrengung, indem der Befragte seine Antwort nach Intensität (in Prozenten oder Zahlen formuliert), nach mehr Genauigkeit durch systematische Eingrenzung, nach Erkundung und nach sprachlich-stilistischer Begabung aussortiert.

Die Abschiedsfrage soll dem Befragten das Gefühl vermitteln, nicht zu viel seiner Persönlichkeit preisgegeben zu haben und keine weiteren Ansprüche und Verbindlichkeiten durch die Befragung eingehandelt zu haben. (Holm, 1975)

Bei der Erstellung des Fragebogens spricht man von Beweisfragen; das sind die Aufgaben, auf die der Fragebogen eine Antwort geben soll, um die aufgestellte Hypothese zu verifizieren. Diese Frage muss so umformuliert und in verschiedene Fragen umgesetzt werden, dass sie verständlich und leicht zu beantworten sein wird.

Die umformulierten Fragen, die endgültig im Fragebogen stehen, nennt man Testfragen. Niveau und Beweiskraft der Befragung hängen größten Teils von dieser Übersetzungsarbeit (Beweisfragen zu Testfragen) ab. Hierbei sollten Abstraktion, hohe intellektuelle Anforderung, Misstrauen und andere Hindernisse abgebaut werden.

Die Frageformulierung ist ein intellektueller Vorgang, der auf Logik und auf gesundem Menschenverstand basiert. Die Regeln sind eigentlich jedem bekannt, nur vielleicht nicht immer bewusst reflektiert. Die Fragen sollten auf jeden Fall einfache Worte enthalten - ohne die Unklarheiten und die Verallgemeinerungen der Umgangssprache zu reflektieren -, keine Verwendung von Fremdwörtern, Abkürzungen, Fachtermini beinhalten, sie sollten kurz, präzise und eindeutig sein. Abstrakte Begriffe sollten vermieden werden. Es geht bei einer Befragung nicht um Prüfung, und die Befragten sind nur Experten über sich selbst. Man sollte die Suggestivfragen immer vermeiden, damit keine gewünschten Antworten provoziert werden. Die neutrale Formulierung verlangt, dass man von wert- und urteilsbelasteten Wörtern Abstand nimmt. Beispiele, Zeit, Ort, Zusammenhang sollte man klar an konkrete Erfahrungen des Befragten knüpfen. Die Formulierung darf nicht hypothetisch sein und sich nur auf einen Sachverhalt beziehen. Redundanzen, unnötige Wiederholungen und die doppelte Negation sollten ausgeschaltet werden. Die Fragen sollten den Befragten nicht überfordern.

Der logische Aufbau, der vom Untersuchungsobjekt, von der Theorie und vom Forschungsziel abhängig ist, sollte nach der Probebefragung mit dem zusätzlichen psychologischen Aufbau ergänzt werden. Erst danach kann die Reihenfolge der Fragen in einem Fragebogen-Interview zusammengestellt werden. An erster Stelle stehen die Fragen zur Person (auch unabhängige Variablen genannt), gefolgt durch Fragen, die das Interesse des Befragten am Interview wecken sollten. Im Hauptteil können auch dann die „wenig" interessanten Fragen gestellt werden. Fragetypen nach Frageformen sollten eine möglichst bunte und interessante Mischung darstellen. Die mehr herausfordernden und heiklen Fragen werden gegen Ende des Interviews gestellt. Bei den unangenehmen Fragen handelt es sich um Fragen, die sozial als unerwünscht (Gehalt, Einkommen) gelten oder sehr stark tabuisiert sind (Drogen, Sexualität, Gewalt). Das hat entweder eine Antwortverweigerung zur Folge oder weniger zuverlässige Antworten, da sie nicht wahrheitsgemäß beantwortet werden. Die Gründe sind zum einen der Verlust sozialer Anerkennung als das „Sich-bloß-Stellen" vor dem Interviewer, oder die Angst (unbegründet, weil Anonymität gewährt ist) vor strafrechtlicher Verfolgung. Hier gibt es verschiedene Möglichkeiten, diesem Problem entgegenzuwirken. Man sollte auf Anonymität, Vertraulichkeit hinweisen und Konsequenzlosigkeit zusichern. Die heiklen Themen sollten geschickt in die Frage integriert sein, z.B. durch Verharmlosung, durch Verallgemeinerung oder durch Unterstellung des Sachverhalts in die (persönliche) Frage.

Der Befragte ist Voraussetzung und Fehlerquelle zugleich. Seine Erreichbarkeit ist das erste Problem, mit dem der Interviewer oder Befrager konfrontiert ist. Es sollten immer Ersatzmöglichkeiten vorhanden sein, um einen nichtanwesenden Befragten zu ersetzen. Das zweite Problem ist die Verweigerung der Antwort. Weniger ist dies der Fall in der mündlichen, eher in der schriftlichen Befragung. Das Antwortverhalten hat eine Breite von einfachem Nichtbeantworten (bewusstes oder unbeabsichtigtes Überspringen) über falsches Antworten (auch unbeabsichtigt) bis hin zum unterschiedlichen Antwortstil (response set).

Das „Response set" veranlasst die Tendenzen der Befragten, eine durchgehend negative oder positive Haltung einzunehmen. Zur Verhinderung dieser Tendenz müssen die Fragen in breiteren Variationsmöglichkeiten gestellt werden. Erwähnenswert ist die „Tendenz zur Mitte", da der Befragte sich in seinen Antworten nach der sozialen Erwünschtheit richtet, und die „Ja-Sage-Tendenz" aus Gründen von Bequemlichkeit und/oder Gefälligkeit (Esser, 1976).

Der Interviewer wird auch als Fehlerquelle betrachtet. Die meisten Fehler in den empirischen Forschungsergebnissen entstehen durch den Interviewer selbst. Beispielsweise, wenn er seine eigenen Vorurteile, Überzeugungen oder Ansichten vor dem Befragten nicht verbergen kann und damit dessen Antworten beeinflusst. Außerdem werden oft Fehler in der Niederschrift der Antworten gemacht, da der Interviewer die Antworten oft nicht wortwörtlich niederschreiben kann, sondern sie deuten muss und er dafür die Antworten richtig interpretieren können muss. Auch entstehen Fehler dadurch, dass der Interviewer Fragen auslässt. Und nicht zuletzt hat auch die äußere Erscheinung des Interviewers ihre Folgen bei der Befragung. So nehmen z.B. Alter, Geschlecht, Hautfarbe und Dialekt Einfluss auf die Antworten des Befragten sowie die Anwesenheit dritter Personen während der Befragung.

Das Interviewverhalten wird in seinen drei Erscheinungsformen beschrieben, die den Verlauf des Interviews entscheidend beeinflussen können. Beim weichen Interviewverhalten wird dem Befragten das Interviewprogramm erklärt, und er kann sich in bestimmten Fällen das Thema selbst wählen. Der Interviewer lässt den Befragten spontan reden, er folgt den Gedanken des Befragten und zeigt Interesse. Er unterbricht nicht und wechselt nicht das Thema. Er darf sich nur an der Konversation beteiligen, um den Befragten zum Weiterreden zu veranlassen. Er stellt Fragen nur in unverbindlicher Form, und insgesamt übernimmt er eine passive Rolle. Er bemüht sich, eine offene Beziehung zum Interviewpartner entstehen zu lassen. Der Befragte soll sich wohl fühlen und seine Gefühle und Meinungen ohne Angst vor Vorwürfen äußern (Goode-Hatt, 1956).

Die Vorgehensweise des harten Interviewverhaltens ist charakterisiert durch die schnell hintereinander gestellten Fragen. Die Situation ist ähnlich wie beim Verhör. Das Ziel ist, so viele Informationen wie möglich schnell, in einem einzigen Interview, zu bekommen. Der Befragte hat kaum Zeit zum Überlegen, er kann die Antworten nicht manipulieren oder beschönigen. Vom Interviewer wird erwartet, dass er die

Fragen sehr treffend formuliert, damit er die Antworten leicht einordnen und auswerten kann.

Beim neutralen Interviewverhalten sollten Gefühle möglichst ausgeklammert werden. Der Interviewer ist lediglich ein Sprachrohr und übernimmt eine Übermittler- und Empfängerfunktion. Das Ziel dieses Verhaltens ist, die Vergleichbarkeit der Informationen zu erhöhen durch eine bewusst sachliche und unpersönliche Atmosphäre. Die künstlich bewusst herbeigeführte Distanz und Kühle kann bei den Befragten Ängste hervorrufen. In menschlichen Beziehungen gibt es keine absolute Neutralität, erst recht nicht in einer Interviewsituation. Die gelockerte Form des neutralen Interviews ist in der Sozialforschung angesagt. Der Interviewer hält sich nur ein wenig zurück, macht einen seriösen, interessierten Eindruck, weder zustimmend noch missbilligend. Am besten ist die Haltung des freundlichen Gewährenlassens, mit Meidung einer direkten Ablehnung oder Zustimmung.

Das richtige Interviewverhalten verlangt eine Schulung und Einübung. Die Lernziele eines Interviewtrainings bestehen in der Vermittlung der Fähigkeit der Verhaltenskontrolle, in der Einübung von Steuerungstechniken und in der Ausstattung mit Kenntnissen über Kommunikation. Die Schulung soll in einer Gruppensituation stattfinden, da das Lernen in einer Gruppe effektiver ist. Das Training soll die Möglichkeit bieten zu experimentieren, neue Verhaltensweisen auszuprobieren, was voraussetzt, dass es in einem Rahmen solidarischer Kritik stattfindet (Wiendick/Erbslöh, 1974).

Zur Auswertung einer Befragung oder eines mündlichen Interviews gehören die Analyse und die Interpretation als Technik. Die Analyse untersucht den Sachverhalt hinsichtlich der einzelnen Faktoren, die ihn bestimmen, um so zur Lösung des Problems zu gelangen. Die Interpretation verbindet vor allem alte und neue Forschungsergebnisse und garantiert die Anschlussfähigkeit, den Zusammenhang und die Beständigkeit der wissenschaftlichen Forschung. Erklärung und Aufklärung und die Überprüfung der Analyse sind Aufgaben der Interpretation.

Beim Tabulieren der verschiedenen Daten werden zunächst einmal die Zahl der verschiedenen Fälle, die unter eine bestimmte Kategorie einzuordnen sind, gezählt. Diesen Prozess nennt man eine statistische Analyse. Als „lineare Auswertung" bezeichnet man einfache Zählungen, die sich auf die Häufigkeit der verschiedenen Kategorien in den Daten beziehen. Nichtprofessionelle Befragungen begnügen sich mit dieser Tabulierung. Mit „mehrdimensionaler Tabulierung" bezeichnet man das Tabulieren jener Fälle, die gleichzeitig in zwei oder mehreren Kategorien vorkommen (z.B. Personen, die gleichzeitig Zigarrenraucher sind und höheres Einkommen haben). Die mehrdimensionale Tabulierung ist ein wichtiges Mittel zur Feststellung oder Prüfung von Beziehungen (Querverbindungen oder Korrelationen) zwischen den einzelnen Elementen der Daten.

Die graphische Darstellung – besonders im Forschungsbericht – ist eine Veranschaulichung der oft langweilig wirkenden Zahlenkolonnen und Tabellen. Dank der Computergrafikprogramme (von Excel bis zu Windows SPSS) und dem Farbdrucker sind hier den ästhetischen Prägungen keine Grenzen gesetzt. Dreidimensionale, schattierte, farbige Säulen oder Kuchendiagramme mit richtigem Labeling und richtiger Titelei verfehlen nicht den gewünschten Effekt: Der Untersuchungsbericht wird attraktiv.

Die Verschlüsselung ist ein komplizierter Ordnungsprozess, in dem es darum geht, Gruppen und Kategorien von Antwortmöglichkeiten aufzustellen, in die möglichst alle angegebenen Antworten einsortiert werden können. Ohne diesen Schritt wäre es unmöglich, aus den verschiedenen von den Befragten formulierten Antworten ein Resultat abzuleiten. Schon mit dem Entwurf des Fragebogens macht man sich Ideen zur Verschlüsselung bzw. zur Auswertung.

Man erstellt schon Kategorien, gruppiert die Antwortmöglichkeiten und unternimmt diesbezüglich auch Vorstudien. Besonders bei den offenen Fragen muss man aber die Auszählung (Datensammlung) abwarten, und es kann auch vorkommen, dass für die Auswertung Antworten gesammelt verschlüsselt werden sollen. Um eine sinnvolle, passende Verschlüsselung bei offenen Fragen zu erhalten, müssen einige Regeln beachtet werden. Die Antwortgruppen müssen auf einer logischen Ebene liegen und voneinander scharf getrennt werden. Die Kategorie muss begrifflich präzise formuliert und eindeutig werden. Einzelne Kategorien müssen einander ausschließen, so dass eine Antwort möglichst nur in eine einzige Kategorie eingeordnet werden kann. Forscher dürfen nicht am Wortlaut festhalten, sondern abstrahieren und generalisieren, ohne verfälschende Vereinfachungen durchzuziehen.

Allgemein kann man festhalten, dass es besser ist, zuerst ein fein gegliedertes Antwortsystem aufzustellen, da im Nachhinein immer noch Gruppen zusammengefasst werden können. Antworten, die nicht dem Ziel der Untersuchung dienen, dürfen unverschlüsselt bleiben.

*

Wenn Sie Zeit und Lust haben, beantworten Sie die folgenden Fragen und lösen Sie die folgenden Aufgaben:

1. Was versteht man unter einer Befragung?

2. Was sind die drei Ebenen der Befragungsformen?

3. Was sind die Charakteristika eines vollstandardisierten Interviews?

4. In welchen Forschungsbereichen wird das Interview eingesetzt?

5. Was ist der Unterschied zwischen einer Panel-Befragung und einer Trendbefragung?

6. Was sind die Vor- und Nachteile einer postalischen Befragung?

7. Was ist ein Fragebogen?

8. Welche Fragetypen gibt es?

9. Welche Frageformen werden ihrer Meinung nach am häufigsten verwendet?

10. Wie charakterisiert man das Befragtenverhalten?

Aufgabe 1: Erstellen Sie sieben „Fragen zur Person" (unabhängige Variablen) in einem Fragebogen, was bei einer Befragung bei Studenten verwendet wird!

Aufgabe 2: Erstellen Sie einen fiktiven Fragebogen zu einem sehr spezifischen sozialarbeiterischen Problembereich (z.B.: Kleinwüchsige) mit fünf Fragen zur Person und zehn Fragen zum Thema.

Aufgabe 3: Bei dem vorliegenden Fragebogen überprüfen Sie die Fragen: a) nach Frageform (offen, geschlossen, halb-geschlossen, Skala-, Filter-, Dialog-, Suggestivfrage usw. b) nach Formulierungsfehlern!

1. Haben Sie in den vergangenen vier Wochen allein oder mit Ihrer Familie einen Ausflug unternommen?

a)   b)

2. Wie groß ist Ihre Wohnung: in Quadratmetern.........................
   in Zimmerzahl............

a)   b)

3. Wären Sie damit einverstanden, wenn Sie auch Gastarbeiterfamilien als Nachbarn hätten?

a)   b)

4. Wie oft sind Sie im letzten Karneval fremdgegangen?

a)   b)

5. Mit wem leben Sie zusammen in einem Haushalt? (ankreuzen) allein 0 zusammen mit Ehepartner 0 zusammen mit Kindern 0 zusammen mit Geschwistern 0 zusammen mit sonstigen Verwandten 0 zusammen mit anderen Personen 0 keine Antwort 0

a)   b)

6. Lieben Sie Brahms? Nein........ ein wenig........ sehr.......... weiß nicht......................

a)   b)

7. Sind Sie farbenblind? Ja......... Nein........ weiß nicht...................

(Wenn ja, gehen Sie zur Frage 10)

a)   b)

8. Wie viele Ausländer leben in Aachen? 10.000..........
5.000............. 25.000............

a)   b)

9. Was ist Ihre Meinung über den Bauchtänzerinnentreff in Berlin?

a)   b)

10. In der ehemaligen DDR, am Ende der siebziger Jahre, gab es zwei Kampfparolen von Lenin: 1) Vertrauen ist gut, Kontrolle ist besser, und

2) Die Partei hat immer Recht! Was meinen Sie? Welche von beiden fand Zustimmung bei der Bevölkerung?

a)   b)

Literaturangabe:

Atteslander, Peter – Kneubühler, Hans-Ulrich: Verzerrungen im Interview. Zu einer Fehltheorie der Befragung, Opladen, /Studien zur Sozialwissenschaft, Bd.32/ 1975.

Atteslander, Peter: Methoden der empirischen Sozialforschung, Berlin, 7. Auflage, 1993.

Dolase, Rainer: Soziometrische Techniken; Techniken der Erfassung und Analyse zwischenmenschlicher Beziehungen, Weinheim, /Beltz/ 1976.

Erbslöh, Eberhard: Das Interview, Stuttgart, 1972.

Esser, Hartmut: Der Befragte, München, 1974.

Esser, Hartmut: Soziale Regelmäßigkeiten des Befragtenverhaltens, Meisenheim, 1975.

Esser, Hartmut: Response Set, München, 1976.

Friedrichs, Jürgen: Methoden empirischer Sozialforschung, Opladen, 1980, S. 236-268.

Goode – Hatt: Fragebogen, Köln, 1956.

Gorden, Raymod: Interviewing, Homewood, /Dorsey/ 1969.

Holm, Kurt: Zweck und Verlauf einer Befragung, München, /Francke/ 1975.

Holm, Kurt (Hrsg.): Die Befragung, Bd.1 – 5, München, /Francke/ 1976.

Kirschhoffer-Bozenhardt, A.: Der Fragebogen, München, /Francke/ 1979.

König, René: Praktische Sozialforschung. I. Das Interview. Formen, Techniken, Auswertung, Köln, 1972

Kreutz, H. – Titscher, S.: Die Konstruktion von Fragebögen, Berlin, 1987.

Kromrey, Helmut: Empirische Sozialforschung, Opladen, /Leske+Budrich/ 1983, 2. Auflage Kapitel 7.3 Befragung S. 194-225.

Merton, Robert – Kendall, P.L.: Das fokussierte Interview, in Hopf, K. – Weingarten, E. (Hrsg.): Qualitative Sozialforschung, Stuttgart, 1979

Scheuch, Erwin: Das Interview in der empirischen Sozialforschung, in König, Rene (Hrsg.) Handbuch der empirischen Sozialforschung, Stuttgart, 1973, Bd. 2, S. 66-190.

Scholl, Armin: Die Befragung als Kommunikationssituation: Zur Reaktivität im Forschungsinterview, Opladen, 1993.

Steinert, H: Das Interview als soziale Interaktion, in Meulemann, H – Reubond, K.-H. (Hrsg.): Soziale Realität im Interview, Frankfurt, 1984.

Wiendick, Gerd – Erbslöh, Eberhard: Der Interviewer, in Koolwijk – Wieken – Mayser (Hrsg.):Techniken der empirischen Sozialforschung, München, 1974.

3. Beispiele aus den Projektforschungen

3.1 Expertenbefragung zum Thema Systemtheorie und Sozialarbeitswissenschaft

Die Expertenbefragung ist die eleganteste Forschungsmethode in der
Sozialforschung. Sie bietet dem Forscher ein quasi unmittelbares Erfolgserlebnis, das bei anderen Methoden nur mühsam entsteht. Die Befragten selbst partizipieren an diesem Erfolgserlebnis in doppelter Hinsicht: a) Sie wissen, dass sie zu einer auserwählten Gruppe gehören,
und entsprechend bedeutet für sie dies einen Prestigegewinn, eine Anerkennung ihrer Reputation. b) Sie können sich im Kreis anderer
Experten profilieren, ihre Meinungen darstellen und dadurch zum Thema beitragen. Letztlich sollte von einer gut geführten Expertenbefragung auch die Wissenschaft profitieren.

Die Expertenbefragung wird meistens in der Planungsphase eines
Projektes durchgeführt, um zunächst die für das Projekt bedeutungs-
vollen Aspekte, Zusammenhänge, Lehrmeinungen, auch die kontroversen Behauptungen, zu erkunden. Sie ist hilfreich in der Hypothesenformulierung und im Aufbau des Forschungsgerüstes.

Die Expertenbefragung an sich ist aber, trotz der Eleganz und des
beidseitigen Profitierens, nur beschränkt für die Erkundung der sozialen
Realität anwendbar. Einerseits läuft man Gefahr, dass die Befragung
sich zu sehr auf spezifische Aspekte, interne theoretische Debatten konzentriert, andererseits, dass die für eine komplexe soziale Realität
notwendige Sensibilität und Betroffenheit verloren geht oder in einer
unpersönlichen sachlichen Debatte aufgeht. Dies wäre besonders der
Fall in bestimmten heiklen Themen der Sozialarbeit.

Wenn wir die Arbeitslosigkeit als aktuelles soziales Problem als Beispiel zitieren, dann haben wir die Experten der Arbeitsämter, die
Sozialpolitiker, die Arbeitgeber, die Wirtschaftswissenschaftler, die
zwar sehr kompetent und mit Statistiken in der Hand argumentieren,
aber selbst nicht von der Arbeitslosigkeit betroffen sind. Anders ist es
mit der Befragung der Betroffenen, den Arbeitslosen selbst, ihren Fa-

milienmitgliedern; sie können oder wollen eine nur sachlich nüchterne Diskussion nicht eingehen. Sie sind zwar „Experten ihrer Situation", aber sie argumentieren oft emotional, wütend, verbittert, da sie trotz Kenntnis der Theorien und Statistiken über die Arbeitslosigkeit ihre eigene Arbeitslosensituation fast immer als persönlichen Schicksalsschlag einordnen. Eine dritte Gruppe von Experten sind diejenigen, die für die und mit den Arbeitslosen engagiert auftreten und sich solidarisieren, z.b. Priester, Sozialarbeiter, Gewerkschaftler. Sie versuchen, eine Balance zwischen emotionellen und rationellen Argumenten zu ziehen. Am besten wäre es vielleicht, am Beispiel der Arbeitslosen, eine Expertenbefragung in allen drei Gruppen zu veranstalten, um das Problem in seiner vollen Reichweite objektiv und subjektiv zu erfassen.

Die Expertenbefragung ist in einen Forschungsprozess zu integrieren, wobei andere Methoden wie repräsentative Befragung, Beobachtung, eventuell auch Experiment, anwesend sind. Ob dies zu Beginn oder zum Ende des Prozesses zu machen ist, hängt von dem Forschungsthema ab. Je theoretischer das Thema ist, desto mehr kann die Expertenbefragung allein auch wichtige neue Erkenntnisse hervorbringen. Sie kann eine neue Hypothese oder sogar Theorie bestätigen, ihr widersprechen oder ihr andere Akzente setzen, als der Autor der Theorie dies ursprünglich wollte.

Der Expertenbefrager, der Interviewer, sollte selbst mehr oder weniger auch Experte sein. Er muss das Thema gut kennen, auf jeden Fall besser als in einer „normalen" Befragung. Da er normalerweise ein Leitfadeninterview mit den Experten macht, soll er die zentralen Fragen, die er stellt, richtig formulieren. Er muss ein geschickter Befrager sein, diplomatisch, höflich und zuvorkommend. Er darf den Ehrgeiz und die Reputation der befragten Experten mit abwegigen Bemerkungen, unnötigen Debatten und ungeschickten Unterbrechungen nicht verletzen. Er muss auch wissen, wann er mit der Befragung aufhört, wo die Grenzen des Fachwissens des Befragten liegen, wann sich der Experte wiederholt oder wann er mit offensiven oder defensiven Argumenten taktiert.

Die normale Eitelkeit der Wissenschaftler (wenn die Experten ausschließlich Wissenschaftler sind) soll respektiert werden - ohne Anbiederei. Man sollte z.B. von ihren letzten Veröffentlichungen schon gehört haben, aber man darf nicht behaupten, diese auch schon gelesen zu haben, wenn dies nicht wahr ist. Eine sehr gute Expertenbefragung zum Thema Konstruktivismus ist z.B. das Buch von T. Bardmann (Hrsg): Zirkuläre Positionen. Konstruktivismus als praktische Theorie, 1997, Opladen, Westdeutscher Verlag. Hier wurden zehn international bekannte Experten interviewt und jeweils eine Würdigung ihres Lebenswerkes als Begleittext hinzugefügt.

Die Vorbereitung auf die Expertenbefragung verlangt viel Zeit. Es sollte daher ein möglichst genauer Zeitplan entstehen, den man respektieren muss. In dem jetzt zu schildernden exemplarischen Forschungsprojekt „Anwendungsmöglichkeiten der Systemtheorie in der Lehre der Soziologie für Sozialarbeiter", das im Rahmen eines sechsmonatigen Forschungssemesters durchgeführt worden war, wurden folgende Arbeitschritte aufgestellt: Antragstellung, Ablaufplanung, Forschungsergebnisse.

1. Antrag zur Genehmigung eines Forschungsemesters. Das „sabbatical year" ist eine sehr sinnvolle Erfindung der amerikanischen Universitäten. Dies besagt, dass jedem Hochschullehrer das siebente Jahr (siebente Semester) zum Forschen zur Verfügung steht und er von der Lehrverpflichtung freigestellt ist. Jedem jungen Dozenten ist zu empfehlen, dieses Angebot zur Forschung ohne Lehrpflicht (mit vollem Gehalt) zu nutzen. Theoretisch bestünde die Möglichkeit, während einer fünfzigsemestrigen Lehrkarriere maximal siebenmal das Forschungssemester anzupeilen – aber in der Praxis drei, vier Freisemester zu haben, ist schon eine Leistung. Die Vorteile liegen auf der Hand: Man fühlt sich wie bei einem Forschungsinstitut ohne feste Bürozeiten, die versäumten wissenschaftlichen Lektüren und Quellenstudien können nachgeholt werden, Kontakte mit Kollegen in der Branche und mit Instituten können geknüpft werden, lange geplante Fachartikel oder sogar das Manuskript für „das Buch" können endlich fertiggestellt, empirische Methoden selbst erprobt werden, nach dem Motto: „Der, der weiß, lehrt es nicht nur – sondern macht es auch!"

Das Wesentliche ist aber ein Wissensgewinn für die Hochschule und für die Dozenten sowie für die Studenten. Die Forschungsergebnisse, die neuen Veröffentlichungen, die Lektüre während dieser Zeit fließen in die Lehre wohltuend ein. Man fängt danach das neue Semester wie neugeboren an. Diese Vorteile und die allgemeine wissenschaftliche Bereicherung des Forschers in einem Freisemester bestehen auch dann, wenn einige wenige Dozenten diese Zeit eher als ausgedehnte Semesterferien betrachten, oder neben dem Buchschreiben auch ihr Haus bauen.

Der Antrag muss früh genug, spätesten ein Semester vorher, gestellt werden. Man achtet darauf, dass pro Studienrichtung oder Fakultät jeweils nur ein Dozent für ein Semester fernbleibt. Den Antrag adressiert man an den Rektor über den Dienstweg.

Um den Antrag zu begründen, sollte man die folgenden Argumente vortragen: 1) Wie lange ist man an der Fachhochschule, und wie steht man zur Forschung? (z.B. Mitglied des Forschungsausschusses, Koordinator des Faches Methoden der Sozialforschung, wo, wann, was hat man schon geforscht, usw.) 2) Was motiviert den Antragsteller, und welche Nutzen könnten durch die Forschung für das Fach, für die Studenten und für die ganze Fachhochschule entstehen? 3) Welche Vorstudien, Veröffentlichungen oder andere (z.B. Kongressteilnahme, ehrenamtliches Engagement) wissenschaftliche Tätigkeiten können den Antrag begründen und untermauern? 4) Eine knappe, aber treffende Beschreibung des Forschungsthemas, seine Bedeutung für die Lehre (Gestaltung der Seminare und Vorlesungen) und für die Praxis sollte geschildert werden. 5) Es ist wichtig, konkrete Vorschläge zu unterbreiten, wie die ausfallenden Stunden ersetzt bzw. nachgeholt werden sollten. Wichtig ist, darauf hinzuweisen, dass keine zusätzliche Lehrkraft erforderlich wird.

Die praktische Lösung wäre, dass die Lehrverpflichtung (allgemein 18 Semesterwochenstunden) zur Hälfte von Kollegen und Lehrbeauftragten übernommen wird und die andere Hälfte nach dem Forschungssemester vom Antragsteller selbst in „unbezahlten Überstunden" absolviert wird. Die Prüferverpflichtungen bleiben bestehen auch während des Forschungssemesters, auch die Betreuung schon vorher angenommener Diplomarbeiten, aber von der lästigen Gremienarbeit wird man normalerweise befreit. Es könnte aber auch eine andere Lösung denkbar werden: Arbeitslose Stellensucher könnten eingestellt werden (als ABM-Kräfte?), einige wichtige Seminare oder laufende Lernprojekte könnten in Blockveranstaltungen angeboten werden usw. Um den Nachholbedarf in der Lehrtätigkeit zu drosseln, eignet sich das kürzere Sommersemester besser für ein Forschungssemester.

2. Ablaufplanung: In dem hier zu schildernden Fall wurde während des sechsmonatigen Forschungssemesters – nach der Genehmigung des Forschungsprojektes - im ersten Monat die Organisation der Expertenbefragung geplant. Dies bestand formell in der Beschaffung von Adressen, in Briefe schreiben und Telefonate erledigen, in genauer Terminfestlegung für das Interview, in der Vorbereitung für die Reisen und den Aufenthalt und in der finanzieller Planung. Inhaltlich ging es zuerst darum, eine Hypothese festzustellen, dann aus dieser Hypothese den Leitfaden zu formulieren.

Im zweiten Monat wurden die geplanten Interviews mit sieben ausgewählten Experten durchgeführt. Die Durchführung respektierte eine bestimmte geographische Repräsentativität; vier Experten aus Nord- und drei aus Süddeutschland, und auch eine fachliche Repräsentativität: zwei Soziologen mit systemtheoretischer Einstellung und ein systemtheoretisch praktizierender Psychologe, ein Soziologe aus der „klassischen" Richtung. Diese Soziologen und der Psychologe bilden keinen Sozialarbeiter oder Sozialpädagogen aus. Die drei anderen Soziologen sind alle aktiv in der Ausbildung der Sozialarbeiter-/Sozialpädagogen involviert, davon ist einer „überzeugter" Systemtheoretiker, die anderen zwei betrachten die Systemtheorie (besonders die von Luhmann'scher Prägung) kritisch, was ihre Anwendung in der Sozialarbeit bedeuten würde. Sie wurden entsprechend codiert: *N* für Norddeutschland, *S* für Süddeutschland; *sys* für systemtheoretische Einstellung, *psy* für den systemtheoretisch praktizierenden Psychologen, *sas* für den Soziologen, der in der Ausbildung der Sozialarbeiter engagierter Systemtheoretiker ist, *sak* für die beiden Soziologen in der Ausbildung der Sozialarbeiter, die eher kritisch zur Systemtheorie stehen und *sok* für den Soziologiedozenten, der kritisch zu Systemtheorie steht und Sozialarbeiter nicht ausbildet.(*Nsys1, Nsys2, Spsy, Nsok, Nsas, Ssak1, Ssak2*) Einfachheitshalber werden sie weiter in diesem Text mit den Großbuchstaben A, B, C, D, E, F, G in derselben Reihenfolge markiert.

Als drittes Kriterium der Repräsentativität wurde die wissenschaftliche Reputation genommen; genauer gesagt, das Gewicht und die Brauchbarkeit ihrer Veröffentlichungen. Die sieben Experten waren im deutschen Sprachgebiet sowohl in der systemtheoretischen Soziologie als auch in der Sozialarbeit die meistzitierten und meistbekannten Autoren. Ein sogenannter „citation index" maß die Häufigkeit, mit der ihre Publikationen zitiert wurden, und damit das vermutete wissenschaftliche Gewicht. Die Interviews dauerten jeweils eine Stunde und wurden - nach Genehmigung der Interviewten – auf Tonband aufgenommen.

Im dritten Monat erfolgte die mühsame Arbeit, die Interviews vom Tonband niederzuschreiben. Bei solchem Vorgehen wundert man sich immer wieder, wie groß der Unterschied zwischen Mündlichkeit und Schriftlichkeit sein kann. Die Experten, deren Bücher und Veröffentlichungen schon vorab gelesen wurden, formulieren oft ihre Gedanken und Thesen in einem Interview ganz anders; mal sind sie präziser, mal abschweifend und oberflächlich.

Im vierten Monat wurden die zweimal korrigierten Niederschriften der mündlichen Interviews an die Interviewten zurückgeschickt mit der Bitte, Korrekturen zu machen. Von dieser Möglichkeit machten nur drei von sieben Befragten Gebrauch. Hier waren auch Kürzungen und Änderungen zu entnehmen.

Im fünften Monat erfolgte die Auswertung. Es wurde eine „manuelle" Auswertung praktiziert, da für sieben Befragte Prozente und statistische Tabellen aufzustellen unsinnig gewesen wäre. Es ging hier nämlich nur um einen Trend, bei Experten nachzufragen – und nicht ins Detail zu gehen – bezüglich der Anwendbarkeit der Systemtheorie in der Sozialarbeit. (Dieser Trend wird hier unten noch kurz zusammengefasst.)

Der sechste Monat war reserviert für den Forschungsbericht, in dem das Resultat der Expertenbefragung, ihre praktische Nützlichkeit für den Soziologieunterricht für Sozialarbeiter dargestellt wurde. Es wurden auch Schritte getan, um eine Veröffentlichung vorzubereiten.

3. Forschungsergebnisse: Aufgabenstellung und Ziel des Forschungsprojektes (WS 1993/94) war es, zu überprüfen, ob eine systemtheoretische Orientierung in der Lehre der Soziologie für Sozialarbeiter schon vorhanden ist. Grundannahme war, dass der Soziologieunterricht für Sozialarbeiter und Sozialpädagogen die neuesten theoretischen Entwicklungen im Bereich der sozialen (soziologischen) Systemtheorie noch nicht genügend rezipierte. Systemtheoretische Sichtweisen sind zwar in der Methodik der Sozialarbeit/Sozialpädagogik genügend vorhanden – aber die Soziologie integriert sie noch nicht voll in ihren Curricula.

Es ging zuerst darum, mit einem neuen Begriffsapparat wissenschaftlich umzugehen und diesen in der Gesamtentwicklung der Soziologie zu sehen. Zweitens sollte der Studierende in die Lage versetzt werden, systemtheoretische Erkenntnisse sowohl in der Methodik als auch in der Praxis exemplarisch umzusetzen.

In Bezug auf Curricula an den Fachhochschulen für Sozialwesen wurde untersucht: a) ob generell ein Bedarf für einen betonten systemtheoretischen Soziologieunterricht besteht, und b) was die Meinung der Experten dazu ist, c) ob außer der Einführung und den Grundbegriffen der Soziologie auch in speziellen Soziologien (Familie, Alter, Jugend, Randgruppen) eine systemische Umorientierung angezeigt ist, d) welche Probleme, Schwierigkeiten bzw. Chancen des Theorietransfers in der Ausbildung der Sozialarbeiter/Sozialpädagogen im Fach Soziologie entstehen, e) ob im Rahmen einer soziologischen Lehrtätigkeit besonders die Systemtheorie bzw. ihre Anwendung in der sozialarbeiterischen Praxis unter die Lupe genommen und diesbezüglich mehrere Seminare gehalten werden sollen.

Es wurde versucht, während des Forschungssemesters die Anknüpfung der Systemtheorie (Luhmann´scher Prägung) an die Sozialarbeit unter soziologischen Aspekten zu analysieren und eine diesbezügliche Veröffentlichung vorzubereiten.

Es erübrigt sich, aus fachlichem Gesichtspunkt zu betonen, dass der in unserer Zeit vollzogene Paradigmawechsel in der Systemtheorie - von "klassischem" Systemdenken zur Autopoiesis - eine außerordentliche Relevanz für den Soziologieunterricht für Sozialarbeiter und Sozialpädagogen beinhalten würde. Durch die Systemtheorie wird eine neue Perspektive der Selbstbeschreibung und der Funktionsbestimmung der sozialen Arbeit erwartet. Man sollte die Umsetzung dieser neuen Theoriemodelle in die Praxis durch die Soziologie versuchen.

Man stellt fest, dass zwar weiterhin eine Vielfalt an Einführungen in die Soziologie existiert, es aber in der neueren Zeit keine für die Sozialarbeiter und Sozialpädagogen "zugeschnittene" Einführung gibt. Die Systemtheorie hat zwar einen wichtigen Platz in den Einführungen und in den Fachlexika, aber die diesbezüglichen Betrachtungen haben noch immer einen Charakter von "Pflichtübung", und sie sind noch nicht voll in die soziologischen Lehrbücher, Einführungen und Lexika integriert.

Die Luhmann'sche Systemtheorie wird oft verkürzt dargestellt, die Diskussion "Habermas contra Luhmann" ist besonders in der sozialarbeiterischen Fachliteratur noch immer vorhanden. In der Fachliteratur wird das Luhmann'sche Werk oft in zwei Abschnitten dargestellt: a) Luhmann vor der "autopoietischen Wende" und b) Luhmann nach der autopoietischen Wende. Die meisten Autoren finden den "zweiten Luhmann" zu abstrakt und zu theoretisch - somit für die Sozialarbeit wenig aussagekräftig.

Es musste noch in den Fachkreisen eine ernsthafte Diskussion stattfinden, bevor man den Autopoiesisbegriff in einer Soziologie für die soziale Arbeit einbauen läßt. Wenn Autopoiesis aber als "moderat konstruktivistischer" Fachbegriff benutzt wird, der die Autonomie des Klienten betont und die stärkere Ressourcenorientierung sowie die Veränderung der sozioökologischen Umwelt stärker in den Vordergrund stellt - dann kann er sowohl in der Soziologie für Sozialarbeit, als auch in der Sozialarbeitswissenschaft sehr nützlich sein.

Der Bedarf für einen systemtheoretisch orientierten Soziologieunterricht wird von allen befragten Experten-Professoren bestätigt. Die sieben Experten äußern sich unterschiedlich und differenziert zu den Fragen des Soziologieunterrichts, der Autopoiesis, des Konstruktivismus und der Sozialarbeitswissenschaft, und es ist nicht einfach, einen „roten Faden" zu finden. Eher war bei dieser Befragung die „Vielfalt in der Einheit" demonstriert – ein systemtheoretisch, autopoietisch und moderat konstruktivistisch orientierter Soziologieuntericht als theoretische Vorbereitung auf Sozialarbeitswissenschaft ist aber von jedem Interviewten gewünscht.

Befragter A. äußerte die Meinung, dass Sozialarbeit eines von mehreren Anwendungsfeldern ist in dem insbesondere die Frage der systemischen Qualitäten von Zusammenhängen, Fragen der Intervention und die Frage der Steuerung für die Sozialarbeit fruchtbar gemacht werden können. Er denkt, dass es sinnvoll ist, Luhmann stufenweise, und zwar im Zusammenhang mit einzelnen Problemen, mit einzelnen anderen Konzepten vorzustellen, weil die Luhmann'schen Schriften direkt und unmittelbar schwer verständlich sind. Es ist – man sagt – eine „Theorie ohne Nestwärme" und daher für Sozialarbeiter schwer zu akzeptieren. Er würde den Autopoiesisbegriff nicht verwenden, sondern anstatt dessen Selbstreferenz und operative Geschlossenheit. Er kann aus der Sicht der Soziologie sehr klar sagen, dass es eine Verwissenschaftlichung der Sozialarbeit geben wird und dies unvermeidlich ist.

Befragter B. würde zwei Schwerpunkte in dem Soziologieunterricht setzen: a) Die eine wäre, soziologisches Wissen einzusetzen, um ein Gefühl für Probleme zu produzieren, die man aus vielen verschiedenen Richtungen betrachten kann. Es gibt kein objektives Problem oder ein Katalog objektiver Probleme. b) Die andere Möglichkeit wäre eine Systematisierung soziologischen Wissens oder ein Versuch, eine Systematisierung beizubringen in der Art und Weise, dass der Sozialarbeiter unabhängig von seinen eigenen Fragen feststellt, welche Fragen der Soziologe an die moderne und in der modernen Gesellschaft stellt. Ein anderer Weg wäre, auf die Geschichte der Soziologie als Geschichtserzählung zu verzichten und uns generell zu fragen: Welche unterschiedlichen Antworten gibt es auf Probleme der sozialen Ordnung bei Durkheim, Simmel, Parsons, Luhmann, Habermas? Generell würde er eher für die problemorientierte oder fragestellungsorientierte Vorgehensweise bei Studenten plädieren. Er würde die Systemtheorie mit anderen Theorien kombinieren. Den Autopoiesisbegriff interpretiert er als einen Begriff operationeller Schließung und insofern als einen Begriff der Eigendynamik. Sozialarbeit für ihn ist keine Wissenschaft, sie ist eine Kunstfertigkeit im Umgang mit sozialen Problemen.

Der Experte C. sieht die Schwierigkeit in der Sozialarbeit, mit abstrakten Theorien (Luhmann) umzugehen. Systemtheorie sollte doch in die Soziologie eingebaut werden, um den Sprung zu machen zwischen der ganz konkreten Alltagsfragestellung und der Systemtheorie in ihrer konstruktivistischen Sichtweise. Er würde ohne Zögern den Autopoiesisbegriff verwenden und hat keine Angst vor dem Biologismusverdacht. Was die neue Sozialarbeitswissenschaft betrifft, ist Experte C. nicht informiert, aber prinzipiell scheint ihm eine sinnvolle Sache, eine Theorie des eigenen Handelns zu entwickeln und auch die eigene Rolle genau zu reflektieren. Die Sozialarbeit ist „versessen" auf wissenschaftliche Reputation.

Befragter D. plädiert für Systemtheorie. Der offizielle Gründer der Soziologie, Comte, war Systemtheoretiker. Seine Systemtheorie war ein Versuch, letztlich soziale Zusammenhänge darzulegen, die notwendig eine intensive Kooperation und Solidarität der Teile dieses Ganzen verlangen. Systemdenken muss uns lehren, dass Systeme nur funktionieren, wenn die Mitglieder kooperieren, und Kooperation heißt, für den anderen da sein, Leistungen auf Gegenseitigkeit zu pflegen usw. Bei Luhmann sieht er die Gefahr, dass bei ihm die Emotionalität zu kurz kommt und dass das System alles steuert, und für den Menschen gibt es gar nichts zu tun. Seine Systemtheorie macht den Fehler, dass sie das Individuum, die Persönlichkeit nicht entsprechend würdigt. Systeme sind nicht nur Kommunikationssysteme, sondern auch menschliche Beziehungsgeflechte. Auch sein Autopoiesisdenken ist ein Versuch, Gesellschaft und Welt zu erklären ohne Individuen. Der „frühe" Luhmann kann aber Wertvolles zur Soziologie für Sozialarbeiter liefern: Sein Aufsatz über die Funktionen des Helfens kann als ein Baustein der Sozialarbeitswissenschaft betrachtet werden.

E. meint, dass die Soziologie für Sozialarbeit heute wichtiger ist denn je. Es geht nicht vor allem darum, Sozialarbeiter mit gesellschaftskritischem Wissen auszurüsten. Er glaubt, dass die Soziologie heute gar nicht mehr diese kritische Aufgabe hat, sondern mehr Reflexionsaufgabe in Hinsicht auf die Gesamtgesellschaft. Lehrveranstaltungen über Systemtheorie haben ihre eigene Berechtigung, da sie praktisch in allen möglichen Anwendungsbereichen einsetzbar ist. Die Studierenden sollten ein systemisches Bewusstsein haben zu den Kontexten, in denen sie operieren. Didaktisch könnte man dies vermitteln, indem man an Problemen ansetzt, die die Betroffenen, denen man es vermitteln will, selbst haben.

F. startet zuerst eine Diskussion über das Soziale. Sie beginnt ihre Vorlesungen mit der Bestimmung des Sozialen. Alles Zwischenmenschliche ist sozial: Die Wirtschaft ist nur ein Teil der entstehenden sozialen Ordnung. Die eigentliche Systemtheorie taucht auf, wenn man versucht, von theoretischen Problemen her zu denken und nachher nach Theorien zu suchen. Der Systembegriff ist nicht nur für die Soziologie gedacht. Sie bevorzugt einen moderaten Konstruktivismus. Der Irritationsbegriff des radikalen Konstruktivismus befriedigt sie nicht – es ist zu trivial, um andere Menschen zu erreichen. Sie spricht auch lieber von Selbstvereinigung und Selbstorganisation als von Autopoiesis. Die Diskussion „Lebenswelt kontra System" ist für sie unsinnig. In der Lebenswelt gibt es auch Systeme, und auch in den sogenannten kalten Systemen kann es warm sein. Ihre Stellungnahme zur Habermas-Luhmann-Debatte in der Sozialarbeit resümiert sie so: "Habermas ist ein Philosoph und kein Soziologe nach strengen Kriterien und sogar Luhmann sagt, was in seiner Theorie anwendbar ist und der Realität entspricht. Ich mache eine andere Art von Soziologie und Habermas ist für mich interessant, als Wertsystem, im Sinne von: Wie wäre es wenn man sich vorstellen könnte, dass es herrschaftsfreie Kommunikation gibt? Was könnten die Regeln sein? Für mich gibt es keine machtfreien Räume. Die kann man sich wünschen, aber die gibt es nicht. Von daher habe ich mich viel länger mit Luhmann befasst als mit Habermas." Eine Sozialarbeitswissenschaft sollte eine Theorie der sozialen Probleme entwickeln. Notgedrungen wird sie eine Art kritische Wissenschaft. Sie hat Bedenken, von der Wissenschaft der Hilfe zu sprechen - nämlich Formalobjekt der Sozialarbeitswissenschaft sind die Klienten und ihre Leiden und nicht der Hilfeprozess. Wenn man nicht bei den Problemen der Klienten beginnt, dann erfindet man die Probleme als Theoretiker, der die Sozialarbeit betreibt. Das ist dann die Perversion der Sozialarbeit. Man sollte nicht alte Theorien abrufen, sondern eine eigene Theorie, nicht Devianztheorie, sondern eine Theorie über Probleme, die in der Sozialarbeit vorkommen, erarbeiten.

Experte G. sagt: Unbestritten ist die Soziologie wichtig für die Sozialarbeit, und ihre Bedeutung hat wieder zugenommen, nachdem nun das Gewicht der Psychologie schwindet. Die Soziologie beschreibt uns soziale Wirklichkeit, erbringt Methoden zur Sozialarbeitsforschung. Sie ist nicht wegzudenken aus der allgemeinen Theoriebildung für die Sozialarbeit, also zur Beantwortung von Fragen wie „was heißt Gesellschaft" oder „soziales Handeln". In der Ausbildung von Sozialarbeitern können sich die einzelnen Fächer die Systemtheorie annehmen. Andererseits gehört natürlich die Systemtheorie zum Grundbestand der Theorie im Rahmen der Sozialarbeitswissenschaft. Für ihn ist die Systemtheorie in diesem Rahmen eng mit dem ökologischen Ansatz verbunden. Im ökosozialen Denken erfassen wir die Realität in ihren Systemzusammenhängen. Er hielt die Luhmann'sche Begriffsbildung für eine saubere Begriffsbildung, mit der man auch in der Konzeptualisierung von sozialer Arbeit etwas anfangen kann. Die Unterscheidung von Luhmann „vor der Autopoiesis" und Luhmann „nachher" interessiert hier weniger. Wichtiger erscheint ihm, dass mit Luhmann der Psychologisierung entgegengewirkt werden kann. Er bestätigt auch seine Zuneigung zum moderaten Konstruktivismus und zur Autopoiesis – dieser letzte Begriff wäre für ihn eine Art „Selbstmanagement".

3.2 Aktivierende Bewohnerbefragung in Setterich

Die aktivierende Befragung gehört zu der alternativen empirischen Sozialforschung, genannt Aktionsforschung, und sie ist selbst eine Alternative der „klassischen" Befragung. Bei der Aktionsforschung steht die Absicht im Vordergrund, einerseits die Trennung zwischen Forschungsobjekten und Forschungssubjekten aufzuheben, andererseits die Forschungstätigkeit unmittelbar in die Alltagspraxis der Beteiligten einzubinden, um diese gemeinsam zu verändern. Sie ist besonders geeignet, um Bürger in einem Stadtteil zu soziokulturellen Aktivitäten zu animieren, und insofern ist sie auch ein Mittel der bürgernahen sozialen Arbeit. Sie kann auch als Startsignal einer späteren systematischen Gemeinwesenarbeit betrachtet werden.

Für Setterich, da dort ein Nachbarschaftstreff schon vorhanden ist, dient sie auch dem besseren Kennenlernen der Arbeit des Treffs. In mehreren vorbereitenden Besprechungen wurde statt für eine flächendeckende eine zielgruppenorientierte aktivierende Befragung (besonders Früh- und Anpassungsrentner) entschieden.

Die Befragung wurde in mehreren Etappen ab Frühling 1989 geplant und nach entsprechender fachlicher Vorbereitung durch das Institut für Stadtteilarbeit in Essen sowie in Begleitung und Mitarbeit der Dozenten und Studenten der Katholischen Fachhochschule NW / Aachen und der wissenschaftlichen Angestellten vom Seminar für Pädagogik der RWTH-Aachen im Herbst durchgeführt. Die Befragung hatte das Ziel, die Bürger von Setterich zu aktivieren, indem sie dabei ihre zu lösenden Probleme richtig artikulierten. Als Initiator ist der Nachbarschaftstreff in Setterich zu bezeichnen.

Die fünf Befragungsteams wurden zusammengesetzt aus Studenten und engagierten Einwohnern. In jedem Team war ein/e Student/in und ein/e Bewohner/in eingeteilt. Für die Auswertung sind insgesamt 148 Fragebögen eingereicht worden. 26 geäußerte Probleme wurden registriert und diese in vier Bereiche (Infrastruktur, Nachbarschaft, Ruhestand, Kinder und Jugendliche) geortet. Es gab 446 Problemvarianten (Nennungen), was drei Varianten pro Bogen bedeutet. Jeder befragte Bürger (Ehepaare gemeinsam) hatten also mindestens drei Probleme in der von ihnen angegebenen Variation (z.B. gut, zufriedenstellend, schlecht) erwähnt.

Aus der Natur der aktivierenden Befragung ergab sich, dass sich mehr Personen geäußert hatten als Fragebögen verteilt worden waren. Die 148 auswertbaren Fragebögen gaben also die Problemäußerungen von 191 Bürgern wieder. Auf 110 Fragebögen waren die Probleme und Meinungen von Einzelbürgern geschildert, auf weiteren 39 waren zwei Personen (meist Eheleute) und auf einem Fragebogen drei Personen registriert. Für eine erste grobe Schätzung ist aber die Meinung vertretbar, dass es hier um die auf einem Fragebogen in einer spezifischen Befragungssituation geäußerte Meinung geht, unabhängig davon, wie viele Personen anwesend waren. Man kann weiterhin vermuten, dass die Paare auch Eheleute oder zusammenlebende Partner waren und sie gemeinsam eine Meinung hatten.

Die Adressen waren gut gestreut, und dies war für die Repräsentativität von großer Bedeutung. Die Adressen waren übrigens auf einem großen Stadtplan gut lokalisierbar, und man konnte feststellen, dass die meisten Befragten im Stadtzentrum wohnten – was der Wohnsituation der Zielgruppe entsprach.

Die Befragerteams waren insgesamt 25 Tage lang in der Gemeinde unterwegs. Durchschnittlich wurden täglich 5,94 Interviews gemacht. Die meisten Befragungen (60%) fanden am Vormittag zwischen 9 und 12 Uhr statt.

Die Dauer der Gespräche könnte ausschlaggebend sein für den Inhalt der Gespräche bzw. für die Anzahl der Probleme, die die Befragten erwähnten. Dies ist aber nicht immer der Fall, da die Bürger unterschiedlich lange Zeit brauchen, um Probleme zu formulieren. Es gibt hier die Konkurrenz von zu vielen schwer oder überhaupt nicht messbaren Faktoren (Emotionen, Bedürfnis sich auszusprechen, Ärger usw.), die eine Korrelation zwischen Dauer und Problemnennung sehr schwierig machen. Man kann höchstens Vermutungen aussprechen bezüglich einer positiven Korrelation zwischen Gesprächsdauer und Problembereichen bzw. Geschlecht oder Anzahl der Personen. Für die Gespräche mit Bürgern brauchten die Befrager insgesamt 4.690 Minuten, d.h. der Gesamtzeitaufwand umfasste 78 Stunden und 16 Minuten. Es ergibt einen Mittelwert von 31 Minuten pro Fragebogen. Die Streuung der Gesprächsdauer war sehr groß: von 5 Minuten (12 Fragebögen) bis 90 Minuten (8 Fragebögen). Drei Vermutungen können entstehen: 1) Je länger die Befragung dauerte, desto mehr Problembereiche wurden erwähnt. Im Durchschnitt wurden bei Gesprächen von mehr als einer Stunde (27 Fragebögen) vier Problembereiche vom Gesprächspartner angesprochen. 2) Ehepaare sind bei längeren Gesprächen überdurchschnittlich gut repräsentiert. 3) Es gibt keinen signifikanten Unterschied zwischen Männern und Frauen, was die Dauer der Gespräche anbelangt.

Die Zielgruppe, d.h. die Bürgergruppe im Alter zwischen 50 und 60 Jahren, war auch im Vergleich mit den kommunalen Altersstatistiken gut repräsentiert. In vier Alterskohorten eingeteilt, ergibt sich folgendes Bild: Am stärksten vertreten war die Altersgruppe der 56- bis 60-jährigen mit insgesamt 70 Personen (36,6 %). Es folgt die Gruppe 51- bis 55-jähriger mit insgesamt 50 Personen (36,1 %), dann die Gruppe 61- bis 65-jähriger mit 20 Personen (10,4 %) und schließlich die Altersgruppe 46- bis 50-jähriger mit 11 Personen (5,7 %).

Die Frauen bildeten mit 117 Personen (61,26 %) die überwiegende Mehrzahl der Befragten. Wegen der Repräsentativität sollten hier auch noch die Altersstatistiken der Stadt Baesweiler konsultiert werden. Eine Kombination von Alter und Geschlecht in den oben erwähnten vier Alterskohorten ergibt eine Proporz 91 zu 60 zugunsten der Frauen, sehr ausgeprägt in der Kohorte 46-50-jähriger (10 zu 1) und ausgewogen in der Kohorte 56-60-jähriger (41 zu 29).

Wenn man die Liste der angegebenen Berufe betrachtet, fällt auf, dass mehr als doppelt so viele Frauen (45) wie Männer (20) keine Angaben über ihre berufliche Situation machten. Die meisten Männer – wie erwartet - gaben als Berufsbezeichnung Bergmann an (26), dreizehn waren Rentner, sieben waren Arbeiter, sechs bezeichneten sich als EBV-Arbeiter, zwei waren Geschäftsleute, es folgte einer als VHS-Kursteilnehmer, einer war Elektroingenieur, und einer war erwerbsunfähig. Dieses homogene und abgeschlossene Berufsbild (Bergmann, Arbeiter, Rentner) charakterisierte die befragten männlichen Erwachsenen.

Bei den Frauen sah es viel differenzierter aus. 41 Frauen bezeichneten sich als Hausfrauen, und die folgende große Berufsgruppe bestand

186

aus 7 Raumpflegerinnen. Es folgten nur Berufsbezeichnungen, in denen maximal drei Personen in einer Gruppe auftraten (zwei Zahnarzthelferinnen, drei Verkäuferinnen, eine Küchengehilfin, zwei Kellnerinnen, drei Arbeiterinnen, eine Apothekergehilfin, eine Stadtverwaltungsangestellte, zwei Kindergärtnerinnen, zwei Selbständige, zwei Näherinnen, eine Frau war Teilnehmerin eines VHS-Kurses, eine war Schneiderin, und eine war Frührentnerin).

Die letzte Rubrik der generellen Angaben zur Person (Fähigkeit und Qualifikation) erwies sich bei näherer Betrachtung als problematisch. Die meisten Befragten hatten sich zu diesem Punkt nicht geäußert, sie scheuten die Selbsteinschätzung. Die Befrager und diejenigen, die den Fragebogen konzipiert hatten, mussten sich Gedanken machen, ob solch eine Frageformulierung für die Zielgruppe Relevanz habe oder ob nicht eine Präzisierung notwendig wäre, weil sonst hinsichtlich Fähigkeit und Qualifikation die unterschiedlichsten Auffassungen vertreten würden. Exemplarisch sollten hier alle diesbezüglichen Vermerke stehen: „Oberschlesier, seit 9 Jahren in Deutschland", „Jäger", „handwerklich vielseitig begabt /Holz, Metall, Stein/ und besitzt alle notwendigen Geräte", „Behindertenschwimmgruppe", „Kaufmännische Schule", „Hobby: Sprachen, VHS", „Kennt alle Leute, Taubenzüchter, Garten", „Feuerwehrmann, hilft auf einem Bau bei seinem Sohn", „fast in allen Vereinen aktiv tätig", „Holzschnitzerei, Zinngießen, eingerichtete Werkstatt im Keller – Frau knüpft Teppiche", „Segelflieger", „Gardinengeschäft", „Wanderer", „leitet eine Tanzgruppe", „Brieftaubenzüchter", „Schweinemast / Zucht", „Holzarbeiten, Handarbeiten", „Umbau / Renovierung", „Stricken", „Tauben / Garten – Stricken". Diese 20 Nennungen (auf 148 Fragebögen) bezeugen ein Interesse an handwerklichen und hobbyartigen Tätigkeiten.

Das Kernstück der aktivierenden Befragung ist ohne Zweifel die Problemschilderung der befragten Bürger. Hier ergab sich die schwierige Aufgabe: a) verbale Äußerungen kurz und inhaltsreich schriftlich zu fixieren, b) diese meist in Stichwörtern und in kurzen Sätzen geschriebenen Problemäußerungen in einem Koordinierungssystem zusammenzufassen. Vier große Problembereiche wurden nach der Sichtung der ausgefüllten Fragebögen festgestellt, die dann insgesamt in 26 Einzelprobleme untergliedert wurden. Es ist einleuchtend, dass dabei einige ganz spezifische Probleme – meist sehr individuelle – keine Berücksichtigung finden konnten. Trotzdem kann man vermuten, dass die vier Bereiche (Infrastruktur, Nachbarschaft, Ruhestand, Kinder und Jugendliche) die sogenannten „felt needs" (verspürte Bedürfnisse im Hinblick auf gemeinschaftliche Befriedigung) einer Gemeinde richtig widerspiegeln.

Problembereich Infrastruktur: Zur Verkehrsberuhigung äußerten sich insgesamt zehn Personen. Schnelles Fahren, unpraktische Planung und fehlende Mitsprache wurden beanstandet. Beim öffentlichen Personennahverkehr handelte es sich offenbar um ein akutes lokales Problem. Keine von 17 Äußerungen befand den Verkehr für „gut", und elf fanden ihn „schlecht". Die Straßenbeleuchtung sei „mangelhaft", es gebe zu wenige Fahrradwege und ebenso zu wenige Bänke und Gartenbaugelände.

Das Umweltbewusstsein der Bürger von Setterich ist vorhanden. Obwohl sich nur insgesamt vier Personen zum Thema Müllverbrennungsanlage Baesweiler-Setterich äußerten, waren alle vier der Meinung, dass diese verhindert werden sollte.

Arbeitslosigkeit und die Beschäftigungssituation sind zentrale soziale Probleme in der Bundesrepublik Deutschland. So sollte es auch besonders in Setterich sein, wo die Schließung der Zeche, die Nordwanderung des Kohlenreviers noch zusätzliche Belastungen und Ängste hervorrufen sollte. Es gibt die ganz eindeutige positive Korrelation zwischen Beruf und Feststellung, dass es zu wenige Arbeitsplätze gibt. Das war die Meinung der befragten verheirateten Bergleute mit 54 Jahren Durchschnittsalter. Als Zeichen des Problembewusstseins kann die Dauer der Gespräche interpretiert werden. Die Durchschnittsdauer der Befragung bei denjenigen, die zur Arbeitslosenproblematik Stellung genommen hatten, lag bei 41 Minuten, d.h. 11 Minuten mehr als die Durchschnittsdauer der gesamten befragten Bürger.

Auch wurden zu infrastrukturellen Problemen der Einsatz der Stadt Baesweiler für die Entwicklung Setterichs gezählt – der von den Bürgern als „unzureichend" charakterisiert wurde; die Beschwerden bei der Stadt wurden meistens „nicht erfolgreich" behandelt, die Mieten seien, nach Renovierung der Wohnungen, zu hoch und die Gärten und Straßen seien in Setterich ungepflegt.

Problembereich Nachbarschaft: Die nachbarschaftlichen Beziehungen zwischen Menschen aus unterschiedlichen Nationen und Kulturkreisen, die in einem Stadtteil zusammenleben, gestalten sich nicht unproblematisch. Die Toleranz und das gegenseitige Verstehen sind Prüfsteine der nachbarschaftlichen Beziehungen. Die Ausländerfeindlichkeit basiert oft auf unbegründeten Vorurteilen, auf Fremdenangst. Das Verhältnis zwischen Deutschen und Muslimen (Marokkaner und Türken) in Setterich wurde nach fünf Adjektiven charakterisiert: sehr gut, gut, zufriedenstellend, schlecht und feindlich. Für dieses Einzelproblem im Problembereich Nachbarschaft gab es 37 Meinungsäußerungen. Um die Bedeutung des Problems zu zeigen, soll erwähnt werden, dass die Anzahl der Nennungen (Problempunkt Freizeit ausgenommen) hierbei den vierten Rang überhaupt in der ganzen Befragung erreichte. Die Probleme im Verhältnis Deutsche – Marokkaner/Türken zusammenaddiert, erreichten auch die zweithäufigsten Nennungen überhaupt in dieser Befragung. Die Ausländerproblematik ist also in Setterich vorrangig, und sie bezieht sich besonders auf Muslime.

Keiner der Befragten sagte, dass sein Verhältnis zu Marokkanern und Türken „ sehr gut" sei. Neun Nennungen behaupteten, dass das Verhältnis „gut" sei. Sieben meinten, es sei eher nur „zufriedenstellend". Das Verhältnis wurde von 19 als „schlecht" bezeichnet. Für ausgesprochen „feindlich" hielten 2 Erwähnungen diese Verhältnisse. Zum sozialen, nachbarschaftlichen Zusammenleben gehört die Vertrauensgewinnung und der Abbau der Vorurteile beiderseits. Ein beachtlicher Teil der Befragten in Setterich behauptete, dass die Türken und Marokkaner schmutzig und lärmerisch seien und das Verhältnis zu ihnen schlecht sei. Dies ist sicherlich ein Punkt, wo ein Verständigungsprozess in die Wege geleitet werden muss. Die Kontakte in der Nachbarschaft und zu Kollegen gestalten sich widersprüchlich. Einerseits ist es positiv und erfreulich, dass so viele Nennungen (61) gemacht wurden, was ein Zeichen dafür ist, dass so viele Bürger die Kontakte problematisieren. Andererseits sind die drei Varianten der Kontaktpflege ausgewogen, so dass dadurch eine „Aktivierung", bzw. kontaktfördernde Maßnahmen, initiiert werden könnten. 23 Nennungen behaupteten, dass sie „viele" Kontakte in der Nachbarschaft hätten, 20 hätten „wenige" und 18 pflegten „keine" Kontakte zu den Nachbarn.

Fünf Bürger problematisierten die Kontakte zwischen altem und neuem Stadtteil. Es waren drei Frauen und ein Ehepaar im Alter zwischen 52 und 60 Jahren. Alle fünf behaupteten, dass „keine Kontakte" möglich seien, sie beklagten die Trennung zwischen altem Dorfkern und der Siedlung. Sie meinten, dass die Bewohner des alten Dorfkernes die Siedlung ablehnten. Sie lebten schon sehr lange in Setterich, trotzdem fühlten sie sich nicht als Einheimische.

Problembereich Ruhestand: Im Vordergrund standen finanzielle Probleme, besonders bei Hausfrauen und Arbeitern. Für „gut" und „ausreichend" hielt seine Finanzen niemand.

Wie äußerten sich die befragten Bürger in Setterich zu ihrer Freizeit? Zu diesem Problem hatten wir die meisten Nennungen (147) in dieser Befragung gezählt. Es entsteht ein sehr buntes Bild über den Umgang mit der Freizeit. Die Settericher entfalteten eine phantasievolle Mischung ihrer Freizeitaktivitäten – aber Familie und Gartenarbeit blieben die wichtigsten Freizeitbeschäftigungen mit 16 und 15 Nennungen. Es folgen „karitatives Engagement" (11), „stricken" und „wandern" (10). Weniger als zehn Nennungen bekamen in abnehmender Reihenfolge die folgenden Aktivitäten: „kegeln" und „renovieren" (8), „geselliges Beisamensein" (7), „Tiere" und „Camping" (6), „nähen" und „politisches Engagement" (3). Zwei Bürger behaupteten, für sie wäre ein Hobby zu teuer, und ein Bürger gab an, angeln zu gehen. Es gab noch 30 Vermerke als „sonstige" Freizeitbeschäftigungen, die nicht näher beschrieben wurden.

Die drittgrößte Problemerwähnung (50) nach „Freizeit" und „Kontakte" gab es in puncto Krankheit. Sie ist sicherlich alters- und berufsbedingt, aber zeigt auch ein Bedürfnis, darüber zu sprechen und für die Gesundheit auch etwas zu tun. Männliche und weibliche Probanden unterschieden sich praktisch nicht in der Häufigkeit der Problematisierung. Hypothetisch für Setterich könnte man sagen, dass es also keine geschlechtsspezifische Differenzierung in diesem Bereich gibt. Es bestätigt sich dass, wenn Menschen über ihre Krankheit sprechen, sie diese eher im "physischen" (22) als im „psychischen" (3) Bereich situieren. Die Pflege im Alter war für die Mehrzahl der Befragten problematisch.

Problembereich Kinder und Jugendliche: Mit Kindern gab es meist dann Probleme, wenn sie Zerstörung verursachten, aber auch für Lärm und für Verschmutzung waren sie verantwortlich. Ob hier die „fehlenden Kindergartenplätze" auch eine Rolle spielen könnten, vermutete aber niemand. Bemängelt wurde trotzdem der fehlende Spielplatz bzw. die fehlende Ausstattung des vorhandenen.

Sehr wenige Äußerungen gab es zu den heranwachsenden Jugendlichen. Weder das Drogenproblem noch Lärm, Zerstörung und Aggression waren besonders erwähnt. Allerdings wurden fehlende Freizeitmöglichkeiten für die Jugendlichen bemängelt.

Ein besonderer (eingerahmter) Teil des Fragebogens beschäftigte sich mit der Bereitschaft der Befragten, an den bemängelten und kritisierten Zuständen etwas ändern zu wollen. Um diese zu erfahren, wurde zuerst gefragt, welche Funktionen der Befragte im Stadtteil erfülle oder innehabe. Für diese Rubrik gab es wenige Vermerke. Bei insgesamt zwölf Personen wurden Informationen eingeholt – dabei fand man bei drei eine Anhäufung der Funktionen, bei den anderen war jeweils nur eine Funktion erwähnt.

Die Teilnahme an einer Versammlung nach dem Abschluss der aktivierenden Befragung wurde bei 69 Befragten ausdrücklich bejaht. Unentschlossen waren 26 Personen, und nein sagten 33 Personen. Bei 13 Befragten gab es keine Antwort auf die gestellte Frage. Fazit: Beinahe die Hälfte (46%) der Befragten hatten eine Zusage an eine Versammlung geäußert.

Auf 116 Fragebögen gab es Vermerke von dem Befragungsteam zur letzten Rubrik „persönlicher Eindruck". Hier ging es also um die Eindrücke des Befragerteams, die teilweise unmittelbar nach der Befragung schriftlich fixiert wurden. Sie spiegelten entweder nur die Befragungssituation – Befragung im Sinne der „kontrollierten Beziehung" nach Atteslander – wider oder aber gaben Auskünfte über die generelle Einstellung der Bürger zu den Problemen und Ideen in dem Stadtteil. Entsprechend waren diese Vermerke subjektive Einschätzungen, teilweise Momentaufnahmen, teilweise generelle Feststellungen über die befragten Personen. Aus 116 Vermerken waren 105 eindeutig „quantifizierbar". Die Befragten konnten in drei Kategorien eingeteilt werden: positiv, unentschlossen und negativ. Die „positiv" eingeschätzten Bürger – 59 an der Zahl – waren auch bereit, an einer Bürgerversammlungen teilzunehmen. Aber auch aus dem Kreis der Unentschlossenen (16) waren immerhin noch zehn an einer Bürgerversammlung interessiert.

Die Befrager haben für ihre persönlichen Eindrücke ein ziemlich einheitliches Vokabular benutzt. Für die positive Einstellung gab es am häufigsten das Adjektiv „interessiert" (16), dann „zufrieden" (15), aufgeschlossen (12), „aktiv" (7), „engagiert" (4), „energisch" (3) und schließlich „offen" (2).

Die unentschlossene Einstellung wurde mit folgenden Adjektiven charakterisiert: „kontaktbedürftig" (4), „freundlich" (3), „zurückhaltend" (3). Nur einmal wurden die Befragten in dieser Kategorie als „hilflos", „gesellig", „motivierbar", „neugierig", „gleichgültig" und „reserviert" bezeichnet.

Die negative Einstellung wurde am meisten mit der Bemerkung „Kein Interesse" (6) signalisiert. „Ausgelastet" und „resigniert" fanden die Teams jeweils fünf Einwohner, „überbelastet" und „verärgert" waren jeweils drei. Als „verstört", „negativ", „distanziert" und „krank" waren nach Meinung der Befrager jeweils zwei Bürger einzuschätzen, und einer zeigte sich als „verloren".

3.3 Institutionsbefragung der Jugendvereine in Simmerath

Die Institutionsbefragung ist eine Methode, mit der die Struktur, die Funktionsweise, die personale Zusammensetzung und die Effektivität einer Institution sich beurteilen lässt. Die gezielten Fragen in einer bestimmten logischen Reihenfolge decken oft für die Beteiligten (Führung, Mitarbeiter, Klienten) überraschende Erkenntnisse auf, woran sie vielleicht nicht gedacht haben. Sie sollen in einem größeren Kontext eingebettet sein und zuerst Analysezwecken dienen, daher benutzt man sie oft im Rahmen einer Organisationsberatung, einer Studie von Qualitätsmanagement oder Qualitätssicherung. Die Studierenden der Sozialarbeit begegnen dieser Methode meist während ihres Anerkennungsjahres. Beim Berufspraktikantenkolloquium ist nämlich ein

Bericht abzuliefern, und in diesem Bericht soll neben dem bearbeiteten Fall auch die Institution oder der Träger dargestellt werden. Wenn die Berufspraktikanten dafür ein brauchbares methodologisch überprüftes Raster benutzen, ist die Darstellung der Institution gelungener, als wenn sie nur das Informationsmaterial (also die Selbstdarstellung der Institution) abschreiben.

Das Jugendbüro der „Region Eifel im Bistum Aachen" beabsichtigte eine umfassende Regionalraumanalyse in der Gemeinde Simmerath hinsichtlich der Freizeitgestaltung der Jugendlichen. Die örtlichen Verantwortlichen der Jugendarbeit haben 1995 ein Projekt ins Leben gerufen mit der Benennung: „Pro Jugend - Gemeinde Simmerath." Die KFH/Abteilung Aachen wurde beauftragt, im Rahmen des Projektes eine Befragung der Einrichtungen der Jugendarbeit im Untersuchungsgebiet – sozusagen als Einleitung zum Projekt – durchzuführen. Ein Fragebogen mit 40 Fragen wurde - nach dem üblichen Muster einer Institutionsbefragung – erarbeitet. 42 Einrichtungen, vertreten meist durch den Vereinsvorsitzenden, konnten für die Durchführung der Befragung gewonnen werden.

Die Befragung selbst wurde in den Monaten Mai und Juni 1995 in Interviewform durchgeführt. Nach der ersten Sichtung der Ergebnisse wurde im August 1995 ein Zwischenbericht für die Verantwortlichen und für die Presse zusammengestellt.

Die Jugendlichen sind in der Region in neun Sport- und neun Musikvereinen, in acht Jugendvereinen, in sieben Pfarrvereinen, in fünf Feuerwehrmannschaften und in vier Schützenvereinen organisiert. Die Vereine pflegen generell eine „klassische, traditionelle" Jugendarbeit, oft mit innovatorischen Zügen. Die meisten Vereine haben Nachwuchssorgen – einige dagegen (Feuerwehr) können Anmeldungen nicht mehr annehmen. Die Finanzierung des Vereinslebens scheint in vielen Fällen problematisch zu sein. Die Öffentlichkeitsarbeit sowie die Rolle der lokalen Medien werden generell als zufriedenstellend geschätzt. Die Vereinsmitglieder (von drei bis 24 Jahren) bleiben durchschnittlich sieben Jahre in ihrem Verein. Die Motivation zum Eintritt und Verbleib im Verein wird generell aufgrund der Tradition vermutet. Die meisten Vereine ringen mit dem Problem der Räumlichkeiten bei der Ausübung ihrer Tätigkeit. Die Zusammenarbeit zwischen Vereinen in der Region wird generell als gut eingeschätzt. Es gibt praktisch keinen ausländischen Jugendlichen in den Vereinen. Es gibt doppelt so viele Jungen wie Mädchen in den Vereinen und schließlich: die Befragten sind der Meinung, dass etwa 40 % der Jugendlichen in der Region nicht organisiert sind. Es gibt einen dringenden Bedarf, sinnvolle Freizeitangebote im Rahmen der Vereine, aber auch außerhalb, für alle Jugendlichen anzubieten.

Die Endauswertung erfolgte per Computer (SPSS für Windows / Base System) und wurde unter Zuhilfenahme von Diagrammen und Tabellen veranschaulicht. Die auf Diskette gespeicherten Daten können für weitere zweckdienliche Analysen nach Bedarf verwendet werden. Eine Liste aller für die Auswertung verwendeten Daten (insgesamt 1638 Variablen) wurde dem Endbericht zugefügt.

Wie bei jeder Institutionsanalyse bestand das Problem der Quantifizierung bei der Auswertung. Die Mehrfachnennungen wurden für die Auswertung gruppiert, die Variablen „andere" wurden nach Häufigkeit untersucht. Es war eine einfache „lineare" Auswertung, und die Korrelationen waren nicht durch komplizierte statistische Formeln, sondern meist mit Hilfe von gestapelten Balkendiagrammen veranschaulicht. Das Ziel der Befragung war nämlich, das Selbstverständnis der lokalen Vereine zu erfassen (deswegen sind die meisten bivariaten Vergleiche mit Ort und Verein kombiniert) und dieses für die kommende aktivierende Befragung der Jugendlichen selbst vorzulegen.

Die Hypothese lautete: Es kann für die Jugend und mit der Jugend in Simmerath im Rahmen der Vereine mehr getan werden. Die Untersuchung konnte 42 Vereine in nur elf Ortschaften der Gemeinde (sie besteht aus 13 Ortschaften) erreichen - trotzdem scheint die Repräsentativität gesichert zu sein. Die befragten Vereine wurden nach Vereinsart in fünf Kategorien zusammengefaßt, d.h. Sportvereine, Jugendvereine, Musikvereine, Pfarrvereine und die Jugendfeuerwehr. Die Durchschnittsdauer der Interviews bewegte sich um 35 Minuten. Es wurden jeweils die kompetentesten Personen, unter Kategorien „Leiter" und „Verantwortliche" gruppiert, befragt. In zehn Vereinen stehen für die Mitarbeiter keine Diensträume zur Verfügung – diesbezüglich sind aber Pfarr-, Jugend-, und Sportvereine besser versorgt als die anderen. Die Anzahl der Räume für Besucher, Benutzer oder Teilnehmer ist ausreichend – Probleme gibt es mit der Ausstattung. (Dieser Aussage wurde bei der aktivierenden Befragung der Jugendlichen aber widersprochen! Sie verlangen mehr Gestaltungsspielräume.)

Die Vereine haben überwiegend „multifunktionale" Räume für ihre Arbeit, und nur neun Vereine besitzen „eigene" Räume. Trotz einiger Kritiken herrscht allgemeine Zufriedenheit mit den Räumlichkeiten. Die meisten Vereine sind ein- oder zweimal in der Woche für zwei bis drei Stunden geöffnet. Der Wunsch nach flexiblen und variierbaren Öffnungszeiten ist vorhanden. Die Vereinsaufgaben wurden in 17 Kategorien zusammengefasst, die gleichzeitig als Schwerpunkt betrachtet werden können. Die Jugendvereine haben die vielfältigsten Aufgaben zu verwirklichen. Nachwuchs-, Finanzprobleme, mangelndes Interesse und geringe Motivation sind die Schwerpunktprobleme, die bei der Realisierung der Aufgaben auftreten. Die Finanzierung wurde in elf Vereinen als das schwerste Hindernis gedeutet. Die Vereine wählen in unterschiedlichen Zeitabständen (von einem Jahr bis fünf Jahren) demokratisch ihren Vorstand und sichern den Mitgliedern Mitspracherecht.

Die „informelle Organisation" (informelle Führung, Cliquenbildung, Subgruppen, Störung) wurde in 16 Vereinen als problematisch gesehen. Der Einzugsbereich der Vereine ist eher lokal; regionale Einzugsbereiche verzeichnen die Vereine in Lammersdorf und in Steckenborn – dies sind allerdings die zwei größten Gemeinden in Simmerath. Die Mehrzahl der Vereine hat mehr als ein Angebot für die Jugendlichen anzubieten – die Pfarr-, und Jugendvereine entwickeln in diesem Punkt die größte Phantasie.

Das „soziale" Angebot der Vereine beschränkt sich eher auf „Unterstützung" als auf „Begleitung und „Selbsthilfe". Die zusätzlichen jugendgerechten offenen Angebote haben fast immer mit Natur und mit Feier zu tun. Etwa die Hälfte der Vereine optiert für die „klassische" Jugendarbeit – aber auch andere Variationen der Jugendarbeit wurden häufig benannt (innovative, neuartige, experimentelle, alternative und pluralistische).

Der Eigenanteil bei der Finanzierung ist bei 20 Vereinen 100 % und bei weiteren elf bis zu 40 %. Es gibt keinen relevanten Unterschied zwischen Vereinen mit oder ohne Mitgliedsbeitrag. Die überwiegende Mehrzahl der Vereine ist „eingetragener Verein". Mitgliedszahlmäßig dominieren die kleinen (weniger als zehn Mitglieder) bis mittleren (zwischen zehn und 30 Mitgliedern) Vereine. Die meisten Vereine würden noch Mitglieder akzeptieren.

Das Gesamtbild der vereinsinternen Fort- und Weiterbildung ist positiv. Etwa die Hälfte der Vereine hat ihr Gründungskonzept der heutigen Jugend angepasst, und was die Zukunftsperspektive betrifft, wird qualitativ gedacht. Sie wünschen sich zwar eine Ausbreitung, denken jedoch realistisch. Die Vereinsmitglieder bleiben relativ lange im Verein (durchschnittlich 9,5 Jahre). Im Zwischenbericht nach der ersten Sichtung war die Verweildauer geringer geschätzt. Sie werden überwiegend durch Mundpropaganda rekrutiert – daneben spielen aber die lokalen Medien eine durchaus positive Rolle. Die Vereine arbeiten partnerschaftlich mit ihren Trägern und mit anderen Vereinen zusammen. Die Motivation der jugendlichen Vereinsmitglieder zum „Mitmachen" basiert eher auf dem Einfluss der Gleichaltrigen als auf der Tradition.

Diese Feststellungen lassen bei den Untersuchern die Meinung verstärken, dass die Vereine räumlich, zeitlich, personell und finanziell fähig und vorbereitet sind, auch neue Wege in der Jugendarbeit zu gehen. Diese Bereitschaft wurde deutlich nach Abschluss des Projektes. Die Vereine und die Verantwortlichen gelangten zu der Überzeugung, dass sie die „aufsuchende" Jugendarbeit - kombiniert mit einer „Geh-Struktur" - praktizieren möchten, um die Freizeitproblematik der lokalen Jugendlichen zu bewältigen.

Sie sind bereit, die finanziellen Probleme, das Desinteresse, den Motivationsmangel und die Nachwuchsproblematik mit einer weitgefächerten Angebotspalette zu bekämpfen, neue Mitglieder im lokalen Bereich zu gewinnen.

Eine Sensibilisierung für Mädchen- und Ausländerarbeit wäre noch herbeizuführen, besonders in den traditionellen Vereinen. Aktiv und dynamisch erschienen den Untersuchern besonders die Jugend- und Pfarrvereine. Ihre weitere Stärkung und ihre aktive Mitarbeit auch nach der Beendigung des Projektes „Pro Jugend – Simmerath" ist zu befürworten, zumal sie als Multiplikatoren und Vorbildfunktion für andere Vereine dienen können.

Die Projektverantwortlichen haben aufgrund der Institutionsbefragung und eines Gruppeninterviews mit Jugendlichen und Kids Vorschläge für weitere Schritte zur Verbesserung der regionalen Jugendhilfesituation erarbeitet. Zuerst muss die Raumfrage zufriedenstellend gelöst werden. Der Schwerpunkt der offenen Jugendarbeit in Simmerath muss in der Zukunft auf der Arbeit mit Kids liegen. Es ist dringend notwendig, für Mädchen Sozialräume zu schaffen, die sie selbstbestimmt nutzen können.

Da sich Jugendliche regional orientieren und Mobilität für Jugendliche wichtig ist, ist es notwendig, in der Gemeinde die Verbesserung des öffentlichen Nahverkehrs anzustreben. Damit Kids und Jugendliche mobil sein können, muss überlegt werden, ob Busse zur Ergänzung des Angebotes eingesetzt werden können (z.B. Kino-Bus zwischen Aachen und Simmerath).

Sehr wichtig ist die Vernetzung verschiedener Institutionen in der Jugendhilfe. Eine engere Zusammenarbeit zwischen Schulen, Gemeinde, Pfarrgemeinden und Vereinen ist erstrebenswert. Grundsätzlich müssen die Jugendhilfesituation durchdacht, diskutiert und Verbesserungsvorschläge erarbeitet werden, die arbeitsteilig zwischen Gemeinde und den Institutionen umgesetzt werden können.

Zur besseren Koordinierung generell empfiehlt es sich, eine Art runden Tisch einzurichten und zur Koordination von Jugendhilfemaßnahmen eine Stelle in der kommunalen Jugendpflege zu schaffen.

3.4 Feldforschungsprojekt Klinikum Aachen

Ein Feldforschungsprojekt im Rahmen einer Fachhochschule für Sozialwesen ist eine besondere Form des Praktikums. Die Studierenden bilden ein Team unter Leitung einiger Dozenten, die sowohl die theoretische Begleitung als auch die praktische Führung sichern. Das Prinzip von „learning by doing" steht Pate bei dieser neuen empirischen Methode der Sozialforschung. Diese Methode kann unterschiedliche Varianten haben, aber zwei Prioritäten sollten gewährleistet werden: 1. eine sehr enge Verbindung von Theorie und Praxis. Die Rückmeldungswege der Praxis an die Theorie sind verkürzt und dabei effektiver als sonst, die Theorien sind flexibel und unmittelbar anwendungsbezogen. 2. Die Fachhochschule geht aufs Feld. Die schulische Abgesondertheit wird geknackt, die in der Praxis Tätigen erfahren unmittelbar die Studierenden; das Studententeam erfährt Praxis auf eigener Haut. Die gegenseitigen Kontakte bauen Berührungsängste zwischen Fachhochschule und Praxisfeld ab, Konflikte und Kompetenzen werden beidseitig durchleuchtet, und ein Synergieeffekt kann entstehen.

Krankenhaussozialdienst ist für die dort Beschäftigten und deren Klientel eine sinnvolle Arbeit. Welches Ansehen hat aber dieser Dienst bei der Ärzteschaft und dem Pflegepersonal? Und sind die Leistungen dieser Stelle überhaupt bekannt? Auf solche Fragen suchte der Sozialdienst im Klinikum der Rheinisch-Westfälischen Technischen Hochschule (RWTH) Aachen eine Antwort. Die Katholische Fachhochschule Nordrhein-Westfalen, Abteilung Aachen, konnte mit einer empirischen Untersuchung weiterhelfen und so in einem Studienprojekt eine Serviceleistung für die Region erbringen, die gleichzeitig Studierenden neue praxisorientierte Lernmöglichkeiten eröffnet.

Die Leitung des Feldforschungsprojektes lag in den Händen von einer lehrenden Sozialarbeiterin und von einem Professor der Soziologie. Diese Kooperation zwischen einer Sozialarbeiterin und einem Soziologen, was die Leitungsaufgaben betrifft, wurde aufgrund der Lehrkompetenzen und Erfahrungen gestaltet. Die Sozialarbeiterin übernahm die Arbeit in dem Feld und pflegte die notwendigen Kontakte mit dem Klinikum. Der Soziologe begleitete das Projekt theoretisch und forschungstechnisch. Beide waren in der Lehre und Forschung bezüglich des Projektes stark engagiert und bildeten ein Team, was das Gelingen des Forschungsvorhabens garantierte. An den Fachhochschulen für Sozialwesen ist eine Kooperation zwischen lehrenden Sozialarbeitern und Professoren nicht nur erwünscht, sondern erforderlich, wenn projektartige Feldforschung praktiziert wird.

Der Sozialdienst des Klinikums nahm im Herbst 1995 mit der KFH NW, Abteilung Aachen, Kontakt auf mit der Bitte, eine aktivierende Befragung durchzuführen, um den Stellenwert der Krankenhaussozialarbeit vor Ort zu erfahren. Die Mitarbeiter/innen wünschten sich eine Untersuchung im Bereich des Pflegepersonals und der Ärzteschaft zum Bekanntheitsgrad der Krankenhaussozialarbeit und seiner Aufgaben. Im

Rahmen des von der Studienordnung der Fachhochschule vorgesehenen „Projekt statt Praktikum (1. Vollzeitpraktikum)" erklärten sich die zwei Lehrkräfte bereit, mit einer Student/innengruppe (acht Personen) eine empirische Untersuchung durchzuführen. Die Studierenden wurden im Wintersemester theoretisch auf das Arbeitsfeld Krankenhaussozialarbeit vorbereitet. Anschließend hospitierten sie in den Semesterferien (Februar 1996) im Klinikum, um die Kontakte zum Sozialdienst, zu Ärzten und Ärztinnen und dem Pflegepersonal aufzubauen.

Die theoretische Vorbereitung, die Erfahrungen aus den Hospitationen und die Ergebnisse aus zahlreichen Gesprächen mit den Mitarbeiter/innen des Krankenhaussozialdienstes führten zur Erstellung eines Fragebogens mit aktivierendem Charakter. Nachdem der Fragebogen fertig gestellt war, führten die Studierenden zunächst einen Pre-Test in einem anderen Aachener Krankenhaus (Marienhospital) durch.

In Absprache mit dem Auftraggeber (Krankenhaussozialdienst) ging das Projektteam von der Arbeitshypothese aus, dass die Krankenhaussozialarbeit sowohl bei der Ärzteschaft als auch beim Pflegepersonal einer intensiven Imagepflege bedarf. Offensichtlich ringt der Aachener Krankenhaussozialdienst mit dem Imageproblem. Unter Wahrung der strikten Anonymität und des Datenschutzes sollten in der Untersuchung der derzeitige Status quo und das Image der Krankenhaussozialarbeit im Klinikum ermittelt werden.

Als Ziel strebte die Projektgruppe an, dass die Befragung erstens einer sachdienlichen Aufklärung über die Arbeit des Sozialdienstes nützt und zweitens verbesserungswürdige Aspekte deutlich werden lässt. Diese Ziele können im weitesten Sinne auch als a) Öffentlichkeitsarbeit, b) als Feedback der Arbeit des Sozialdienstes und c) als Förderung der Transparenz in Bezug auf zukünftige Berufskolleginnen und -kollegen, die Ärzteschaft und das Pflegepersonal interpretiert werden.

Als Fazit der Untersuchung können wir vorgreifend feststellen, dass die Äußerungen zur Krankenhaussozialarbeit überwiegend positiv waren, auch wenn Wünsche und Erwartungen bei der Ärzteschaft und bei dem Pflegepersonal unterschiedlich waren.

Im Klinikum arbeiteten zur Zeit der Befragung 522 Ärztinnen und Ärzte und 1616 Pflegepersonen. Es wurde 40 Ärztinnen und Ärzte und 79 Pflegepersonen befragt. Daraus ergibt sich eine wissenschaftlich vertretbare Repräsentativität: 7,2 Prozent der Ärzt/innen und 4,8 Prozent des Pflegepersonals. Bei der Auswahl der Befragten wurden Zufallskriterien respektiert.

Die Auswertung erfolgte mit Hilfe des Computerprogramms SPSS für Windows. Im Hinblick auf die Repräsentierbarkeit – was eine Voraussetzung der Institutionsbefragung mit aktivierendem Charakter ist – wurde die einfache sogenannte „lineare Auswertungsform" gewählt. Für die Studierenden, die sowohl die Befragung als auch die Computerauswertung durchgeführt haben, war es gleichzeitig eine Übung im Fach „Methoden der empirischen Sozialforschung", die als Prüfungsvorleistung nach der Studienordnung der KFH NW gilt.

Die Fragebogenart war für beide befragten Gruppen die gleiche. Die Fragebögen bestanden aus drei Teilen: Fragen zur Person, Fragen zum Projektthema und aktivierende Fragen.

Stellenwert, Bekanntheitsgrad und Imagepflege des Sozialdienstes waren die maßgeblichen Leitmotive unserer Befragung. Aus der ersten „linearen Auswertung" können die Hypothesen verifiziert werden. Es besteht ein ausgeprägter Bedarf nach mehr Information, nach Weiterbildung und noch mehr Transparenz von Seiten des Sozialdienstes.

Aus den Fragen zur Person geht hervor, dass der Sozialdienst sowohl in der Ärzteschaft als auch beim Pflegepersonal mit einer jungen, überwiegend weiblichen und mobilen Population zu tun hat. Altersmäßig ergibt sich ein ähnliches Bild in beiden befragten Gruppen. Durchschnittsalter des Pflegepersonals ist 33 Jahre – das der Ärzteschaft 32 Jahre. Beim Pflegepersonal sind 80 Prozent der Befragten weiblich, bei der Ärzteschaft ist jede zweite eine Frau. Alle Befragten können im Klinikum eine relativ kurze Beschäftigungsdauer (unter fünf Jahren) nachweisen und besitzen nur in geringem Maße eine Zusatzausbildung. In der Ärzteschaft überwiegen die Assistenzärztinnen bzw. -ärzte, beim Pflegepersonal kann etwa die Hälfte der Befragten als „paramedikal" (nicht unmittelbar in der Pflege beschäftigt) bezeichnet werden.

Die zusammenfassende Auswertung der Fragen zum Projektthema erlaubt uns folgende Feststellung: Die Befragten äußern sich überwiegend positiv zum Krankenhaussozialdienst und zur Krankenhaussozialarbeit – es sind 67,5 Prozent der Ärztinnen und Ärzte und 48,1 Prozent des Pflegepersonals. Die Befragten sehen die „Beratung" als wichtigste Aufgabe des Sozialdienstes an. Die Arbeit des Sozialdienstes wird auch idealtypisch mehrheitlich als sehr wichtig betrachtet. Der Bekanntheitsgrad wurde in beiden Gruppen differenziert gesehen – weiterer Informationsbedarf ist in beiden Gruppen vorhanden. Über den Krankenhaussozialdienst hat das Pflegepersonal während seiner Ausbildung mehr erfahren als die Ärzteschaft. Der Wunsch nach mehr Informationen ist in beiden Gruppen gleich stark. Die Zufriedenheit in puncto Zusammenarbeit mit dem Sozialdienst ist generell vorhanden. Es gibt doppelt so viele Unzufriedene beim Pflegepersonal wie bei der Ärzteschaft. Eine statistische Tabelle beweist, dass die Ärzte, die während ihrer Ausbildung über die Tätigkeit des Sozialdienstes informiert wurden, mit der Zusammenarbeit zufriedener sind als die Nichtinformierten.

Zur Selbst- und Fremdeinschätzung befragt (bzgl. der jeweils anderen Befragtengruppe), können vereinfacht zwei Punkte angeführt werden: 1) Die Ärzteschaft ist am gegenseitigen Informationsaustausch interessiert. 2) Das Pflegepersonal bemüht sich, die Informationen weiterzuleiten.

Es sind eher die Pflegepersonen, die ständig Informationen vom Sozialdienst einholen wollen. In den Verbesserungsvorschlägen überwiegen bei beiden Gruppen die engere Kooperation und die Teamarbeit, dicht gefolgt von dem Wunsch nach mehr Öffentlichkeitsarbeit und mehr Selbstdarstellung von Seiten des Sozialdienstes. 64 Prozent der Befragten haben keine Sozialarbeiter/innen in ihrem Bekanntenkreis. Das Studium der Sozialarbeit wird von den Befragten auf acht Semester geschätzt.

In zwei Fragen haben wir Unterschiede zwischen dem Wunsch nach Weiterbildung und der Bereitschaft zur Weiterbildung durch den Sozialdienst festgestellt. Die Bereitschaft war beim Pflegepersonal etwas positiver als bei der Ärzteschaft. Beim Weiterbildungswunsch überraschte uns eine hohe Quote der Nichtäußerung und die wenig konkrete Formulierung der Wünsche, obwohl die Bereitschaft, Weiterbildungsangebote von Seiten des Sozialdienstes in Anspruch zu nehmen, vorhanden war. An erster Stelle stehen die „sozialrechtlichen Fragen", an zweiter Stelle die „Pflegeprobleme" (z.B. Pflegeversicherung).

In der dritten und letzten Fragegruppe ging es um aktivierende Fragen. Die Mehrheit der Befragten würde den Sozialdienst zu sozialrechtlichen Fragen sowie zur Rehabilitation und Entlassung der Patient/innen zu Rate ziehen. Es herrscht eine breite Zustimmung, was die Entlastung der Arbeit des Sozialdienstes für die Befragten betrifft. Nur 10 Prozent der befragten Ärztinnen empfand keine Entlastung.

Die Verwaltung als weisungsbefugte Instanz wurde mit fast 100 Prozent identifiziert. Erfreulich konnte man zur Kenntnis nehmen, dass für 90 Prozent der Befragten der Ansprechpartner im Bedarfsfall gut bekannt sei. Zuletzt konnten wir feststellen, dass für alle Befragten die Tätigkeit des Sozialdienstes durch die tagtägliche Arbeit bekannt wurde.

Als herausragendes Ergebnis kann festgestellt werden, dass der Wunsch nach Weiterbildung von Seiten des Krankenhaussozialdienstes zu den genannten Themen groß ist; sollte der Krankenhaussozialdienst unter dem zunehmenden Kostendruck im Krankenhauswesen unter Legitimationsdruck geraten, so könnte sich die Sozialarbeit im Krankenhaus durch qualifizierte Weiterbildungsangebote für die anderen Berufsgruppen ein weiteres Aufgabenfeld erschließen.

3.5 Kooperationsprojekt zu Jugendarbeitslosigkeit im interkulturellen Vergleich

Thema des Forschungsvorhabens innerhalb des Kooperationsprojektes ist die Untersuchung der Maßnahmen gegen Jugendarbeitslosigkeit in der Bundesrepublik und in Ungarn. Es ist ein Vergleich anhand ausgewählter Modellprojekte im Rahmen des Kooperationsvertrags zwischen der Katholischen Fachhochschule Nordrhein-Westfalen und zwei ungarischen Hochschulen.

Der Kooperationsvertrag ist die rechtliche Absicherung der guten wissenschaftlichen Zusammenarbeit prinzipiell gleichgestellter Partner. Die Ziele der Kooperation sollten genau präzisiert werden, die für die Kooperation Verantwortlichen sollten genannt werden. Außerdem sollten im Vertragstext die Arbeitspläne und Informationskanäle, die finanziellen Aspekte, die versicherungsrechtlichen Bestimmungen und die Dauer der Kooperation beschrieben werden. Das Bildungsministerium, die Deutsche Forschungsgemeinschaft und der Deutsche Akademische Austauschdienst sowie europäische Stellen (z.B. TEMPUS-Projekte) sind bei der Konzipierung eines Kooperationsvertrages beratend tätig.

Für die Finanzierung des Forschungsprojektes wurde ein Antrag gestellt. Zum Antragsformular wurden folgende Anlagen angefertigt: a) Darstellung des gegenwärtigen Erkenntnisstandes, b) Vorarbeiten auf dem gewählten Forschungsgebiet, c) Ziel des Vorhabens, d) Aufgabenstellung des Vorhabens, e) Arbeitsprogramm, f) Untersuchungsmethoden, g) Sachkosten des Forschungsvorhabens.

a) Darstellung des gegenwärtigen Erkenntnisstandes: Die Jugendarbeitslosigkeit auf der gesamteuropäischen Ebene wird zunehmend bedrohlicher für die europäische Wirtschaft und gefährdet auch den sozialen Frieden. Es scheint, dass mit herkömmlicher lokal oder regional erprobter Bekämpfung in den immer mehr globalisierten Wirtschaftszusammenhängen nicht viel erreicht wird. Man braucht Modelle, die grenzüberschreitend anwendbar sind. Die Sozialarbeit ist gefragt, zu diesem Thema aktiv und kreativ Stellung zu nehmen.

Im Rahmen der Kooperationsverträge, die die KFH mit ungarischen Partnerhochschulen geschlossen hat, bietet sich die Gelegenheit, Modelle zu analysieren, zu vergleichen und daraus gegenseitig zu lernen. Die gut ausgebaute Beziehungsstruktur zwischen der Abteilung Aachen der KFH und der „Vitéz János" Römisch-Katholischen Pädagogischen Hochschule in Esztergom (persönliche Kontakte, TEMPUS-Projekte, Intensivseminare) sowie der „Bárczi Gusztáv" Heilpädagogischen Hochschule in Budapest (gemeinsam durchgeführte Forschung über studentische Vorurteile und persönliche Kontakte) erlauben eine erfolgversprechende Zusammenarbeit.

Die jugendlichen Arbeitslosen in Ungarn befinden sich in einer ähnlichen Situation wie die Deutschen. Ähnliche Prozentzahlen, ähnliche Stadt-Land-Verteilung, strukturschwache Gebiete im Norden Ungarns wie in den neuen Bundesländern ermöglichen den Vergleich. Hinzu kommt, dass die Ungarn sich für den Eintritt in die Europäische Gemeinschaft ernsthaft vorbereiten und ihre Wirtschaft umstrukturieren, um der europäischen Wettbewerbsfähigkeit gerecht zu werden. Diese Umstrukturierung verlangt noch mehr Opfer in den Reihen der Jugendlichen. Wie in der Bundesrepublik sind auch in Ungarn die minderqualifizierten Jugendlichen in einer besonders schweren Lage, hier die jugendlichen Spätaussiedler und Ausländer – dort die ethnische Minderheit (Roma = Zigeuner), die sich in einer besonders unterprivilegierten Situation befinden.

b) Vorarbeiten auf dem gewählten Forschungsgebiet: Zu den Vorarbeiten des Antragstellers gehörten die Seminare im Bereich Jugendsoziologie und Randgruppensoziologie, die Betreuung zahlreicher Diplomarbeiten zum Thema Jugendarbeitslosigkeit sowie die spezielle Vorbereitung des Lernprojektes „Arbeitslosenprojekte BRD – Ungarn" im Wintersemester 1997/98 und Sommersemester 1998, in dessen Rahmen auch dieses Kooperationsforschungsprojekt geplant ist.

Die Vorarbeiten ungarischer Seite bestanden besonders in der intensiven Betreuung von Diplomarbeiten zum Thema Jugendarbeitslosigkeit mit starkem empirischen Akzent an den kooperierenden Hochschulen in Budapest und Esztergom. Der Projektverantvortliche in Budapest war ein international bekannter Forscher im Gebiet der Jugendarbeitslosigkeit, Professor der Soziologie.

c) Ziel des Vorhabens: Die Kooperationsprojektforschung verfolgte drei Ziele: 1) vergleichende interkulturelle Analyse der Jugendarbeitslosigkeit in der Bundesrepublik und in Ungarn am Beispiel ausgewählter Projekte in beiden Ländern. 2) Erprobung der kooperativen Zusammenarbeit zwischen drei Hochschulen mit intensiver Beteiligung der Studenten. In Aachen sind es die Studenten, die nach der neuen Studienordnung das Lernprojekt „Arbeitslosenprojekte BRD – Ungarn" belegen. In Esztergom und Budapest sind es die Studenten, die ihre Diplomarbeit zum Thema Arbeitslosigkeit schreiben. 3) Die Forschung gilt als Vorbereitung weiterer, längerfristiger aus europäischen Forschungsmitteln zu beantragender Projekte. In diesem Sinne ist es ein „Pilotprojekt", wo Projektmanagment, „found-raising" und Kooperationsmöglichkeiten anderer Hochschulen vorbereitet werden können.

d) Aufgabenstellung des Vorhabens: Wegen seines Pilotcharakters sollte dieses Forschungsvorhaben folgende Aufgaben stellen: 1) Erforschung der neuesten Fachliteratur im Bereich der Jugendarbeitslosigkeit in Ungarn und in der BRD, 2) Erstellung einer kommentierten Literaturliste (Computerprogrammiert und erweiterungsfähig in englischer Sprache). 3) Aufstellung einer Liste der Arbeitsloseninitiativen mit Modellcharakter in beiden Ländern, 4) für die Aachener Studenten: die Hälfte der Praxistage (acht) in Ungarn zu absolvieren, 5) für die ungarischen Studenten: Praxisbesuch in Aachen (eine Woche) in Begleitung von betreuenden ungarischen Dozenten. 6) Vortrag in Aachen über die jugendliche Arbeitslosigkeit in Ungarn. 7) Vortrag in Esztergom und Budapest über die Arbeitslosensituation der Jugendlichen in der Bundesrepublik, 8) Erstellung eines Berichtes mit Empfehlungen und Direktiven für ein europäisches Projekt.

Die „Sprache" des Projektes bzw. des Forschungsvorhabens ist Englisch. Diese Entscheidung ist aus folgenden Überlegungen notwendig geworden: Die Studierenden in Ungarn bevorzugen die englische Sprache und müssen vor ihrer Diplomarbeit eine Sprachprüfung ablegen. Für die spätere Erweiterung des Projektes auf gesamteuropäischer Ebene erweist sich die englische Sprache als nützlich. Deswegen wurden in Ungarn und in Aachen gut englisch sprechende Studenten ausgewählt.

e) Arbeitsprogramm: Das Forschungsprojekt ist auf ein Jahr beschränkt. Für die Weiterführung und Erweiterung zu einem europäischen Kooperationsforschungsprojekt wurde schon vorgesorgt. Zwei Aachener Kollegen bekundeten Interesse, und die ungarischen Kollegen wären auch bereit, das Projekt weiterzuführen. Die Ausdehnung sollte die osteuropäischen Reformländer (Polen, Tschechien, Ungarn, Slowenien) und in Westeuropa Deutschland, Österreich, Benelux, England und Frankreich erreichen. Es laufen schon Verhandlungen mit zwei deutschen und zwei ungarischen Hochschulen zwecks zukünftiger Beteiligung.

Die konkrete Planung des Arbeitsprogrammes wurde kalendarisch folgendermaßen gedacht: Februar bis Juni 1998. Im Rahmen des Lernprojektseminars werden die Studenten in Aachen einige Stellen besuchen (Forum der Arbeit, Pro Arbeit, Regionalstelle der Caritas, Arbeitsamt usw.), wo sie direkt Grundlageninformationen zu jugendlicher Arbeitslosigkeit sammeln. Die für das Lernprojekt erforderlichen Praxistage werden zur Hälfte in einem von ihnen ausgewählten Modellprojekt geleistet. Ähnlich werden die Studierenden in Esztergom und Budapest verfahren. Für ihre Diplomarbeit suchen sie ein Projekt mit Modellcharakter aus und führen dort eine Institutionsbefragung durch.

Juni 1998: Vortrag in Aachen vor den Teilnehmern des Projektes über die Situation der jugendlichen Arbeitslosen in Ungarn; Vortrag in Esztergom und in Budapest vor den dortigen Teilnehmern des Projektes über die Lage der Jugendarbeitslosigkeit in Deutschland.

Juli 1998: Studienaufenthalt der ungarischen Diplomanden und ihrer Dozenten in Aachen; Kennenlernen, erster Informationsaustausch, Besuch von Modelleinrichtungen.

September 1998: Studienaufenthalt der deutschen Projektstudenten in Esztergom und Budapest; sie werden in den dortigen Modelleinrichtungen den zweiten Teil ihrer Praxistage verbringen.

Oktober bis Dezember 1998: Die Studenten liefern ihre Praxisberichte und Fragebögen ab. Die Literaturliste wird aktualisiert und kommentiert.

Dezember 1998 bis Februar 1999: Auswertung der Befragung, Erstellung des Projektberichtes.

f) Die Untersuchungsmethoden bestehen aus teilnehmenden Beobachtungen in den Modelleinrichtungen, kombiniert mit einer Institutionsbefragung (siehe 3.3 Institutionsbefragung der Jugendvereine in Simmerath). Einübung zur Erstellung einer kommentierten Fachbibliographie: Jugendarbeitslosigkeit in Ungarn und in der Bundesrepublik; Erprobung von Forschungs- und Projektmanagement als Lernziel für Studierende.

g) Die Kosten sollten prinzipiell sehr niedrig gehalten werden, und die ungarischen Partner sollten die Zuschussmöglichkeiten, die ja auch schon in Ungarn vorhanden sind, voll ausschöpfen. Das Prinzip der Kostentelung laut Punkt 5 des Kooperationsvertrages ist rigoros einzuhalten. Die Übersetzung und Dolmetscherkosten werden gering veranschlagt, weil eine gemeinsame „Projektsprache" (Englisch) vereinbart wurde.

Der Forschungsprojektleiter in Aachen bemühte sich, Drittmittel zu erwerben. Es wurden private Träger (Stiftungen) angeschrieben, die für solche Kooperationsvorhaben mit Osteuropa besonders sensibel waren.

Die Ziele der Forschung wurden erreicht. Die vergleichende interkulturelle Analyse der Jugendarbeitslosigkeit in der Bundesrepublik und in Ungarn wurde von den beteiligten deutschen und ungarischen Studenten nach einem Semester intensiven theoretischen Vorbereitens „on the field" vollzogen. Sie waren motiviert weiterzumachen. Die sprachliche Verständigung (ungarisch, deutsch, englisch) war ausgezeichnet. Die Gemeinsamkeiten, aber auch die Unterschiede der Situation deutscher und ungarischer jugendlicher Arbeitsloser wurden verdeutlicht. Die Studenten haben die Besuche protokolliert, sie werden noch in Seminaren diskutiert und in den Endbericht einbezogen. Eine Ausdehnung auf andere europäische Länder, bereichert durch die Erfahrungen des laufenden Projektes, wurde von jedem Projektteilnehmer begrüßt.

Das didaktische Vorhaben, nämlich die Erprobung der kooperativen Zusammenarbeit, diesmal mit intensiver Beteiligung der Studenten aus Ungarn und aus der Bundesrepublik, wurde durch Erfolg gekrönt. Dies war auch im Sinne der vorjährigen Untersuchung und Befragung in Esztergom über die Intensivierung der Auslandskontakte der Hochschulen im Rahmen eines Evaluationsprojektes. Man gewinnt die Überzeugung, dass die bilateralen Auslandskontakte zwischen ungarischen und deutschen Hochschuleinrichtungen sich immer mehr auf die empirisch-praktische Projektebene verlagern und langsam auf gesamteuropäische Ebene ausstrahlen sollten. Die Ungarn nehmen ihre bevorstehende Aufnahme in der Europäischen Gemeinschaft sehr ernst und haben in der Sozialarbeit praktisch den europäischen Standard erreicht.

4. Studentische Übungsbefragungen

Vorbemerkung

Im Rahmen des Seminars „Methoden der empirischen Sozialfor-schung" an der Katholischen Fachhochschule Nordrhein-Westfalen (Abteilung Aachen) waren die Studenten aufgefordert, selbständig als Übung eine Befragung durchzuführen. Das Fach MES (Methoden em-pirischer Sozialforschung) war nach der alten Studienordnung ein zweisemestriges Lehrangebot und Voraussetzung für die Fachprüfung in Soziologie. Im ersten Semester wurden die Grundlagen der empiri-schen und angewandten Sozialforschung teilweise durch Vorlesung, teilweise durch Referate dargelegt. Im zweiten Semester hatten die Stu-denten die Gelegenheit, die Methoden der Befragung zu üben. In der neuen Studienordnung ist die Benennung für dieses Fach jetzt MAF (Methoden angewandter Forschung) und wird nur während des ersten Semesters gelehrt. Der Übungsteil (das vorherige zweite Semester) wurde in das Projektstudium verlegt.

Für ihren späteren Beruf als Sozialabeiter/in oder Sozialpädagogin bzw. Sozialpädagoge sind für die Studierenden die Methoden der Be-fragung, – die meistbenutzte Forschungsmethode in der Sozialarbeit – praktisch kennenzulernen, selbst zu üben und Schwellenängste zu überwinden (z.B. Unbekannte, Passanten auf der Straße anzureden) un-entbehrlich. Die Übung wurde in folgenden Schritten vorbereitet:

1) Die Seminarteilnehmer bildeten Fünfergruppen. Es wurde darauf geachtet, dass möglichst diejenigen Studierenden Gruppen bildeten, die sonst wenig miteinander verkehrten. Es war Teil der Übung und eine didaktische Voraussetzung zu erproben: Wie klappt die Zusammenar-beit mit Unbekannten – wie im Berufsleben?

2) Sie entschlossen sich für ein selbstgewähltes Thema, das ihr Inter-esse, ihre Besorgnisse oder ihre Berufsvorstellung reflektiert. Sie waren völlig frei in der Auswahl – es wurden auch skurrile, witzige oder halb-ernste Themen zugelassen.

3) Sie erarbeiteten gemeinsam eine Hypothese zum Thema und waren frei, die Hypothesenformulierung so zu gestalten, wie es ihnen gefiel.

Oft waren auch Nebenhypothesen notwendig, wenn das Thema kompliziert erschien.

4) Immer noch gemeinsam konzipierten sie ein Fragebogenraster (das vom Dozenten überprüft wurde), und nach Korrektur und Diskussion schrieben sie den endgültigen Fragebogen. Er musste zwei Teile haben: a) mindestens fünf Fragen zur Person (z.B. Alter, Geschlecht, Bildungsgrad, Beruf und Wohnort) und mindestens zehn Fragen zum Thema. Diese Fragen sollten einen engen Bezug zur Hypothese aufweisen und möglichst viele Frageformen variieren, von geschlossenen bis offenen, von Skala-Fragen zu Filterfragen usw.

5) Die Auswahl der zu befragenden Personen sollte ein Minimum an Repräsentativität respektieren und dem Zufall überlassen sein. Selten wurden Totalbefragungen durchgeführt (z.B. eine ganze Schulklasse), sehr oft Befragungen der Mitstudenten, Bekannten, Nachbarn, Einwohner in einem Altenheim oder Passanten in der Stadt. Mindestens 20 Personen sollten befragt werden, jeder in der Gruppe hatte also mindestens vier Personen zu interviewen. Es stellte sich später heraus, dass diese Mindestzahl bei den meisten Befragergruppen überschritten wurde.

6) Die Auswertung sollte auch gemeinsam erfolgen. Immer häufiger in den zehn Jahren (1988-1998) benutzten die Studenten für die Auswertung ihren PC – und immer weniger wurde nur „manuell" ausgewertet. Bei einigen Gruppen entstanden sehr schöne, farbige Diagramme – bei den anderen waren es nur Tabellen. Pflicht war es, mindestens zwei Querverbindungen bzw. Korrelationen zwischen Frage zur Person und Frage zum Thema aufzustellen, so, dass sich die formulierte Hypothese verifizieren oder falsifizieren ließe. Meist haben die Gruppen zunächst eine „lineare Auswertung" vorgenommen, d.h. die Antworten wurden eine nach der anderen gezählt, geprüft, und dann gingen sie auf die Hypothesenanalyse ein.

7) Zuletzt sollten die Studenten ein kurzes, schriftliches Statement, einen „Forschungsbericht" schreiben und dies auch mündlich vor dem Plenum vortragen. Die fünf Mitglieder der jeweiligen studentischen Forschergruppen haben sich die Aufgaben untereinander aufgeteilt. Der eine berichtete über den Ablauf der Befragung, die positiven oder negativen Erfahrungen der Gruppe, der andere begründete das Thema und

die Hypothese, einer berichtete über die gruppeninterne Diskussion rund um die Formulierung der Fragen, wiederum einer sprach von den Schwierigkeiten oder vom Spaß (Überraschungen, Aha-Erlebnisse), die bei der Auswertung erlebt wurden, und schließlich der fünfte in der Gruppe resümierte das „Abenteuer Übungsbefragung" und stellte sich und der Gruppe die folgende selbstkritische Frage: Wie und was würden wir anders (besser) machen, wenn wir die Gelegenheit hätten, noch einmal dieselbe Befragung durchzuführen?

Die Befragungen hatten natürlich unterschiedliches Niveau. Manchmal waren die gestellten Fragen interessanter als die Auswertung, manchmal verriet die einfache „lineare" Auswertung mehr zum Thema als die Korrelationen. Einige Arbeiten waren sogar veröffentlicht, oder der Bericht wurde vervielfältigt an Interessenten ausgehändigt. Die hier folgende Gruppierung nach Themen ist willkürlich und nur eine grobe Einschätzung, da Themenbereiche oft nicht sauber voneinander zu trennen sind oder sich überlappen. Ob Schwangerschaftsverhütung zum studentischen Leben, zum Mann-Frau-Thema oder zum Partnerproblem gehört, soll der Leser selbst entscheiden. Der Verfasser möchte diese Entscheidung nicht vorwegnehmen, daher beinhaltet der sechste Punkt (Diverse Themen) die meisten Befragungen. Die Themenwahl scheint aber ein Barometer der Interessen der Studierenden zu sein, und die Tatsache, dass einige Themen in den zehn Jahren immer wieder aufgegriffen wurden, zeigt, dass sie ihre Aktualität nicht verloren haben. Auf die Angabe, wann die Befragung durchgeführt wurde, wurde bewusst verzichtet, nur dort wurde das Datum vermerkt, wo ein punktuelles Ereignis dies verlangt hatte (z.B. Erdbeben in Aachen). Der Zeitraum ist also auf zehn Jahre – von 1988 bis 1998 - beschränkt.

Es wäre interessant, eine Befragung über die Befragung zu machen; noch interessanter wäre es, die Studenten, die mittlerweile schon im Berufsleben sind, zu befragen, ob für sie die Übungsbefragung nützlich war, und wie oft sie selbst Befragungen durchführten.

Es erübrigt sich zu betonen, dass diese Befragungen von Studenten nicht repräsentativ waren. In ihren Berichten wurde darauf immer wieder hingewiesen, und in den selbstkritischen Zusammenfassungen wurden oft Vorschläge erarbeitet, wie die Repräsentativität gewährleistet werden sollte. Mit den Befragungen in Schulen und Behörden gab es ab und zu Probleme. Es kam vor, dass eine gut vorbereitete Befragung in einer Schule abgesagt werden sollte, weil entweder der Schuldirektor im letzten Augenblick anders entschieden hatte oder weil die Genehmigung von oberen Stellen zu spät erteilt wurde.

Um die Ideenvielfalt der Studenten besser zu dokumentieren, werden die Themen im Text unterstrichen und die Hypothesen *kursiv* geschrieben. Die in Klammern stehenden fettgedruckten Zahlen von **1** bis **50** sind nicht nach Entstehungsdatum oder chronologisch zu interpretieren, sondern folgen einer einfachen themeninternen Reihenfolge.

Der Verfasser hofft, dass trotz ungenügender Wissenschaftlichkeit diese Befragungen doch „professionell" durchgeführt waren. Es war eine Herausforderung für Studienanfänger, gleich im zweiten Semester „den Ernstfall" zu erproben und aus eigenen Fehlern zu lernen. Der Lerneffekt wurde dadurch wesentlich erhöht, dass jede durchgeführte Befragung im Plenum ausreichend diskutiert wurde, Verbesserungsvorschläge notiert und Kritik sowie Selbstkritik geübt wurden.

4.1 Studenten und ihre Stadt

Studenten leben nicht unter einer „Käseglocke", sondern entdecken auch die Stadt, in der sie vier Jahre lang studieren werden. Sie gehören zum Stadtbild, interessieren sich für die Meinung der Bürger, sind überzeugte Radfahrer/innen, wenn sie nicht gerade das Stadtteilauto benützen, und beobachten das Leben anderer Jugendlicher in der Stadt.

Aachen ohne Studenten bedeutet einen Wert- und Strukturverlust? **(1)** Es wurden 15 weibliche und neun männliche Passanten befragt zwischen 15 und 85 Jahren. Das Durchschnittsalter betrug 41,1 Jahre. Die meisten Befragten waren zu Beginn sehr kritisch, und man musste jedesmal genau erklären, wofür, warum und für wen diese Untersuchung durchgeführt wird. Erst, als die Befragten wussten, dass es sich um eine Umfrage zur Übung für das Studium handelte, waren die Passanten sehr kooperativ und hilfsbereit. Dieses bestätigt übrigens die Hypothese: *Die Bevölkerung ist meist gut auf Studenten und ihr Studium zu sprechen.* Es ist jedoch aufgefallen, dass besonders die Befragten aus den kommerziellen Bereichen mehr zur Beantwortung des Fragebogens angeregt werden mussten, obwohl diese das Thema doch am meisten interessieren müsste, da sie ja doch beruflich viele Vorteile von Studenten haben. Je älter die Leute waren, desto bereitwilliger gaben sie Auskunft. Während der Befragung sind einige interessante Gespräche über das Thema entstanden, so dass die Studenten doch viel Spaß bei der Befragung hatten. Als Einstieg in die Sichtweise der studentischen Befragungen generell sollten hier ausnahmsweise alle Fragen zum Thema „linear", d.h. eine nach der anderen, ausgewertet werden.

1. Haben Sie selber studiert? Ja – nein. Wenn ja, wo? Von den Befragten haben nur fünf selbst studiert, davon drei in Aachen.

2. Aachen hat ca. 250.000 Einwohner. Wie viel Prozent sind Ihrer Meinung nach Studenten? (Ungefähr 16% der Einwohner sind Studenten. Vermerk des Verfassers). Die durchschnittliche Schätzung der Befragten war 24 %, also eine ziemliche durchschnittliche Verschätzung, was für die Hypothesenauswertung bedeutet, dass die Studenten in Aachen doch auffallen.

3. Haben Sie regelmäßigen Kontakt mit Student/innen? Ja - nein. Die Antworten waren bei dieser Frage ziemlich ausgeglichen in der Prozentzahl: gleichmäßig viel und wenig Kontakt mit Studenten.

4. und 5. Wie alt schätzen Sie die durchschnittlichen Student/innen und wie lange schätzen Sie die durchschnittliche Studiendauer? Auch bei diesen Fragen schätzten die Befragten sehr gut, das durchschnittliche Alter der Studenten beträgt 25,2 Jahre, und die durchschnittliche Studiendauer 6,5 Jahre, d.h. 13 Semester.

6. Wie wirken auf Sie typische Student/innen? (mehrere Möglichkeiten): gammelig – faul – gepflegt – fleißig – aussteigermäßig – seriös – anders - es gibt keine studententypischen Merkmale. Hier fiel auf, dass viele sich nicht konkret festlegen wollten. So fanden 52 % der Befragten, dass die typischen Student/innen nicht anders, also ohne „typisch", studentische Merkmale, aussehen, woraus man schließen kann, dass Studenten nicht besonders negativ oder positiv auffallen, sondern eben einfach in das Stadtbild zu passen scheinen.

7. Finden Sie, dass Student/innen das Straßenbild in Aachen prägen und wenn ja, wie? Eher positiv – eher negativ – gar nicht – ich weiß nicht. Die meisten Befragten fanden, dass die Student/innen das Stra-

ßenbild in Aachen positiv prägen und auch eher positiv zur Stadtatmosphäre durch Toleranz, Anwesenheit und Erscheinungsbild beitragen.

8. Nutzen Student/innen Angebote der Stadt? Wenn ja, welche Angebote werden genutzt? Die meisten Befragten waren der Meinung, dass Student/innen Angebote der Stadt nutzen (Kino, Konzerte, Bücherei, Freibad etc.). Durch das Benutzen der Angebote der Stadt fanden die meisten Befragten, dass sie davon selbst kulturelle Vorteile ziehen. Je mehr die Angebote genutzt werden, desto größer, breiter kann das Angebot ausgedehnt und verbessert werden. Viele der Befragten sehen jedoch Nachteile im Verkehr und auf dem Wohnungsmarkt durch die Student/innen.

9. Womit verbringen Student/innen Ihrer Meinung nach den größten Teil ihres Tages? (mehrere Möglichkeiten) lernen – in der Uni – faulenzen/schlafen – jobben – bummeln/in der Stadt sitzen – Sonstiges. Die durchschnittliche Meinung war: lernen und jobben – was eigentlich ein positives Bild von Studenten darstellt.

10. Würde Aachen sich Ihrer Meinung nach ohne Student/innen verändern, und wenn, in welcher Weise? Positiv – negativ – gar nicht. Ungefähr die Hälfte der Befragten ist der Meinung, dass sich Aachen ohne Studenten negativ verändern würde.

11. Nutzen Sie irgendwelche Angebote von/für Student/innen und wenn ja, welche? Nein - Ja, und zwar folgende. Die meisten Befragten nutzen keine Angebote von Studenten, jedoch 25 % nutzten gelegentlich Studentinnen als Putz- und Haushaltshilfe.

12. Würden Sie lieber in Aachen leben, wenn es hier keine Student/innen gäbe? Ja – nein – weiß nicht. Die Hälfte der Befragten würde nicht gern in Aachen leben ohne Studenten, und die andere Hälfte hielt sich neutral.

Wie oder was denkt der „normale" Bürger über Studenten? (2) Das Thema hieß: Das Meinungsbild der Bevölkerung einer Universitätsstadt über Studenten am Beispiel Aachen. Es wurden drei Hypothesen aufgestellt: 1. Weil Studenten viel freie, d.h. nicht fest verplante Zeit haben, *besteht das Klischee vom ewigen Studenten.* 2. Wenn es in Aachen keine Studenten gäbe, dann würde *der Stadt etwas fehlen.* 3. Weil Aachen eine Universitätsstadt ist, besteht innerhalb der Bevölkerung ein *Inter-*

esse an studentenpolitischen Veränderungen. Die Befragten wurden in Burtscheid und in der Aachener Innenstadt nach dem Zufallsprinzip ausgewählt, wobei darauf geachtet wurde, möglichst ein Gleichgewicht zwischen männlichen und weiblichen Befragten und eine Gleichverteilung auf die im Fragebogen festgesetzten Altersintervalle herzustellen.

Bestätigt sich das Klischee vom ewigen Studenten? Man muss zu diesem Punkt erwähnen, dass so gut wie alle Befragten sehr gut gegenüber Studenten eingestellt waren. Von 22 Befragten stimmte nur einer dem Klischee zu, alle anderen sagten, dass sich dieses Klischee in ihren Augen nicht bestätige.

Würde der Stadt Aachen ohne Studenten etwas fehlen? Auch hier zeigte sich eine äußerst positive Einstellung gegenüber Studenten. Keiner fühlte sich in irgendeiner Weise von den Studenten gestört oder gar belästigt, im Gegenteil: 19 der Befragten meinten sogar, der Stadt würde etwas fehlen, wenn es in Aachen keine Universität oder Studenten mehr gäbe. Denn durch die Studenten bleibe eine alte Stadt wie Aachen jung, und die befragten Bürger meinten sogar, dass die Universität der Stadt einen guten Ruf und einen höheren Status verschafft. Erstaunlich war aber, dass trotz dieser positiven Äußerung 18 der Befragten meinten: Aachen wäre eher wegen seiner kulturellen Bedeutung bekannt.

Zur dritten Hypothese: Die Mehrheit der Befragten hatte eine Meinung zu den studentenpolitischen Belangen und konnte diese auch begründen. Bei den Begründungen fiel jedoch auf, dass die Meinungen oft nicht auf tatsächlichem Wissen basieren. Die meisten Befragten wissen zum Beispiel zwar, was Bafög ist, nicht aber, wer und wie man es bekommt, welche Anteile zurückgezahlt werden müssen und wie hoch es sein kann. Es wurde pauschaliert, und alle Bafögempfänger schienen gedanklich gleichgesetzt zu werden. Auch wurde deutlich, dass in vielen Fällen nur eine Seite oder ein Aspekt der Frage betrachtet wurde. Vor- und Nachteile wurden scheinbar nicht gegeneinander abgewogen. Eine einmal begründete Meinung – und sei sie schon Jahre alt – blieb bestehen, auch wenn sich inzwischen die Rahmenbedingungen und äußeren Umstände geändert haben. Die Interviewer kamen also zu dem Ergebnis, dass ein oberflächliches Interesse an studentenpolitischen Veränderungen besteht. „Oberflächlich", weil sich scheinbar nur ganz wenige der Befragten eingehender mit der Materie beschäftigt haben.

214

Eine Befragung warf das Thema Fahrrad(un)freundlichkeit der Stadt Aachen auf. (3) Hier lautete die Ausgangshypothese: *Aachen ist eine fahrradunfreundliche Stadt.* Allgemeine Angaben über die Befragten: durchschnittlich zwischen 20 und 30 Jahren alt, nur Studenten, teilweise mit Nebenberuf, 13 wohnen in Aachen-Stadt, 17 in verschiedenen Vororten. Sie benützten das Fahrrad, aus Kostengründen, weil Fahrradfahren einen am schnellsten von einem Ort zum anderen bringt, aus Umweltgründen, weil Fahrradfahren am praktischsten ist, aus Gesundheitsgründen, weil keine weiten Entfernungen zu überbrücken sind.

Es fällt auf, dass die Mehrheit auch vorhandene Radwege nicht nutzt, weil die meisten Radwege schlecht angelegt und ausgebaut sind, ihr Verlauf unübersichtlich ist. Oft gibt es keine deutliche Trennung zwischen Fußgänger- und Radweg. Viele Benutzer der Radwege waren mit der Qualität und der geringen Anzahl der Radwege nicht zufrieden. Grundsätzlich zeigt das Ergebnis der Umfrage, dass besonders die befragten Gruppen (Studenten, relativ junge Menschen) das Fahrrad in Aachen nutzen, sich gleichzeitig alle gefährdet fühlen durch für Radfahrer ungünstige Verkehrsplanung und durch das fahrradfeindliche Verhalten anderer Verkehrsteilnehmer.

Die Befragten, die sich nicht mit dem Fahrrad fortbewegen, wurden oft durch die wenigen Anreize, die Aachen als Stadt den Fahrradfahrern bietet, von der Nutzung des Fahrrades abgehalten. Sie hatten andere Verkehrsmittel zur Verfügung oder haben sich für andere (z.B. Bus), die oft mit mehr Kostenaufwand und stärkerer Umweltbelastung verbunden sind, entschieden.

Eine Befragung beschäftigte sich mit dem Thema Stadtteilauto. (4) Bei dieser lautete die Hypothese: *Die Parkplatznot in Aachen kann durch das Projekt „Stadtteilauto" nicht verbessert werden.* Befragt wurden elf Frauen im Durchschnittsalter von 30 Jahren und neun Männer von 32 Jahren. Zehn von diesen 20 Personen waren Studenten aus den verschiedenen Fakultäten. Die übrigen arbeiteten in verschiedenen Berufen, von Hausfrau bis hin zum Diplom-Ingenieur. Voraussetzung bei allen war ein eigenes Auto und der Wohnsitz in Aachen.

Nahezu alle Befragten sahen das Problem der Parkplatznot in Aachen. Bemerkenswert ist, dass sich 80 % vorstellen können, ihr Auto mit anderen zu teilen, doch nur 40 % dies auch wirklich tun. Den Betreibern des Projekts Stadtteilauto kann man eine gute Öffentlichkeitsarbeit bescheinigen, da immerhin 70 % der Befragten davon gehört haben. 40 % der Befragten sehen eine Alternative zum eigenen Wagen – dennoch verbinden gerade nur 40 % mit dem Projekt Stadtteilauto die Hoffnung auf Linderung der Parkplatznot in Aachen.

Die nächste Befragung wurde an einem Samstagabend im Mai zwischen 19 und 20 Uhr durchgeführt. Aufgrund einzelner Regenschauer befanden sich nicht so viele junge Leute wie erhofft auf dem Markt. (5) Befragt wurden 23 Personen von einer Studentin und einem Studenten. Die jungen Leute reagierten größtenteils offen und interessiert. Dies zeigte sich auch darin, dass die Jugendlichen sich ohne Aufforderung bereit erklärten, einen Fragebogen auszufüllen. Sehr oft wurden Einzelne in einer Clique befragt, und dabei zeigte sich, dass die Clique häufig nicht mit den Antworten des Befragten einverstanden war, was sich in Lachen oder Protesten äußerte. Hinzufügend lässt sich sagen, dass die Umfrage allen Beteiligten großen Spaß gemacht hat. Die Arbeitshypothese lautete: *Der Alkoholkonsum in den Sommermonaten auf dem Aachener Markt ist übermäßig hoch.* Diese bestätigte sich größtenteils durch die Antworten auf die Fragen 10, (Was trinkt ihr?), 12, (Wie viel trinkt ihr durchschnittlich pro Abend?), 13 (Wieviel gebt ihr ungefähr an einem Abend für alkoholische Getränke aus?) und 14 (Welchen Zustand erreicht ihr im Laufe des Abends?).

In Frage 10 (Was trinkt ihr?) äußerte sich z.B., dass bis auf drei Personen alle alkoholische Getränke (hauptsächlich Bier) bevorzugten. Durch die Antworten auf Frage 14 (Welchen Zustand erreicht ihr im Laufe des Abends?) wird deutlich, dass kaum einer im Laufe eines Abends auf dem Markt ganz nüchtern bleibt.

Die Mehrzahl bewegt sich im mittleren Bereich der Skala. Somit könnten wir zwischen diesen Fragen Querverbindungen aufstellen. Unterstützt wurden die Antworten auf Frage 14 auch durch Frage 12. Die Mehrzahl der Befragten trinkt zwei bis drei Flaschen Bier pro Abend. In Frage 9 (Zu welcher Uhrzeit seid ihr auf dem Markt?) wurde deutlich, dass die meisten Jugendlichen zwei bis drei Stunden pro Abend auf dem Markt verbringen. Vergleicht man die durchschnittliche Verweilzeit mit der durchschnittlichen Trinkmenge, so bekommt man keine klare Absage der Arbeitshypothese. Die Jugendlichen tranken nicht so viel Alkohol, wie es vermutet wurde.

4.2 Rauchen oder Nichtrauchen

Das Problem des Rauchens, an der Hochschule, am Gymnasium, während der Schwangerschaft und generell bei den Jugendlichen, wurde in der Untersuchungszeit von zehn Jahren viermal unter die Lupe genommen.

Eine Befragung zum Thema: Rauchverhalten von Jugendlichen **(6)** (männlich/weiblich) unter 18 Jahren stellte zwei Hypothesen auf : A) *Jugendliche unter 18 Jahren, deren Eltern rauchen, rauchen seltener,* B) *Je entwickelter das Gesundheitsbewusstsein/Umweltbewusstsein der Jugendlichen ist, desto wahrscheinlicher ist , dass sie nicht rauchen.* Es wurden 20 Jugendliche im Alter von 13 bis 17 Jahren befragt. Es wurde festgestellt, dass von zehn männlichen Befragten sechs Raucher waren und bei den weiblichen dementsprechend von zehn Befragten nur vier rauchten. Daraus lässt sich schließen, dass Jungen im Durchschnitt eher rauchen als Mädchen, dafür konsumieren die weiblichen Raucherinnen allerdings mehr Zigaretten, durchschnittlich 17 täglich; die Jungen dagegen nur durchschnittlich zehn täglich. Die jugendlichen Raucher und Nichtraucher hatten für ihre Freizeit durchschnittlich gleich viel Geld zur Verfügung. Im Allgemeinen fingen die Jugendlichen im Alter von 14 Jahren mit dem Rauchen an. Am häufigsten rauchen Jugendliche unter Freunden, in Gesellschaft und in der Schule. Bei der Befragung, ob jugendliche Nichtraucher früher bereits Zigaretten konsumiert haben, waren die Antworten ausgewogen, d.h. genauso viele hatten vorher mal geraucht wie diejenigen, die nicht geraucht haben. Von den zehn Befragten Nichtraucher/innen waren die häufigsten Gründe, warum sie mit dem Rauchen aufgehört bzw. nicht angefangen haben: gesundheitschädigende Aspekte, Angst vor Krebs und die Sinnlosigkeit des Rauchens (Geschmack, Abhängigkeit, Geld). Sogenannte Abgewöhnungsprogramme für Raucher hielten mehr Nichtraucher als Raucher für sehr sinnvoll, wobei die Tendenz der Raucher eher bei teilweise sinnvoll bis zu ablehnender Haltung lag. Alle Jugendlichen waren über die schädigenden Wirkungen des Rauchens aufgeklärt worden, die Raucher tendenziell mehr in der Schule und die Nichtraucher neben Schule noch durch Fernsehen und Zeitschriften. Daran lässt sich erkennen, dass bei Nichtrauchern das Interesse zur Vorsorge größer ist.

Umweltthemenbezogen lag bei Rauchern und Nichtrauchern der Schwerpunkt eindeutig bei der Energieversorgung, wobei die rauchenden Jugendlichen dieser Befragung sich eher noch für Abfallvermeidung interessierten und die Nichtrauchenden für den Naturschutz. Zu der Hypothese A) läßt sich abschließend feststellen, dass sie nicht eindeutig zur These wird. Trotzdem konnte gezeigt werden, dass bei zehn Nichtrauchern sechs Eltern bzw. Elternteile Raucher waren und diese Jugendlichen das Rauchen der Eltern (Abhängigkeit, Geruch) als Gründe für ihr Nichtrauchen angegeben haben. Demgegenüber stehen zehn Raucher, deren Eltern bzw. Elternteile zu 90 % selber rauchen. Die Hypothese B) lässt sich nicht bestätigen, da das Interesse von jugendlichen Rauchern und Nichtrauchern für Umweltthemen in etwa gleich groß war. Auffällig war nur, dass gerade zwei Raucher die einzigen waren, die sich für kein Umweltthema interessierten, und dass gerade gesundheitliche Gründe für Nichtraucher ausschlaggebend waren.

Eine Befragung der Studenten der Katholischen Fachhochschule Aachen : Rauchen an der KFH (7) wurde mit der Absicht durchgeführt, rauchende Studenten zu mehr Rücksicht gegenüber nichtrauchenden Kommilitonen zu bewegen. Zwei Fragebögen wurden ausgearbeitet, einer für Nichtraucher und einer für Raucher. Besonders in diesem zweiten Fragebogen wurden konkrete Lösungen vorgeschlagen, die auf Kompromisse hinausliefen, z.B. Frage 12: „Wenn es beispielsweise einen überdachten Unterstand mit Standaschenbechern vor oder in der Nähe des Hintereinganges gäbe, würdest du ihn auch bei mäßigen Wetterverhältnissen nutzen?" Statt mit generellem Rauchverbot werben die Verantwortlichen (der ASTA) mit einem partiellen Rauchverbot, mit einer Nicht-Rauchen-Vereinbarung. Die Bekehrungsabsicht der Raucher spiegelt sich in den zwei letzten Fragen wider: 14. „Nervt dich der blaue Dunst selbst auch manchmal?" (Nein, eigentlich nie – ja, kommt vor – ja, sogar oft). 15. „Würdest du eigentlich gern lieber ein Nichtraucher sein?" Was trifft auf dich am ehesten zu? (Ja, aber es ist so schwer, mit dem Aufhören anzufangen – ja, ich habe es schon mal eine Weile lang probiert, aber wieder angefangen – nein, aus persönlichen Gründen ist das Rauchen wichtig für mich – nein, ich rauche mit Genuss und Überzeugung. Gesundheitliche Gefahren irritieren mich weniger.)

218

Kinder und Jugendliche werden früh über das Rauchen aufgeklärt, trotzdem fangen Jugendliche immer noch mit dem Rauchen an, viele schon mit 14 oder 15 Jahren. Liegt der Reiz im Verbotenen, im Gemeinschaftsgefühl, im „cool sein", oder ist es der Gruppenzwang, der Jugendliche zum Zigarettenkonsum verleitet? Die Problematik, die hier aufgezeigt wird, ist der Zigarettenkonsum unter Jugendlichen, wenn sie mit ihresgleichen zusammen sind. (8) Jugendliche stehen noch am Anfang ihrer „Raucherkarriere". Deshalb war besonders wichtig, den Einfluss von Gesellschaft auf den Zigarettenkonsum von Jugendlichen im Alter von 16-20 Jahren zu untersuchen. Diesbezüglich lautete die Hypothese: *In Gesellschaft steigt der Zigarettenkonsum von Jugendlichen.* Um möglichst viele Jugendliche anzutreffen, wurde die Befragung in Jugendzentren und Schulen durchgeführt, und die Jugendlichen wurden isoliert von der Gruppe befragt. Es wurden 24 Jugendliche zwischen 16 und 20 Jahren befragt, und alle zeigten eine hohe Bereitschaft mitzumachen. Unter den Befragten waren 16 männliche und acht weibliche Jugendliche; 17 Schüler, vier in der Ausbildung, zwei schon berufstätig, und ein Befragter war Student.

Der durchschnittliche tägliche Zigarettenkonsum lag bei 12,58 Zigaretten. Auffällig ist dabei, dass kein Jugendlicher die beiden anderen Antwortkategorien wählte, d.h. seinen Konsum wöchentlich oder gelegentlich anzugeben. Drei Jugendliche gaben an, schon länger als fünf Jahre zu rauchen, zehn Jugendliche rauchen seit zwei bis fünf Jahre. Auffallend ist, dass die 17-jährigen Befragten den niedrigsten Zigarettenkonsum hatten und auch am kürzesten rauchten. Die 16-jährigen Befragten rauchten länger als die 17-jährigen, und ihr täglicher Zigarettenkonsum lag auch deutlich über dem der 17-jährigen. Die Kurve steigt beim Alter 18-19, danach mit längerer Dauer des Rauchens und höherem Alter in Bezug zu dem Zigarettenkonsum an. Dies könnte bedeuten, dass die Höhe des täglichen Zigarettenkonsums von der Dauer des Rauchens allein abhängig ist – das Alter ist nicht entscheidend. Alle Jugendlichen gaben an, dass die Anzahl der gerauchten Zigaretten unabhängig davon ist, ob sie allein sind oder in Gesellschaft. Ausgenommen sind hier die Kategorien „bei Freunden", „Kneipe" und „Disco". Auffallend war jedoch, dass der höchste Wert 3,75 Zigaretten in der Schule, Uni und auf der Arbeit geraucht werden, in der die Jugendlichen ja mit Schulkameraden, Kommilitonen und Arbeitskollegen zusammen sind. Bei Freunden steigt der durchschnittliche Zigarettenkonsum auf 5,7 Zigaretten, in der Kneipe auf 7,8 Zigaretten, und in der Disco ergab die Befragung einen durchschnittlichen Konsum von 10,5 Zigaretten pro Jugendlicher. In Gesellschaft steigt also der Zigarettenkonsum der Jugendlichen extrem an.

Veränderung des Rauchverhaltens ab der Schwangerschaft. **(9)** Hypothese: *Schwangerschaft und Geburt verändern das Rauchverhalten bei den zukünftigen Eltern.* Bei einem relativ jungen Einstiegsalter (16 Jahren) hat sich doch die Mehrheit der Befragten über die Folgen des Rauchens informiert (29 von 47 Befragten = 61,7 %). Folgerichtig änderten 70,2 % (33 von 47) ihr Rauchverhalten als sie von der Schwangerschaft erfuhren. Zwei der Befragten machten keine Angaben. Wider Erwarten war das Bewusstsein für die Gefahren des Rauchens bei der Gruppe der Angestellten und Arbeiter größer als bei der Gruppe der Akademiker/Studenten. 21 von 28 der befragten Angestellten-/Arbeiter änderten ihr Rauchverhalten von 18 Akademikern und Studenten aber nur 11.

4.3 Studentische Essgewohnheiten

Vier Untersuchungen wurden über das Thema durchgeführt, wobei weniger die Ergebnisse als die Fragestellungen interessant waren. Befragungen führt nämlich auch regelmäßig das Studentenwerk Aachen, der Träger der Mensen, durch, aber diese beziehen sich unmittelbar auf die Qualität des Essens und betrachten weniger die Umstände, die Gewohnheiten, die als „typisch studentisch" bezeichnet werden können.

In einer Befragung wurden Bewohner eines Studentenwohnheims über ihre Essgewohnheiten ausgefragt. **(10)** Folgende Parameter wurden in Erwägung gezogen: Seit wann wohnt der Befragte im Studentenwohnheim, isst er regelmäßig in der Etagenküche, was kocht er? Sind es Menüs, Hamburger, Fertiggerichte, Konserven? Achtet der Befragte beim Einkauf der Lebensmittel auf den Preis? Säubert er die Küche nach der Benutzung? Legt er Wert auf eine ausgewogene Ernährung? Die Beantwortung der zwei letzten Fragen des Fragebogens verlangten vom Befragten eine überraschende Selbstbeobachtungsgabe: Kannst du in Bezug auf dein Gewicht Folgendes feststellen seit du im

Wohnheim bist? (Gewichtsabnahme – Gewichtszunahme – Gewicht konstant geblieben) Hast du aufgrund deiner Ernährung gesundheitliche Veränderungen festgestellt? (Ja – nein – weiß nicht)

Eine andere Befragung sah im Essengehen eine Freizeitgestaltung **(11)** und fragte die allein lebenden Studenten, wie oft sie essen gehen (mehrmals pro Woche, wöchentlich, 1- - 2- mal pro Monat, 0- - 5- mal pro Jahr), und ob sie dies „spontan" tun. Wo gehen Sie in der Regel essen? (Schnellimbiss, Kneipe, Gaststätte, Restaurant) Der Geldbörseninhalt und der Feinschmeckersinn wurden in den zwei letzten Fragen erkundet: Wie viel Geld geben Sie durchschnittlich pro Essen aus? Welche Küche bevorzugen Sie?

Das Essverhalten von KFH-Studenten und dem eines technischen Studiengangs wurde vergleichend analysiert. **(12)** Jeweils 12 Probanden wurden aus der KFH und aus der RWTH ausgesucht – alle männlich an der RWTH und nur zwei männlich an der KFH. Bei elf Fragen aus insgesamt 21 konnten die Interviewer Vergleiche zwischen Sozialarbeiterstudent/innen und Ingenieurstudenten in Bezug auf ihr Essverhalten herstellen. Doppelt so viele Sozialwesenstudentinnen wie Ingenieurstudenten kochen selbst. Sie bevorzugen auch eindeutig nur frische Nahrungsmittel, legen hundertprozentig Wert auf Qualität und Herkunft der Lebensmittel. Fast food lehnen beide Befragtengruppen eindeutig ab. Die Studentinnen der KFH bezeichnen sich als Naschkatzen, die Studenten bezeichnen sich zu 80 % als Naschkatzen, und 20 % essen Obst. Die Ingenieurstudenten essen öfter beim Fernsehen als die Studentinnen und trinken Alkohol beim Essen. 80 % der Befragten frühstücken in beiden Gruppen regelmäßig.

Das studentische Meinungsbild zu Aachens Mensen **(13)** wurde durch eine provokativ klingende Hypothese erhoben: *Wenn sich die Qualität der Mensen in Aachen nicht verbessert, werden sie bald keine Kundschaft mehr haben.* Der Fragebogen bestand aus 15 Fragen und nahm eine Zeitspanne von ungefähr 20 Minuten in Anspruch. Es wurden 14 männliche und 16 weibliche Studenten zwischen 25 und 35 Jahren interviewt. Insgesamt kann festgehalten werden, dass die Qualität des Essens und der Atmosphäre sehr unterschiedlich aufgefasst wird. Dies sieht man zum Beispiel bei Frage 3. In dieser Frage soll die Sauberkeit der Mensen auf einer Skala von 0 (dreckig) bis 10 (supersauber) bewertet werden.

Auffallend ist hierbei, dass die weiblichen Befragten die Sauberkeit schlechter einstufen als die männlichen Befragten. Bei den restlichen Fragen mit Skalierung liegen beide Geschlechter jedoch in ihrer Meinung eng beieinander. Als Endergebnis der Erhebung kann festgehalten werden, dass die zu Beginn aufgestellte Hypothese stark übertrieben war. Man kann zusammenfassend festhalten, dass die Öffnungszeiten, die Anzahl, Auswahl, Abwechslung und Größe der Menüs ausreicht, der Geschmack auf einer Skala von 0 – 10 (0 = schlecht; 10 = lecker) bei 5- 6 bewertet und der Preis als angemessen angesehen wird. Zur Atmosphäre, der Ausstattung und der Bedienung der Mensen lässt sich feststellen, dass das Meinungsbild hier bei allen Befragten ähnlich ist. Die Bedienung wird in ihrer Freundlichkeit auf einer Skala von 0-10 (0 = unfreundlich; 10 = freundlich) immerhin mit einer 5 im Durchschnitt bemessen. Abschließend kann also festgehalten werden, dass Aachens Studenten gar nicht so unzufrieden mit ihren Mensen sind, wie es sehr oft dargestellt wird!

4.4 Studieren an der Fachhochschule

Die zu diesem Problempunkt ausgewählten Befragungen beschäftigten sich mit den Umständen des Lernens, mit der Zufriedenheit, mit dem Vergleich Sozialarbeit und Sozialpädagogik mit anderen Studien, mit dem Umweltverhalten und mit der Wohnsituation der Studierenden. Dass dabei nicht nur Positives aufgezeichnet wurde, war erwartet und gehört zu dem „Frust" des studentischen Alltags. Allein die Formulierung einiger Fragen lässt schon Rückschlüsse auf die Probleme zu, die den Studierenden am meisten Ärger oder Sorge bereiten.

Eine Untersuchung beschäftigte sich mit der studentischen Meinung zum Studiengang Sozialwesen (14) und wurde diesmal mit dem provozierenden Satz geprüft: *SA / SP studiert nur der, dem nichts Besseres einfällt bzw. der nichts Besseres kann!* Da diese Befragung nicht nur in Aachen, sondern noch in fünf anderen Universitätsstädten durchgeführt wurde und elf Studiengänge umfasste bei Studenten zwischen 20 bis 38 Jahren, wovon 15 männlich und neun weiblich waren, fiel das Ergebnis differenzierter aus. Die provozierende Hypothese wurde, wenn überhaupt, dann nur sehr schwach bestätigt.

Die Meinung der befragten Studenten war wesentlich positiver als erwartet wurde. Außerdem waren die Studenten besser über den Studiengang Sozialwesen informiert (z.B. über die Fächer, Berufsaussichten, Studiendauer etc.) als z.B. in Aachen. Bei den befragten Studenten bestanden auch nur relativ geringe Vorurteile in Bezug auf Aussehen, politische Ansichten und Lebensstandard eines typischen Studenten des Studienganges Sozialwesen.

Eine andere Befragung befasste sich mit dem Bild der Sozialpädagoginnen bzw. –pädagogen und Sozialarbeiter/innen aus der Sicht der Studentinnen bzw. Studenten technischer Fachrichtungen (15) Es wurden sechs Studentinnen und 14 Studenten aus der Technischen Hochschule, befragt *ob sie sich vorstellen können, als Sozialarbeiter bzw. Sozialpädagoge zu arbeiten.* Um diese Hypothese zu verifizieren, wurden Querverbindungen zwischen einigen Fragen erstellt. Die Frage „Nach welchen Kriterien haben Sie ihre Studienrichtung gewählt?" wurde mit der Frage „Können Sie sich vorstellen, als SA / SP zu arbeiten?" querverbunden.

Es wurde erwartet, dass Studentinnen bzw. Studenten, die ihr Studium aus Berufschancen, Verdienst, Aufstiegschancen, Berufsimage und auf Wunsch der Eltern gewählt haben, sich nicht vorstellen könnten, als SA / SP zu arbeiten. Und die, die aus persönlicher Neigung ihr Studium wählten, eher dem sozialen Beruf zugetan seien. Diese Annahme hat sich voll bestätigt. Alle Befragten, die ihr Studium aus „niederen" Gründen wählten, konnten sich nicht vorstellen, als SP / SA zu arbeiten. Jedoch 50 % derer, die ihr Studium aus persönlicher Neigung ausgesucht haben konnten sich dies vorstellen. Die Ablehnungen wurden meist durch das Argument von schlechter Bezahlung und materieller Neigung untermauert, die Bejahungen betonten den Wunsch nach sozialem Kontakt.

Bei der Querverbindung „Wohnsituation" und „als SP / SA arbeiten wollen" wurde eigentlich vermutet, dass diejenigen, die in einer Wohngemeinschaft oder ähnlichem wohnen, sich eher vorstellen können, als SA / SP zu arbeiten. Doch alle in einer Wohngemeinschaft Wohnenden wollten nicht in einem solchen Beruf arbeiten. Studentische Wohngemeinschaften heute sind somit nicht unbedingt Brutstätte des „sozialen Gewissens". Auch eine Nebenhypothese konnte nicht als bestätigt angenommen werden. („Studentinnen bzw. Studenten, die SA / SP kennen, können sich eher vorstellen, auch in einem solchen Beruf zu arbeiten.") Von 12 Studentinnen bzw. Studenten, die persönlich mit SA / SP bekannt, sind können sich neun dies nicht vorstellen.

Wie ist das Ansehen der Sozialarbeiter bei den Studentinnen bzw. Studenten der RWTH Aachen? (16) Zu dieser Frage wurde die folgende Hypothese erarbeitet: *Es ist anzunehmen, dass aufgrund mangelnder Informationen über dieses Berufsbild das Ansehen relativ gering ist.* Der Fragebogen umfasste insgesamt 15 Fragen. Es wurden 20 Studentinnen bzw. Studenten vor Ort befragt. Die Altersstruktur der Befragten setzte sich wie folgt zusammen: 15 Personen bis 25 Jahre, 4 Personen bis 30 Jahre und eine Person älter als 30 Jahre. Darunter waren 18 Männer und zwei Frauen, 19 ledige Personen und eine verheiratete Person. 18 Personen waren in Stadt Aachen wohnhaft, zwei im Kreis Aachen.

Die Mehrheit der Befragten konnte das Wort „sozial" sinngemäß richtig definieren. In einer Frage in Bezug auf 20 Fähigkeiten, die Sozialarbeiter vorweisen sollten, haben Hilfsbereitschaft, Aufgeschlossenheit und Kontaktfähigkeit die meisten Nennungen bekommen – dagegen die in der Frage noch aufgeführten Möglichkeiten wie Ordnungssinn, Gründlichkeit, Risikobereitschaft, Selbständigkeit, Zielstrebigkeit, Intelligenz und Sonstiges wurden von den Befragten nicht in Betracht gezogen. Als Arbeitsbereiche, in denen Sozialarbeiter/innen tätig sind, wurden Kinder- und Jugendarbeit (9), Behörden (8), Altenarbeit (5), Randgruppen (5), Streetworker (4) Suchtarbeit (4), Politik, Strafvollzug und Erwachsenenbildung (jeweils 1 Person) genannt. Die Bereitschaft, Sozialarbeit zu studieren, besteht – so die mehrheitliche Meinung der Befragten – in dem Beweggrund einer Lebenskrise und der Eigentherapie. Besonders auffällig ist, dass alle Befragten, unabhängig von Alter und Bereitschaft, selbst ein Studium der Sozialarbeit aufzunehmen sowie des geringen Ansehens des Berufes, einen Sinn in sozialarbeiterischer Tätigkeit sehen. Die Hypothese scheint für diese Gruppe der befragten Studierenden an der RWTH bestätigt zu sein.

Was verstehen Sie unter Sozialpädagogik? **(17)** Wiederum wurde eine „negative" Hypothese konstruiert: *Für einen großen Teil der Bevölkerung ist Sozialpädagogik kein ernst zu nehmender Beruf.* Durchgeführt wurde die Befragung in Cafés und Kneipen mit insgesamt 23 Personen. In den Altersstufen von 16-20 Jahren wurden drei Personen, von 21-25 Jahren elf Personen, von 26-30 Jahren zwei, von 31-45 Jahren vier, von 46-60 Jahren nur zwei Personen und eine Person über 60 Jahre befragt. Davon waren 13 Studentinnen bzw. Studenten, 8 Angestellte und 2 Schüler/innen. 17 der Befragten waren männlich, nur sechs weiblich. Ledig waren 18 der befragten Personen, verheiratet waren vier und eine Person war geschieden. Die Kinderzahl wurde wie folgt angegeben: 16 hatten keine Kinder, eine Person hatte ein Kind, zwei hatten zwei Kinder und drei machten keine Angabe über ihre Kinderzahl.

Nach den Fragen zur Person folgte die erste offene Frage: „Was stellen Sie sich allgemein unter dem Begriff Sozialpädagogik vor?" Die Antworten der insgesamt 23 Befragten wurden wie folgt zusammengefasst: Sozialpädagogik ist Hilfe und Betreuung für gesellschaftlich benachteiligte Menschen und damit verbunden der Versuch der Lösung von sozialen Problemen und die Eingliederung in die Gesellschaft. Dann folgte die Aufforderung, drei sozialpädagogische Arbeitsfelder zu nennen. Dabei wurde die Arbeit mit Kindern 16-mal genannt, die Betreuungsarbeit 15-mal, die Alten- und Jugendarbeit jeweils 7-mal, die Behindertenbetreuung 4-mal und die Beratung von Süchtigen einmal. Ob für den Beruf der Sozialpädagogin bzw. der Sozialpädagogen ein Studium nötig sei, antworteten 17 mit ja, fünf entschieden sich für eine Ausbildung, einer machte keine Angabe. Frage 9 beschäftigte sich mit 22 Fächermöglichkeiten im Studium der Sozialpädagogik, wovon 12 richtig und 10 falsch angegeben wurden. Hierbei wählten z.B. 21 der 23 befragten Personen Erziehungswissenschaft, ebenfalls 21 wählten Psychologie und 17 Soziologie; jedoch nur 3 wählten Techniken beruflichen Handelns, und immerhin 7 waren der Meinung, dass Geschichte im Studiengang Sozialpädagogik enthalten sei. Ob Sozialpädagogik für die Gesellschaft wichtig sei, antworteten 20 mit ja und 3 mit nein. Die Personen, die mit nein geantwortet hatten, begründeten ihre Antwort folgendermaßen: Einer hielt Sozialpädagogik für ein „Laberfach", 2 fanden es nicht vertrauenerweckend. 15 der befragten Personen würden sich bei persönlichen Problemen an eine Sozialpädagogin bzw. an einen Sozialpädagogen wenden, 7 würden es nicht tun und eine Person hat sich enthalten. Kontakt mit einem Sozialpädagogen hatten bereits 15 der befragten Personen, davon 11 privat, einer als Klient, einer als Klient und privat und 2 beruflich und privat. Die Hypothese bestätigte sich nicht. Sozialpädagogik wird in der Gesellschaft ernst genommen, viele der Befragten haben ein sehr genaues und meist auch richtiges Bild von Sozialpädagoginnen bzw. –pädagogen.

Studenten interessierten sich für die Motivation von Sozialarbeitern und Sozialpädagogen (18) im Beruf. Bei der Auswertung der Fragebögen - insgesamt 57 Personen, davon 34 weiblich und 23 männlich, wurden befragt – konnte die „negative" Hypothese nicht bestätigt werden. Es heißt, dass die *Erwartungen und Ansprüche an den Beruf Sozialarbeiter/Sozialpädagoge im Lauf des Berufslebens nicht geringer werden*. Die Durchschnittswerte zu den einzelnen Fragen spiegeln eine energische und positive Einstellung zum Beruf im Allgemeinen wieder.

Die Mehrheit der Befragten hat ihr Studium zwischen 1987 und 1991 abgeschlossen, ist zwischen 24 und 35 Jahren alt, hat keine andere abgeschlossene Berufsausbildung. Über die Hälfte der Befragten sind schon mehr als 5 Jahre im Beruf, kennen auch andere Arbeitsfelder und hatten schon Erfahrungen mit sozialarbeiterischen/pädagogischen Arbeitsfeldern vor Beginn ihres Studiums. Diese Erfahrungen waren bei zwei Drittel der Befragten relevant für die Berufswahl. Bei der Hälfte der Befragten haben sich die ursprünglichen Ansprüche an den Beruf geändert, sind zurückgegangen oder professioneller geworden. Trotzdem sind 37 Personen zufrieden in ihrem Beruf, 12 sind unzufrieden und 8 sind unentschieden.

Die Zufriedenheit der Studenten mit ihrem Studium (19) wurde anhand der geäußerten Erwartungen, des Verhältnisses zu den Kommilitonen und zu den Dozenten, zu den wöchentlichen Lernstunden, zu der übriggebliebenen Freizeit, zu der Bewertung der Berufschancen und zu der Äußerung, ob der Befragte das Fach noch einmal wählen würde, gemessen. Es stellte sich heraus, dass die Studenten der TH (Fakultät Maschinenbau) mit ihrem Studium zufriedener sind als die Studenten der Katholischen Fachhochschule.

Das studentische Leben beginnt mit der Wohnungssuche **(20)**. Die hier folgende Befragung hatte eine konkrete Fragestellung: *Welche Kriterien sind ausschlaggebend für den Erfolg bei der Wohnungssuche von Studenten?* Die Befragten befanden sich im Alter zwischen 19 und 37 Jahren, die Mehrheit (18 Personen) war im Alter zwischen 19 und 25 Jahren. 9 der 25 Befragten waren männlich, 16 Personen waren weiblich. Alle Befragten hatten die deutsche Staatsangehörigkeit. Von den 25 Befragten aus den drei Aachener Hochschulen (RWTH, FH, KFH) waren 21 ledig, drei verheiratet und eine Person geschieden. Alle bis auf zwei waren kinderlos.

Der größte Teil der Befragten hat länger als zwei Wochen nach einer Wohnung gesucht, über ein Drittel sogar länger als zwei Monate. 14 Personen haben drei und mehr Versuche benötigt. Die Absagen der verschiedenen Versuche erfolgten doppelt so oft von Seiten des Vermieters als von den Studenten. Die meisten der Befragten gaben an, dass sie ihre Wohnung über Mundpropaganda gefunden hätten, vermutlich, weil sich Studenten bei der Wohnungssuche untereinander helfen. Alle Befragten haben wahrscheinlich aus Kostengründen keinen Makler in Anspruch genommen. 21 der 25 Befragten bevorzugten eine Wohnung innerhalb von 5 km vom Zentrum. Aus der Frage heraus, ob es bevorzugt wird, allein oder in einer WG zu wohnen, lässt sich entnehmen, dass die Tendenz zum Einzelhaushalt besteht. Nach der eigenen Einschätzung der Befragten führten in den meisten Fällen die finanzielle Situation und die Beziehungen zum Erfolg ihrer Wohnungssuche. Befragt nach der Größe der Wohnung, die gesucht wurde, gaben 10 Personen eine Größe von 10 – 20 qm, 7 Personen 21 – 50 qm und 8 Personen eine Größe von 51 – 70 qm oder mehr an; wobei drei der letzteren die Wohnung zu mehreren beziehen wollten. Die Mehrheit der Befragten (19) hatte allerdings nur 500.- DM für die Miete zur Verfügung.

In Bezug auf die Fragestellung kann man zusammenfassend sagen, dass nach dem subjektiven Empfinden der Studenten in der Hauptsache die finanzielle Situation, Beziehungen und das äußere Erscheinungsbild die wichtigsten Erfolgskriterien sind. Das Geschlecht ist – laut dieser Befragung - für den Erfolg bei der Wohnungssuche unerheblich.

Die erschwerenden Lebensumstände im Studium **(21)** bezüglich der Finanzierung, der Arbeitstätigkeit und der Kinderbetreuung stellt die oft gehörte These: *Studierende müssen sich um nichts anderes kümmern als um ihr Studium!* in Zweifel. 23 Personen wurden befragt, davon waren 4 männlich und 19 weiblich im Alter zwischen 19 und 37 Jahren.

Die meisten Studierenden finanzieren sich aus mehreren Quellen, wobei der überwiegende Teil der Befragten (15 von 23) neben dem Studium arbeitet. Die Vereinbarkeit von Arbeitstätigkeit und Studium ist bei 3 Personen gegeben, bei weiteren 3 ist dies nur bei flexiblen Arbeitszeiten möglich. Sechs Personen fanden die Vereinbarkeit schwierig und mit Stress verbunden. Die Kinderbetreuung ist das Problem von acht befragten Personen, die die prozentuale Belastung der Mütter zwischen 50 und 70 % angaben. Sechs Befragte gaben an, ihre Kinder in Institutionen (KiGa, KiTa, KiGru) untergebracht zu haben, und dies entspricht einer durchschnittlichen Beaufsichtigung der Kinder von 4-5 Stunden pro Tag. Fazit: Organisation von Kinderbetreuung und Studium gleichzeitig ist schwer und belastend, Engpässe tauchen bei den Praktika auf, Wochenendseminare sind nahezu unmöglich. Die obige These im Rahmen dieser Befragung ist widerlegt.

Nicht sehr glücklich war die Hypothesenformulierung einer Befragung zum Thema Umwelt. **(22)** *Das Umweltverhalten von KFH-Studenten ist bewusster als das von den Studenten der FH.* Interviewt wurden jeweils 15 Personen. Alle Befragten interessierten sich für Umweltproblematik. Es gab keinen signifikanten Unterschied zwischen werdenden Sozialarbeiterinnen bzw. –arbeitern und Ingenieuren. Insgesamt lässt sich feststellen, dass die Hypothese nicht bewiesen ist. Um ein genaueres Bild zu bekommen, müsste man viel differenziertere Fragen stellen.

In einer anderen Befragung zum Umweltbewusstsein bei Studenten **(23)** wurden dann praktische Fragen gestellt, z.B. „Sortieren Sie ihren Hausmüll? Steht in Ihrer näheren Umgebung ein Container für Altglas, Altpapier, Blechdosen, Batterien etc".? Es wurde ebenfalls gefragt, ob der Student Recyclingpapier benutzt, ob er Spraydosen kauft, ob er Chemikalien in den Abfluss schüttet und schließlich, ob er für die Zimmerpflanzen natürliche oder chemische Dünger verwendet. Fazit war, dass die umfangreichen Angebote der Recyclingbranche und der umweltbewusste Umgang mit Chemikalien in den Studentenhaushalten noch immer nicht in ausreichender Weise genutzt wird.

Die Statistik der KFH Aachen zeigt, dass zur Zeit 77 % Frauen an der Fachhochschule studieren. Weitaus weniger Männer (23%) wählen den Fachbereich Sozialwesen. In einer Untersuchung wurde nicht die Frage gestellt, warum die Frauen in diesem Fachbereich dominieren, sondern die Frage, ob das Lehrangebot den männlichen Studenten entgegenkommt, **(24)** ob es ihr Interesse findet und ausreichend ist. Hypothese: *Die Sonderstellung der Studenten an der KFH Aachen führt zur Isolation.* Zur Begründung dieser merkwürdigen „frauenfeindlich klingenden" Hypothese wurde folgende Erklärung geliefert: Betrachtet man das Erscheinungsfeld der KFH Aachen, so fällt auf, dass dieses hauptsächlich von Frauen geprägt wird. In jeder Vorlesung und auch in Seminaren stellt man einen wesentlich höheren Frauenanteil fest. Dies führt natürlich dazu, dass die Themen der Seminare oft sehr frauenspezifisch sind und dass selbst die Seminare, die eine andere Thematik haben, sehr die Frauen in den Mittelpunkt stellen.

Die männlichen Studenten befinden sich in der Minderheitsrolle und müssen sich, in diesem von Frauen bestimmten Fach, versuchen zu definieren, um ihre Stellung an der KFH zu finden. Aus diesem Grunde stellt sich die Frage, ob es mehr Themenangebote geben müsste, die nicht so frauenspezifisch sind und ob es auch spezielle Seminare nur für Männer geben sollte. 29 Studenten der Sozialarbeit und Sozialpädagogik wurden befragt. 17 davon haben sich für ein Studium des Sozialwesens entschieden weil sie dies interessant fanden, und ebenso 17 haben zu mehr als 6 Kommilitoninnen Kontakt. Als Mann fühlen sie sich mehrheitlich wohl an der KFH.

Auf die Frage: „Warum studieren deiner Meinung nach so wenig Männer an der KFH?" haben 10 gesagt, dass es „typische Frauenberufe" sind, 11 waren der Meinung, dass das Einkommen im sozialen Bereich zu gering sei. 15 finden das Studienangebot an der KFH inhaltlich interessant. Nur 1/5 der Befragten hat schon einmal an einem Männerseminar teilgenommen, aber 1/3 meinte dazu, dass öfter Männerseminare angeboten werden sollten. Die Frage: „Fühlst du dich an der KFH in einer Außenseiterrolle?" beantworteten 21 Befragte mit nein, 7 mit manchmal, und nur ein Befragter bejahte die Frage. 24 Studenten waren in einer Übung oder in einem Seminar schon einmal der einzige Mann gewesen, aber nur einer fand dies sehr unangenehm – der Rest ordnete sich auf einer Skala von 0 bis 5 (0 = unangenehm, 5 = sehr angenehm) zwischen 2 und 4 ein. Von einer Quotenregelung, wenn es um die Aufnahme der Männer an der KFH geht meinten 15 Befragte, dass es sich nicht lohne, da es sich von selbst regele; 3 haben sich noch nie Gedanken darüber gemacht, und 10 waren unentschlossen. Nur einer war für eine Quotenregelung für Männer. Abschließend gilt nun zu sagen, dass sich die erstellte Hypothese nicht bestätigt hat. Denn weder fühlten sich die befragten Studenten in einer Außenseiterrolle, noch empfanden sie es als unangenehm oder problematisch, in den Vorlesungen bzw. in Seminaren als Minderheit zu fungieren. Auch die zur Eingrenzung der weiblichen Dominanz vorgeschlagene Alternative einer Quotenregelung lehnten die meisten Studenten ab. Fazit also: Der Mann an der KFH findet die Dinge so gut, wie sie sind, und er denkt nicht, dass eine Emanzipation für die Männer von nöten sei.

Die Fernsehwerbung ist auch aus der Sicht von StudentInnen eine ärgerliche Sache. (25) Man nimmt an, dass sich *das Werbeverhalten von männlichen und weiblichen Studenten voneinander unterscheidet.* Es wurden 36 Personen im Alter zwischen 19 und 35 Jahren befragt. Davon waren 18 männlich und 18 weiblich. Eine Nebenhypothese war, dass die Werbung geschlechtspezifisch hergestellt wird und überwiegend Mann oder Frau ansprechen würde. Die zwei Werbespots, die den Befragten spontan einfielen, waren Waschmittel und Getränke bei Frauen – alkoholische Getränke und Autowerbung bei Männern. Auf die Frage: „Finden Sie, dass das Idealbild der Frau / des Mannes durch die Werbung geprägt wird?" fühlten sich die Frauen stärker beeinflusst als die Männer. Ebenso empfanden viel mehr Frauen als Männer, dass manche Werbung sexistisch sei. Schließlich gibt es auch einen Unterschied zwischen männlichem und weiblichem Werbeverhalten, nämlich, wenn die Frage beantwortet wird, ob manche Werbespots auf Frauen diskriminierender wirken als auf Männer. 94 % der Frauen, aber nur 77 % der Männer teilten diese Meinung.

4.5 Mann – Frau - Beziehung

Es folgen jetzt Übungsbefragungen, die „irgendwie" mit der Mann-Frau-Beziehung im weitesten Sinne zu tun haben. Praktisch in jedem

Semester während des Berichtszeitraumes gab es mehrere Gruppen, die sich von diesem Themenbereich stark angesprochen fühlten. Viele Student/innen verarbeiteten anscheinend dadurch ihr persönliches Problem und das Thema diente sozusagen als wohltuendes Ventil für angestaute Enttäuschungen, Probleme, Ängste und Frustrationen – auch wenn einige konkretere Themenformulierungen in dem Beziehungsdickicht Mann-Frau nicht immer sehr ernst zu nehmen waren. Symptomatisch waren sie aber schon. Es ist indiziert, gerade mit dem „Schmunzelthema" Flirtverhalten anzufangen, zumal Flirten rein chronologisch der Beginn einer Beziehung zwischen Mann und Frau ist. Ist diese Beziehung durch bewusste Partnerwahl gefestigt, kann es zur Eifersucht kommen.

Die Sexualität steht wohlgemerkt in der Mann-Frau-Beziehung an erster Stelle, daher wird die Verhütung hier thematisiert. Der sinkende Stellenwert der Ehe wird auch dadurch verdeutlicht, dass es nur zwei Gruppen gewagt haben diesbezüglich Befragungen durchzuführen. Ebenso trauten sich nur zwei Gruppen, Fragen und Probleme um die Familie in einer Befragung zu aktualisieren. Die geschlechtspezifische Sozialisation der Jungen und Mädchen war Thema von einer Befragung. Schließlich engagierte sich eine Gruppe, typische frauenspezifische Hypothesen zu überprüfen.

Das Flirtverhalten (26) verläuft *unterschiedlich nach Alter*. Befragt wurden 24 weibliche und 10 männliche Passanten. Das Alter der Befragten oszillierte zwischen 14 bis 61 Jahren. Für die Auswertung wurden dann zwei gleichzählige Altersgruppen gebildet, die unter 30, und die über 30 Jahre. „Ältere" Leute hatten mehr Schwierigkeiten, den Fragebogen auszufüllen, und zeigten eher Schamgefühle – einige wollten den Fragebogen überhaupt nicht ausfüllen. Die befragten Personen waren zum größten Teil ledig. 28 Personen von den insgesamt 34 Befragten hatten eine feste Beziehung.

Den Befragten wurden drei Definitionen von „Flirten" zur Wahl angeboten: 1. spielerische Kontaktaufnahme zwischen Mann und Frau im Rahmen einer alltäglichen sozialen Situation mit mehr oder weniger erotischem Akzent; sie kann unverbindlicher Natur sein oder auf enge, intime Bekanntschaft zielen. 2. Bekundung von Zuneigung durch das Verhalten, durch Blicke und Worte in scherzender, verspielter Form, 3. unverbindliches Liebesabenteuer. Die befragten Personen über 30 ent-

231

schieden sich für die zweite, die jüngeren Leute bevorzugten die erste Definition. Ältere Leute gingen eher selten mit der Absicht aus zu flirten, aber es kommt bei allen Befragten auf die Situation an, wobei in der Altersgruppe von 14 – 29 Jahren öfter die Initiative ergriffen wurde als bei den Älteren. Auf die Frage: „Kommt es hin und wieder vor, dass Sie in einer solchen Situation erröten?" antworteten 13 von 20 Befragten aus der jüngeren Gruppe mit ja – und auffallend wenig ältere Befragte. Bei den 14 - 29-jährigen veränderte sich das Flirtverhalten unter Alkoholeinfluss - bei den 30 – 61-jährigen veränderte es sich nicht. Freude und Nervosität empfanden aber alle Befragten, wenn sie merkten, dass sie jemandem gefallen. Jüngere Leute waren eher enttäuscht und frustriert, während ältere eher gelassen reagierten, wenn sie merkten, dass sie bei einer Person nicht ankamen.

Frage: „Um mit Ihnen Kontakt aufzunehmen, schüttet eine Person, die Sie auch sympathisch finden, ein Getränk über Ihre Kleidung. Wie reagieren Sie?" Antwort: Bei einer solchen Anmache reagierten ältere Befragte eher wütend und sauer, jüngere empfanden dies eher als lustig und als eine „originelle" Anmachmethode. Auf die Frage nach Namen in einer Flirtsituation antworteten jüngere Personen ausschließlich mit dem Vornamen, ältere eher mit dem Zunamen bzw. Vor- und Zunamen. Schließlich hatten die zwei Altersgruppen jede ein eigenes Erfolgsrezept. Die jüngeren Befragten gaben mehrheitlich lustige, aber nicht ernst zu nehmende Antworten – einige betonten ihre „physischen" Qualitäten wie Stärke, Schönheit oder schöne Blicke. Die Antworten waren bei den Älteren differenzierter. Hier ging es mehr um „intellektuelle" Qualitäten wie Schlagfertigkeit, Freundlichkeit und Natürlichkeit. Etwa die Hälfte der Befragten hatte aber kein Erfolgsrezept zu vergeben. Die Interviewer müssten also weiterhin ihr eigenen Flirtverhalten ohne fremde Hilfe gestalten...aber die Befragung hat allen Beteiligten Spaß gemacht.

Ähnlich lautete die Hypothese zum Thema Flirtbereitschaft (27) bei einer anderen Gruppe: *„Die Flirtbereitschaft der Menschen im Alter zwischen 18 und 30 Jahren steigt im Frühling an."* Von insgesamt 53 Befragten antworteten 60,4 % mit Ja auf die Frage, ob sie im Frühling mehr Bereitschaft zum Flirten zeigen als im Winter. Bei den Männern haben auf die Frage „Zeigen Sie im Frühling mehr Bereitschaft zum Flirten als im Winter?" 56,5 % mit Ja geantwortet. Bei den Frauen lag der Anteil der mit Ja beantworteten Frage sogar bei 63,3 %. Hieraus ergibt sich eine Bestätigung der Hypothese, dass das Flirtverhalten der Menschen im Alter zwischen 18 und 30, insbesondere im Frühling, ansteigt. Allgemein kann man sagen, dass insbesondere das Flirtverhalten bei den Frauen dieser Altersgruppe höher einzuschätzen ist als bei den Männern. Von den Befragten, die mit Ja geantwortet haben, ergab sich bei der Folgefrage (Filterfrage) mit Mehrfachnennungen das folgende Meinungsbild (getrennt nach Männern und Frauen):

Frage 10: Wenn ja, liegt es an:	Männer	Frauen
a) den ersten warmen Sonnenstrahlen	53,9 %	84,8 %
b) der leichten Bekleidung	7,7 %	15,9 %
c) der später einsetzenden Dunkelheit	61,6 %	10,6 %
d) der Tatsache, dass Sie sich im Frühling munterer fühlen	53,9 %	53,0 %
e) Sonstiges	15,4 %	5,3 %

Auffallend bei der Beantwortung dieser Frage ist, dass bei den Frauen die Möglichkeit, dass die ersten warmen Sonnenstrahlen die Bereitschaft des Flirtens fördern, höher liegt als bei den Männern. Ebenfalls auffallend ist, dass das Flirtverhalten der Männer stark mit der später einsetzenden Dunkelheit zusammenhängt.

Die Partnerwahl ist keine leichte Sache. Die folgende Befragung bearbeitete das Thema : Stellungnahme zu Kriterien der Partnerwahl. **(28)** Die gewagte Hypothese war: *Die äußere Erscheinung spielt bei der Partnerwahl eine größere Rolle als die Charaktereigenschaften.* Es wurden 11 Frauen und 9 Männer zwischen 19 und 26 Jahren befragt. Alle waren ledig, hatten unterschiedliche Berufe, und sie wohnten im Kreis Aachen.

Beim Kennenlernen achten sie als erstes auf Gesicht (8), auf Figur (6) auf Aussehen und Charakter (5). Bei sieben Befragten war die Größe des Partners egal, die Haarfarbe sogar bei 16 Befragten uninteressant. Fünf wünschten sich Partner mit blauen Augen, vier mit braunen, und dem Rest war das egal. An der äußeren Erscheinung war am wichtigsten wiederum das Gesicht (6) – Figur und Pflege kommen fünfmal vor,

Kleidung dreimal. Bei den gewünschten Charaktereigenschaften stand in absoluter Spitzenposition die Ehrlichkeit (17), gefolgt durch Humor (11) Treue (11) und Verständnis (7). Aber beim Kennenlernen achtete doch die Mehrheit der Befragten auf das Aussehen (12). Genau die Hälfte der Befragten würde sich um weitere Treffen bemühen, falls die äußere Erscheinung nicht ihren Wünschen entspricht. Für viele spielte der gesellschaftliche Status eine wichtige Rolle. Frauen wünschten sich meist, dass der Partner größer oder gleich groß wäre. Männer hingegen wünschten sich eine kleinere oder gleich große Partnerin. Das Aussehen spielt bei Männern eine größere Rolle als bei den Frauen. Frauen achteten eher auf den Charakter. Die Hypothese wurde insoweit bestätigt, als dass zunächst meist auf das Aussehen geachtet wird. Inwieweit das Aussehen eine größere Bedeutung hat als der Charakter, konnte nicht eindeutig festgestellt werden. Hierzu wären weitere Befragungen notwendig.

Die Eifersucht in Partnerschaften resultiert nach einer Befragung zum Thema (29),dass dadurch *mehr Partnerschaften an eifersüchtigem Verhalten von Frauen als an eifersüchtigem Verhalten von Männern zerbrechen.* Zur Bestätigung wurden acht Männer und acht Frauen, zwischen 20 und 47 Jahren, befragt – die Hälfte bestand aus Studentinnen bzw. Studenten.

12 Befragte stimmten der Definition zu: „Eifersucht ist die Angst, einen geliebten Menschen an eine andere Person zu verlieren." Ursprünglich hatte die Gruppe vorgesehen, für Männer andere Fragen aufzustellen als für Frauen. Nach der gemeinsamen Auswertung kam die Gruppe zu dem Ergebnis, dass die Hypothese widerlegt wurde. Dies wurde besonders bei der Antwort auf die Frage 9 deutlich: „Denken Sie, dass es eine Beziehung belasten kann, wenn ein Partner häufig allein ausgeht?" Die Antwortmöglichkeiten waren ja, nein, käme ganz auf die Situation an. Fünf Männer beantworteten diese Frage mit ja und nur eine Frau ebenfalls mit ja. Bei der Frage 12 ging es darum, ob jemand Beziehungen kennt, die an der Eifersucht des Mannes oder an der Eifersucht der Frau scheiterten. Das Gesamtergebnis war hierbei ausgewogen; jeweils drei Männer und drei Frauen antworteten mit ja. Weiterhin wurde in der Dialogfrage 13 nachgefragt, ob eine Beziehung leicht durch Eifersucht zerbricht, oder diese eher „das Salz in der Sup-

pe" ist. Hier antworteten vier Männer, dass die Beziehung an Eifersucht zerbricht, und nur zwei Frauen entsprechend.

Eine ausschließliche Männerbefragung zur Verhütung **(30)** wurde von Studentinnen als Passantenbefragung von 20 Männern gestaltet. Hypothese: *„Männer übernehmen nicht die Verantwortung bei der Verhütung".*

Bei der Auswertung von Frage 12 „Wurde in ihrer Partnerschaft über Verhütung gesprochen? Wenn ja, wer hat das Thema angeschnitten?" kommt man zu folgendem Ergebnis: Ein Befragter gab an, das Thema von sich aus angeschnitten zu haben, acht Befragte gaben an, die Partnerin habe es angesprochen, ebenso acht Befragte sagten, dass es von beiden angeschnitten wurde, und drei Befragte gaben keine Auskunft. Auffallend war, dass nur eine Person das Thema Verhütung von sich aus angesprochen hat. Dies könnte zu folgender Schlussfolgerungen führen: Entweder sehen es die Männer aufgrund ihrer Erziehung nicht als ihre Aufgabe an, das Thema Verhütung anzusprechen und vergessen es daher auch einfach, oder eine andere Schlußfolgerung wäre, dass Männer nicht offen über das Thema sprechen können. Beide Rückschlüsse würden die Hypothese untermauern.

Um die Gültigkeit der gemachten Aussagen und der Auswertung zu überprüfen, sollte man unter denselben Aspekten die Antwort auf die Frage 13 „Ist es Ihnen schwergefallen, darüber zu reden?" betrachten. Mit ja antwortete kein Befragter, 17 Männer antworteten mit nein, und drei gaben ein „es geht so" an. Auf die Frage verweigerte niemand die Antwort. Somit fiel es 85 % der Befragten nicht schwer, über das Thema Verhütung zu sprechen. Beim Vergleich der beiden Antworten ergab sich eine sehr auffällige Diskrepanz, die vielleicht folgendermaßen erklärt werden könnte: Es wird unterstellt, dass es den Befragten ein Anliegen war, ihre Aufgeschlossenheit vor Braueninterviewern zu demonstrieren, daher antworteten sie auf die allgemein gestellte Frage 13 dementsprechend. Die auf eine konkrete Situation bezogene Frage (12) schien für die Interviewten keine Überprüfung ihrer Offenheit zu sein, und daher bemühte sich auch niemand, das Bild zu verfälschen, sondern 95 % gaben zu, nicht selbst das Thema angesprochen zu haben.

Bei der Auswertung von Frage 7 „Wer übernimmt die Verhütung?" ergaben sich folgende Daten: Ein Mann übernahm selbst die Verhütung, 7 überließen es der Partnerin, 8 gaben an, dass beide verhüten, und 4 gaben keine Auskunft. Auffallend war, dass immerhin 35 % die Verhütung der Frau überließen bzw. die Partnerin bei 40 % mit verhütete. Es liegt folgende Abschlussfolgerung nahe: Trotz allgemeiner Bereitschaft zum Kondom obliegt die Verhütung, zumindest in einer festen Beziehung, meist noch den Frauen.

Das nächste Thema ist die Verhütung bei Verheirateten (31), und hier wurde die Hypothese so formuliert: *„Die Frage der Verhütung tritt bei verheirateten Menschen mehr in den Hintergrund als bei nicht Verheirateten."* Das Ziel der Auswertung dieser Umfrage findet sich in der Bestätigung oder Widerlegung dieser These wieder. Hierzu wurden insgesamt 25 Personen befragt, wovon 9 Personen ledige Männer, 6 Personen ledige Frauen, 3 Personen verheiratete Männer und 6 Personen verheiratete Frauen darstellten. Die Befragten befanden sich innerhalb eines Altersrahmens von 18 Jahren bis 59 Jahren. Ihre berufliche Tätigkeit reichte von Hausfrau über Mutter, Student, Schüler, Handwerker, Angestellte, Lehrer bis hin zum Ingenieur. 12 befragte Personen sind Elternteile. Von 25 befragten Personen leben 15 Personen in einer festen Beziehung, 9 von diesen sind ledig, dies könnte bedeuten, dass diese Gruppe sich eher mit dem Thema auseinandersetzt als die restlichen 10 ledigen und ungebundenen befragten Personen.

Die bereits angestellte Vermutung, dass ledige Personen ein hohes Verhütungsbewusstsein besitzen, findet sich im Vergleich zu verheirateten Personen in Bezug auf die Auswertung der Konsequenz des Verhütungsverhaltens nicht bestätigt. Auch wenn die verheirateten Personen die Auffassung vertreten, dass sich mit der Eheschließung das Verhütungsverhalten nicht verändert, scheint diese Selbsteinschätzung aufgrund des Umfrageergebnisses in Bezug auf die Konsequenzen der Verhütung fragwürdig zu sein, da Verheiratete konsequenter verhüten als Ledige. Somit kann man die aufgestellte Hypothese als nicht bestätigt betrachten.

In der nächsten Befragung zum Thema Ehe (32) wurde eine längere Hypothese ausgearbeitet: *„Immer weniger junge Menschen im Alter zwischen 20 und 30 Jahren haben konkrete Vorstellungen von ihrer Zukunft hinsichtlich Ehe und Familie".* Es wurden 12 Männer und 13 Frauen zwischen 20 und 30 Jahren befragt.

Schon nach der Auswertung der ersten Frage wurde die Hypothese widerlegt. Nur 24 % hatten keine konkreten Vorstellungen. Dagegen standen 76 % mit zum Teil sehr genauen und konkreten Vorstellungen, wie ihre zukünftige eheliche und familiäre Zukunft aussehen würde. Aussagekräftig war diese Prozentzahl unter anderem auch, da die Befragten noch nicht richtig in den Fragebogen eingestiegen waren und ihre eigenen freien Überlegungen äußern sollten.

Eine folgende Vermutung war, dass die Familiensituation der Eltern maßgebend ist, für bzw. gegen eine Heirat zu entscheiden. Vergleicht man jedoch diejenigen, deren Eltern geschieden sind, mit denen, die in der nächsten Frage so geantwortet haben, dass sie sich vorstellen können zu heiraten, so ist festzustellen, dass sich die Befragten trotz Scheidung der Eltern vorstellen können zu heiraten. Wenn man die Befragten vor die Wahl stellt, dass sie sich also zwischen Heiraten und nicht Heiraten entscheiden müssen, dann tendieren die Befragten eher (72 %) zur Ehe. Bei denen, die heiraten wollen, spielen kirchlich-moralische Gründe sowie finanzielle Vorteile keine Rolle mehr. Berufliche Karriere ist auf der anderen Seite auch kein Grund mehr, nicht zu heiraten. 72 % der Befragten machen ihre Heirat vom richtigen Partner abhängig. Der zeitliche Rahmen scheint für die Eheschließung irrelevant zu sein (64 %) – nur 16 % der Heiratswilligen haben sich einen Rahmen gesetzt.

Auffallend ist außerdem, dass entgegen anderer Statistiken 56 % auf jeden Fall Kinder bekommen möchten. Für die meisten (68 %) hängt der Kinderwunsch vom richtigen Partner und der finanziellen Situation ab. Interessant ist außerdem, dass 60 % der Männer und 40 % der Frauen in dieser Befragung Kinder wollten. Eine Begründung hierfür wäre eventuell, dass der Altersdurchschnitt der befragten Männer über dem der Frauen liegt. Für 60 % ist Partnerschaft durch Heirat nicht von längerer Dauer – aber 56 % finden, dass durch Heirat das Gefühl der Gebundenheit gestärkt wird. Ehe bedeutet für immerhin 56 % keine lebenslange Bindung an den Partner. Schließlich wurden 72 % ihrer Meinung nach nicht von Veränderungen in ihrem Bekanntenkreis hinsichtlich Ehe und Familie beeinflusst.

Die Familienplanung bei Menschen zwischen 20 und 30 Jahren war das Thema (33) einer nächsten Befragung. In Anbetracht der ständig wachsenden Bevölkerungszahlen und andererseits der schlechten wirtschaftlichen Lage und der Massenarbeitslosigkeit stellte sich einer Gruppe der Studenten die Frage, wie es dann immer noch zu erklären ist, dass Familien viele Kinder bekommen und somit sogar oft mit eigenem Einkommen auf finanzielle staatliche Hilfe angewiesen sind. So wurde die Hypothese gestellt, dass *vielleicht noch immer die weniger gebildeten Familien zur Großfamilien tendieren, wohingegen Familien mit höheren Bildungsstandards eher wenige Kinder möchten.* Insgesamt wurden 60 Personen befragt, von denen 36 weiblich (60 %) und 24 männlich (40 %) waren.

Diese 60 Probanden wünschten sich insgesamt 134 Kinder, was ein Schnitt von 2,2 Kindern pro Person ausmacht. Also wollen 47 % der Probanden 2 Kinder. Ebenso ist zu ersehen, dass von den restlichen 53 % weitere 33 % zu einem oder keinem Kind tendieren und sich die restlichen 20 % auf drei, vier, fünf und elf Kinder verteilen. Die Probanden mit Lehre wünschten sich die meisten Kinder (2,2 Kinder pro Person), danach kommen die Personen ohne Ausbildung mit 1,8 Kindern pro Person und zuletzt die Akademiker mit 1,7 Kindern pro Person. Nach der Gesamtauswertung musste festgestellt werden, dass die Ergebnisse relativ gleichmäßig verteilt sind. Bei genauer Betrachtung weichen die Daten zwar ab und bestätigen die Hypothese, allerdings wurde mit deutlicheren Abweichungen gerechnet. Die Gegenüberstellung des Kinderwunsches von Männern und Frauen in Bezug auf deren Ausbildung liefert das auffälligste Ergebnis. Die unterschiedlichen Kinderwünsche bei studierten Männern und Frauen zeigen, dass die Familienplanung offensichtlich stark durch die berufliche Situation geprägt ist, die sich gerade für Frauen mit akademischem Abschluss durch Kinder stark verschlechtert.

Aufteilung der Hausarbeit zwischen Partnern im gemeinsamen Haushalt (**34**) war das Thema zur Hypothese: *Frauen übernehmen den größten Teil der Hausarbeiten.* 14 Männer und 14 Frauen im Alter zwischen 18 und 65 Jahren wurden befragt, 20 waren verheiratet und 3 lebten zusammen

Die Frage nach dem geleisteten Anteil an der Gesamtheit der Hausarbeit betrug bei den Frauen durchschnittlich 38 Stunden pro Woche und bei den Männern 8 Stunden pro Woche. Von den 14 befragten Frauen erledigen 12 unangenehme Arbeiten trotzdem, wohingegen von den 14 befragten Männern nur 8 ihnen unangenehme Arbeiten erledigen. Die

Hypothese in Bezug auf die klassische Rollenverteilung wurde somit bestätigt. Die Befragung nach dem Grad der Zufriedenheit mit der bestehenden Arbeitsaufteilung fällt wie folgt aus: „Optimal" und „zufrieden" geben 4 Frauen an, im Gegensatz dazu 11 Männer. „Könnte besser sein" und „unzufrieden" geben 10 Frauen an im Gegensatz zu 3 Männern.

Die Verbesserungsvorschläge beziehen sich auf: 1. eine gerechtere Arbeitsaufteilung zwischen den Partnern, 2. eine stärkere Einbeziehung von Kindern und anderen im Haushalt lebenden Personen an der häuslichen Arbeit, 3. eine Aufteilung der Pflichten, die sich stärker an den Fähigkeiten orientiert. Zusammenfassend bestätigt die Befragung die aufgestellte Hypothese, dass Frauen den größten Teil der Hausarbeit übernehmen. Eine mögliche Begründung liegt darin, dass sich die klassische Rollenaufteilung in der Tatsache widerspiegelt, dass die befragten Männer die zweieinhalbfache Stundenzahl außer Haus berufstätig sind.

Eine Gruppe ging aufgrund von Gesprächen im Bekanntenkreis, eigener Erfahrungen und von Gesprächen mit Kursteilnehmerinnen in Mütter/Kind-Kreisen davon aus, dass die Frau durch die radikalen Veränderungen nach der Geburt des ersten Kindes in eine Situation gerät, (35) die man durchaus als krisenhaft bezeichnen kann. Die Vermutung war, dass die Frau kaum noch Zeit für eigene Aktivitäten und ihren Freundeskreis aufbringen kann und auch vermehrt Partnerschaftsprobleme auftreten. Die Hypothese war: *Stürzt die Geburt des ersten Kindes die Frau in eine Krise?*

Die Fragebogen wurden überwiegend in Mütter/Kind-Kreisen an 48 Frauen verteilt, deren erstes Kind maximal drei Jahre alt war. Der Fragekatalog wurde vorwiegend positiv von den Frauen beurteilt. Bei der Beurteilung der eigenen Freizeitaktivitäten zeigt sich eine starke Tendenz dazu – fast die Hälfte der Befragten – dass wesentlich weniger Aktivitäten stattfinden. Die befragten Frauen geben überwiegend an, dass ihr Freundeskreis gleichgeblieben ist oder sich erweitert hat. Dies steht in einem vordergründigen Widerspruch zu den stark reduzierten Freizeitaktivitäten. Es ist vermutlich jedoch so, dass Freunde auch dann noch als Freunde eingestuft werden, wenn man sie nur noch selten sieht. Der veränderte Aktionsradius der Frauen sorgt vielfach für neue Freundschaften. Man muss auch berücksichtigen, dass die Fragebögen in Mütter/Kind-Kreisen verteilt wurden, also bei Frauen, die bereits zusätzliche Kontakte geknüpft hatten. Über die Hälfte der Befragten gibt an, dass die Geburt des ersten Kindes sich positiv auf die Partnerschaft ausgewirkt hat. Lediglich 13 Prozent geben an, dass sich die Partnerschaft verschlechtert hat. Die Antworten auf die Frage: „Wie hat sich die Geburt ihres Kindes auf ihre gemeinsame Sexualität ausgewirkt?" weisen einen gewissen Widerspruch zu den vorherigen Fragen auf. Zwar gibt die Hälfte der Befragten an, die Sexualität habe sich nicht verändert, doch immerhin ein Drittel der Frauen schätzt die Auswirkungen auf die Sexualität als negativ ein. Dies zeigt, dass von den befragten Frauen der Sexualität in den ersten Jahren nach der Geburt kein so hoher Stellenwert zugewiesen wird. Etwa ein Drittel der Befragten vermutet, dass sich der Partner emotional vernachlässigt vorkommt. Jede fünfte Frau fühlt sich von ihrem Mann vernachlässigt. Ein Vergleich mit der vorigen Frage zeigt aber, dass mehr Frauen befürchten, ihr Partner könne sich vernachlässigt vorkommen.

Die aufgestellte Hypothese kann auf der Basis dieser Umfrage nur verneint werden. Zwar verringern sich die Freizeitaktivitäten der Frauen sehr deutlich, die gemeinsam verbrachte Zeit mit dem Partner nimmt ab und das Sexualleben wird auch negativ beeinflußt, jedoch sehen die befragten Frauen überwiegend Vorteile in ihrer neuen Rolle.

4.6 Diverse Themen

Das Freizeitverhalten von Jugendlichen als Themenwahl (36) wurde von der Befragergruppe folgendermaßen begründet: "Einen Schwerpunkt wollten wir wegen der steigenden Technisierung und der Vielfalt an Möglichkeiten und Neuheiten in diesem Bereich auf die Nutzung von Computer, Fernsehen und Videospielen legen. Diese bezeichneten wir als „elektronische Unterhaltungsmethoden". Hier interessierten uns die Konsequenzen für die Jugendlichen, deren Altersgruppe wir auf 14 – 19 Jahre festsetzten. Es stellte sich uns die Frage, inwiefern diverse Freizeitaktivitäten und die „Pflege" von Freundschaften und Bekanntschaften hinter diesen elektronischen Unterhaltungsmedien zurücktreten und die Jugendlichen kontaktärmer werden. Wir stellten die folgende Hypothese auf: *„Je mehr Zeit Jugendliche für elektronische Unterhaltungsmethoden verwenden, desto kontaktarmer werden sie"*. Die

Befragung wurde an verschiedenen Orten (Fußgängerzone, Gymnasium, Wohngebiet) mit 30 Befragten (17 weiblich, 13 männlich) zwischen 14 und 19 Jahren durchgeführt.

In der befragten Altersgruppe ist eine gesellschaftliche Norm maßgebend, nachdem es erwünscht ist besser Freizeit mit Gleichaltrigen zu verbringen als sich allein vor den Computer oder Fernseher zu setzen. Entsprechend antworteten 73 % der Befragten, dass es besser ist, seine Freizeit mit Freunden als mit dem Computer oder Fernseher zu verbringen. Aus den gestellten Fragen wurde ersichtlich, dass 60 % einen Computer und 100% einen Fernsehen besitzen. Dennoch geht aus den Antworten hervor, dass 70 % zwar mittags, abends oder nachts fernsehen, ihre Zeit nachmittags aber anders nutzen. Laut den Antworten auf Frage 12 (Wie viel von deinem Geld gibst du für elektronische Medien aus?) geben etwa 53 % der Personen „gar nichts" für elektronische Medien aus. Dagegen antworteten bei der Frage 13 (Wie oft gehst du in der Woche raus?) dass sie an zwei Tagen in der Woche mit ihren Freunden ausgingen – und das trotz der vorhandenen elektronischen Unterhaltungsmedien. Dies bedeutet also, dass, obwohl z.B. viel ferngesehen wird, die Jugendlichen dennoch relativ oft etwas mit ihren Freunden unternehmen. Die aufgestellte Hypothese ist damit wohl widerlegt.

Zum Thema Fernsehverhalten alter, alleinstehender Menschen, im Vegleich Altenheim und Zuhause lebender Menschen (37) diente die Hypothese: *Alte, alleinstehende Menschen, die im Altenheim leben, sehen mehr fern als solche, die in ihrer eigenen Wohnung leben.* Die Befragung der Hälfte der interviewten alleinstehenden, alten Menschen fand im Altenheim statt. Die erste Schwierigkeit war die Angst mehrerer Bewohner; sie meinten, der Befrager wollte Rundfunkgebühren eintreiben. In einfühlsamen und geduldigen Erklärungen ist es gelungen, den Bewohnern diese Angst zu nehmen. Trotzdem gestaltete sich die Fragebogenaktion im Altenheim sehr schwierig und zeitaufwendig.

Die Fragen waren trotz ihrer Einfachheit oft zu kompliziert für die Bewohner und konnten teilweise erst nach längerem Erklären angekreuzt werden. Die Bewohner erzählten alles Mögliche, nur konkret wollten sie nicht werden. Die zweite Gruppe der Befragung, alleinstehende alte Menschen, die noch im eigenen Haushalt wohnen, wurden in einem Park angesprochen. Nachdem die Befrager die Institution, aus der sie kamen, erklärt haben, mussten sie nun die Personenfragen, ob

241

sie allein im eigenen Haushalt wohnen, da sie ja sonst für die Befragung nicht relevant wären, klären. Bei manchen rief diese Frage Misstrauen hervor. Die Resonanz der Befragung war im Großen und Ganzen ausgesprochen positiv. Man hatte den Eindruck, für einige Befragten eine willkommene Abwechslung zu sein. Von den insgesamt 26 Befragten waren 6 Hausfrauen, 17 haben als Arbeiter und Angestellte gearbeitet. Das Durchschnittsalter betrug 70,8 Jahre, in der Gruppe der im Altenheim lebenden 73 Jahre. Beide Gruppen bestanden aus 13 Personen.

Die Hypothese hat sich verifiziert, das heißt, bei den Befragten hat sich gezeigt, dass alleinstehende Menschen, die im Altenheim leben, quantitativ mehr fernsehen als alleinstehende Menschen im eigenen Hauhalt. Die im Altenheim Lebenden fangen früher am Tag an fernzusehen. Gründe hierfür könnten die Tagesstruktur und die nicht vorhandene Hausarbeit sein. Ein weiterer Grund könnte in den Antworten auf die Frage nach den Hobbys liegen. Hier zeigt sich, dass in der Gruppe „eigener Haushalt" lediglich 5 Befragte angaben, keine Hobbys zu haben, hingegen gaben in Gruppe „Altenheim" 8 Befragte an, keine Hobbys zu haben. Vier Personen in dieser Gruppe, die angaben, keinen Hobbys zu haben, sehen schon mittags fern. Um die Vermutung, dass ein kausaler Zusammenhang zwischen den nicht vorhandenen Hobbys und der frühen Tageszeit, zu der ferngesehen wird, zu bestätigen, bedarf es jedoch detaillierterer Fragen.

Eine Befragung zum Thema „Markenbewusstsein beim Kleidungskauf bei Jugendlichen im Alter von 13 bis 16 Jahren" (38) ging von der Hypothese aus, dass *Jugendliche beim Kleidungskauf stark auf Markenartikel achten.* Die 30 Jugendlichen wurden per Zufall bei den Passanten ausgewählt. Auf die Frage, wie viel ihres Geldes sie für Kleidung und Schuhe ausgäben, antworteten die Jugendlichen sehr unterschiedlich: 42 % gaben an, einen geringen Teil für Kleidung auszugeben, 33 % sagten, sie gäben einen großen Teil ihres Geldes für Kleidung aus, und 25 % geben nichts von ihrem Geld für Kleidung aus. Über die Hälfte der Befragten (55,3 %) meinten, dass sie zumindest manchmal beim Kleidungskauf auf Markenartikel achteten, und immerhin 24,1 % gaben an, sogar fast ausschließlich auf Markenartikel zu achten. Nur 20,6 % der Jugendlichen sagten, dass sie nie auf Markenartikel achteten. Die Mehrheit der Befragten begründete ihren Kauf von Markenartikeln damit, dass ihnen die Sachen einfach gefallen würden,

30 % meinten, die Qualität der Markenartikel sei besser. Die Hälfte der Jugendlichen glaubt, dass das Tragen von Markenartikeln keine große Veränderung für ihr Selbstwertgefühl bedeutete, immerhin 21,4 % fühlten sich dadurch selbstbewusster. Sehr oft ist bei dieser Frage die Antwort „weiß nicht" zu vermerken: Mit 28,6 % macht sie fast ein Drittel der Antworten auf diese Frage aus. Ganz ähnliche Prozentzahlen ergibt die Frage, ob Jugendliche eher Markenartikel kaufen würden, wenn dies ihre Rolle innerhalb ihres Freundeskreises aufwerte. Knapp die Hälfte der Befragten (48,3 %) verneint diese Frage, 24,1 % bejaht sie. Auch hier ist die „weiß nicht Antwort" sehr häufig (27,6 %). Auffallend eindeutig wurde die Frage beantwortet, welche Marke bei Jugendlichen zur Zeit besonders beliebt sei. 39,8 % antworteten, „Levi´s" sei die gefragte Marke, danach „Eclipse" mit 7,9 %. Ebenfalls 7,9 % wussten auf diese Frage keine Antwort. 82,8 % der befragten Jugendlichen glaubten, dass Jugendliche ihres Alters sehr stark auf Markenartikel achten. Nur 3,4 % verneinten diese Frage.

Gibt es Zusammenhänge zwischen der Frage „Achtest du auf Markenartikel?" und persönlichen Fragen nach Geschlecht, Schulform, Herkunft und Einkommen? Der Befragergruppe ist dazu aufgefallen: Es ist kein Zusammenhang zu erkennen zwischen Geschlecht und dem Kauf von Markenartikeln. Hauptschüler und Realschüler antworteten ganz ähnlich, die meisten kreuzten „manchmal" an, einige „fast ausschließlich". Auffallend ist, dass nur Gymnasiasten teilweise mit „fast nie" antworteten. Es war zunächst anzumerken, dass fast die Hälfte der Befragten auf dem Lande wohnen. Auffallend ist, dass vier von fünf Jugendlichen, die fast nie Markenartikel kaufen, auf dem Land wohnen. Nur zwei „Landbewohner" gaben an, fast ausschließlich auf Markenartikel zu achten. Zwischen Stadtbewohnern und Stadtrandbewohnern gab es keine Unterschiede, sie kreuzten beide zum größten Teil „manchmal" und „fast ausschließlich" an. Es ist zu bemerken, dass drei von vier Jugendlichen, die weniger als 30 DM im Monat zur Verfügung haben, fast nie Markenartikel kaufen. Bei den anderen „Gehaltsklassen" ist kein Zusammenhang zum Markenartikelbewusstsein zu erkennen.

Die Gruppe kam zu dem Ergebnis, dass sich die Hypothese zwar bestätigte, jedoch nicht in dem Maße, wie es erwartet wurde. Zwar gab über die Hälfte der Jugendlichen an, manchmal auf Markenkleidung zu achten, aber es wurde eingangs vermutet, dass die Zahl derer, die fast ausschließlich auf Markenartikel achten, höher läge als 24,1 %. Ebenso gaben beispielsweise die meisten Jugendlichen an, nur einen geringen Teil ihres Geldes für Kleidung auszugeben, 33 % geben viel dafür aus. Aus den Ergebnissen der Befragung lässt sich das Fazit ziehen, dass Jugendliche im Alter von 13 bis 16 Jahren schon auf Markenartikel achten, jedoch nicht ausschließlich und längst nicht alle. Immerhin etwa ein Viertel der Jugendlichen lässt sich beim Kleiderkauf nicht von bestimmten Marken beeinflussen.

Das altersspezifische Umweltbewusstsein (39) als Thema wurde an der folgenden Hypothese überprüft: *„Menschen zwischen 15 und 30 Jahren lassen sich seltener Plastiktüten geben als ältere Menschen".* Befragt wurden 20 Personen, je 10 davon waren männlichen Geschlechts, 10 weiblichen Geschlechts. 11 Befragte waren zwischen 15 und 30 Jahren alt, 3 zwischen 31 und 45, 2 gehörten der Altersgruppe 46 – 60 an, und 4 Befragte waren älter als 60 Jahre. 11 der Befragten waren berufstätig; 4 Hausfrauen, 3 Schüler oder Studenten und 2 Rentner. Auf die Frage nach der Häufigkeit des Einkaufs gab 1 Befragter an, täglich oder seltener einkaufen zu gehen. 6 der Befragten gehen wöchentlich einkaufen. Die Mehrzahl der Befragten, nämlich 12 Personen, gehen 2-3-mal pro Woche einkaufen. Bei 7 Personen ist der Einkauf geplant, nur spontan geht niemand einkaufen. Üblich ist anscheinend beides: 13 Personen gehen sowohl spontan als auch geplant einkaufen. Beim geplanten Einkauf nehmen 14 Personen Stofftaschen mit, 5 manchmal, 1 Person nie. Plastiktüten werden von 11 Personen manchmal mitgenommen, 9 Personen nehmen nie Plastiktüten mit.

18 der Befragten glauben, dass Plastiktüten eine Belastung für die Umwelt sind, nur 2 Personen sind hier unentschlossen. Es war interessant zu sehen, dass fast alle Befragten (18 von 20) sich bewusst sind, dass Plastiktüten eine Gefahr für die Umwelt darstellen, aber dennoch 12 von 20 Befragten sich Plastiktüten geben lassen. 16 Befragte fanden es besser, mit einer Stofftasche oder einem Korb durch die Stadt zu gehen, 4 Personen konnten sich nicht entscheiden, keiner fand es aber gut, mit einer Plastiktüte durch die Stadt zu gehen. Es ergab sich bei keiner Frage ein Anhalt dafür, dass das Alter ein bestimmender Faktor ist. Personen unter 30 oder über 30 Jahren beantworteten keine Frage gravierend abweichend. Ist die unabhängige Variable die Berufstätigkeit, so ergibt sich das gleiche Bild. Auch Berufstätigkeit der Befragten

hat die Antwort nicht beeinflusst. Das Geschlecht als unabhängige Variable beeinflusst geringfügig einige Antworten. So nehmen mehr Frauen als Männer nie Plastiktüten zum geplanten Einkauf mit. Weniger Frauen als Männer gehen geplant einkaufen. Ansonsten gleichen sich auch hier die Antworten. Das Hinzufügen eines weiteren Merkmals, einer Testvariablen, führte eigentlich nicht weiter. Lediglich bei der Frage, ob sich die Personen Plastiktüten geben lassen, antworteten in der Altersgruppe 15-30 Jahre mehr Berufstätige mit ja. Bei der Frage nach dem geplanten Einkauf schienen in der gleichen Altersgruppe Männer eher geplant einkaufen zu gehen. Auf der einen Seite waren sich alle Befragten der Umweltschädlichkeit von Plastiktüten bewusst, und fast alle fanden es besser, mit Stofftaschen herumzulaufen, auf der anderen Seite ließ sich jedoch die Mehrzahl der Befragten eine Plastiktüte geben. Die Hypothese wurde nicht bestätigt.

Das Thema Drogenkonsum (40) kann erst untersucht werden, wenn die Unterscheidung zwischen „harten" und „weichen" Drogen deutlich gezogen wird. Die *Akzeptanz „weicher" Drogen bzw. deren Legalisierung* stand als Hypothese für eine Befragungsgruppe fest. Es war für die Gruppe von Interesse, ob der Wissensstand über das Thema Drogen Einfluss auf die Meinung zur Legalisierung hat und ob das Alter, Geschlecht, Bildung und Kinderzahl (Angaben zur Person) in einem Zusammenhang zum Wissensstand über Drogen gebracht werden konnte. Es wurden 30 Fragebögen erstellt und verteilt im Freundes- und Bekanntenkreis, bei Studenten, in der Familie und bei Nachbarn. Die Mehrheit der Befragten war zwischen 18 und 35 Jahren alt, 40 % Männer und 60 % Frauen, mehrheitlich mit Abitur und Fachhochschulreife und auch mehrheitlich kinderlos. 52,3 % der Befragten waren der Meinung, dass Haschisch und Marihuana körperlich abhängig machen, wobei 60 % der Befragten Haschisch als weiche Droge ansahen, ebenso 50,8 % Marihuana. 41,8 % der unter 35-Jährigen halten Haschisch für körperlich abhängig machend, bei den über 35-Jährigen lag der Anteil sogar bei 87 %.

Es war also zu erkennen, dass mit zunehmendem Alter immer mehr die Ansicht vertreten wird: Haschisch und Marihuana machen körperlich abhängig. Dieses Statement vertraten 56,8 % der Frauen gegenüber 47,2 % der Männer. Aus allen Fragen lässt sich generell ersehen, dass der Wissensstand bei Befragten mit Kindern weniger ausgeprägt ist als bei Befragten ohne Kinder. Davon, dass Haschisch und Marihuana psychisch abhängig machen, gehen 84,9 % aller Befragten aus. Hier sind diesmal keine signifikanten Unterschiede zwischen Männern und Frauen, mit Kindern oder ohne Kinder, Alter und Schulbildung festzustellen. Bei der Bewertung der Antworten der Frage nach den Kosten für 10 g Haschisch oder Marihuana muss vorausgeschickt werden dass zum Zeitpunkt der Befragung die Kosten bei ungefähr 100 DM pro zehn Gramm lagen. Unter dieser Prämisse wurde die Einschätzung der Kosten von den unter 35-Jährigen mit 47 % richtig beantwortet. Bei den über 35-Jährigen beurteilten nur noch 28 % die Preislage richtig. Der größere Teil lag mit seiner Einschätzung bei 50 DM.

Es fällt auf, dass eine positive Meinung in Bezug auf eine sowohl psychische als auch physische Abhängigkeit eine tendenzielle Bejahung von Strafe nach sich zieht. Dementsprechend bringt eine Verneinung von Abhängigkeit auf Körper und Seele auch eine tendenzielle Bejahung von Straffreiheit mit sich. 76,6 % der Leute halten Haschisch und Marihuana für nicht körperlich abhängig machend. Von diesen befürworten 67,2 % Straffreiheit. Von 48,9 % die eine psychische Abhängigkeit bei Haschisch und Marihuana bejahen, sind 90,5 % für eine Bestrafung im Missbrauchsfall. Wer Haschisch und Marihuana als weiche Droge einstuft, geht von einem gleichbleibenden Einstiegsalter aus. Demhingegen gehen die Befragten von einer steigenden Konsumentenzahl aus, die Haschisch und Marihuana als harte Drogen eingestuft haben. Im Falle einer Legalisierung von Haschisch und Marihuana als weiche Drogen sprechen sich die Befragten für ein Angebot an verschiedenen Orten (76,6 % spezielle Geschäfte, 54,2 % Apotheken, 47,2 Drogenberatungsstellen) aus. Als Resümee der Untersuchung kann wohl festgehalten werden, dass das Wissen über „weiche Drogen" in der Öffentlichkeit recht gut ist.

Durch die Befragung zum Thema „Freizeitverhalten von behinderten jungen Menschen" (41) wollte eine Gruppe die Hypothese: *„Es gibt nicht genügend Freizeitangebote für Behinderte"* bestätigen bzw. widerlegen. Aus diesem Grund wurden 20 Jugendliche (10 Mädchen und 10 Jungen) im Alter von 15 bis 24 Jahren, die die Woche über in einem Heim leben, befragt. Eine erste Querverbindung lässt sich zwischen der Frage 5, Art und Grad der Behinderung, und der Frage 8, „Für welche Freizeitbeschäftigung wenden Sie die meiste Zeit auf?" herstellen. Es wurden jedoch nur die spastisch Behinderten betrachtet, da sie die größte Gruppe der Befragten (11 von 20) darstellten. An erster Stelle steht bei ihnen das Musikhören. Doch auch sportliche Betätigungen sind sehr beliebt. So steht an Stelle 2 Basketballspielen und „in die Stadt gehen". An 3. Stelle stehen dann Tischtennis und Schreiben für die Schülerzeitung. Insgesamt zeigt sich ein sehr breitgefächertes Spektrum an Freizeitgestaltungen, die nicht von denen nichtbehinderter Jugendlichen abweichen. In einer zweiten Querverbindung wurde dann untersucht, wer von den Befragten zufriedener ist mit den Angeboten, die männlichen oder weiblichen Personen (Frage 2 und 9). Dabei stellte sich heraus, dass es ungefähr gleich ist.

Fünf der weiblichen Behinderten sind zufrieden, drei nicht, und zwei sind unentschlossen. Bei den männlichen Befragten waren fünf zufrieden und fünf nicht. Bei den weiblichen Befragten kam zum Ausdruck, dass ihnen sportliche Angebote für Frauen fehlen. So gaben einige an, dass sie gern Basketball spielen würden, Reiten oder Rollstuhltanz erlernen möchten. Eine letzte Querverbindung bezieht die Frage 5, Art der Behinderung (Rollstuhlfahrer oder Läufer), die Frage 11, „Könnte durch verbesserte Hilfsangebote ihre Freizeit besser genutzt werden?" und Frage 13, Verbesserungsvorschläge, ein. 15 der Befragten sind Rollstuhlfahrer, die auch ganz deutlich sagten, dass durch bessere Hilfsangebote ihre Freizeit sinnvoller genutzt werden kann. Hierbei spielen besonders bessere Busverbindungen, mehr Möglichkeiten, in die Stadt oder Disco zu gehen und mehr Aufzüge eine wichtige Rolle. Aus diesen drei Querverbindungen zeigt sich, dass die Hälfte der Befragten zwar zufrieden ist, trotzdem aber noch Verbesserungsvorschläge hat. Durch diese Zweiteilung lässt sich die Hypothese also weder belegen noch klar widerlegen.

Eine Gruppe stellte sich die Befragung über die Befragung (42) als Aufgabe zu lösen. Zuerst war die Gruppe neugierig: Wie viel Prozent der angesprochenen Passanten ließen sich befragen? Die Hypothese war auch eine Frage, ob *die Kleidung der Interviewer den Befragungsablauf beeinflusst.* Insgesamt wurden 80 Personen angesprochen, davon waren 39 zum Antworten bereit. Die Bereitschaft lag bei den weiblichen Befragten etwas höher als bei männlichen, bei den Jüngeren wesentlich höher, unabhängig vom Geschlecht. Auf die Frage, ob die Befragten schon mal auf der Straße befragt wurden, antworteten 8 mit oft, 20 mit selten und 11 mit nie. Die gestellte Hypothese wurde geringfügig bestätigt: 21 sagten aus, dass die Kleidung der Interviewer ihr Interviewverhalten wohl beeinflussen würde, bei 18 dürfte dies keine Rolle spielen. Hier zeigten sich Jugendliche etwas toleranter, wobei es zwischen männlichen und weiblichen Befragten keinen Unterschied gab.

Aus aktuellem Anlass wurde eine „Blitzbefragung" von Personen, die das Erdbeben (43) bewusst in Aachen am 13.04.1992 erlebt haben, durchgeführt. Frage: *„Wie haben sich Menschen bei dem Erdbeben in Aachen verhalten?"* Die studentische Befragergruppe wollte die unmittelbare Reaktion – Angst und Panik oder Ruhe und Gelassenheit - der Betroffenen nach Alter und nach Schulbildung erfahren. Es wurden 30 Bürger/innen befragt. Davon haben 15 schon mal Erdbeben irgendwo erlebt, 15 noch nicht. Es gab aber keine signifikanten Unterschiede zwischen den zwei Gruppen – die Erdbebenerfahrenen reagierten vielleicht mit weniger Angst und Panik und mit mehr Gelassenheit und Ruhe. Altersmäßig hatten die jüngeren Befragten (18-30) mehrheitlich Panik und Angst, die über 50-Jährigen verhielten sich bis zu 80 % gelassen und ruhig. Interessant war die Verbindung zwischen Reaktionen und Schulbildung. Alle Befragten, die einen Hauptschulabschluss hatten, (10) reagierten auf das Erdbeben gelassen und ruhig. Bei den Befragten mit mittlerer Reife waren die Reaktionen ausgewogen. Von 5 Befragten in dieser Gruppe reagierten 3 mit Panik und Angst, 2 mit Ruhe und Gelassenheit. Die Befragten mit Abitur waren am meisten geängstigt und fielen in Panik. Von 15 Befragten in dieser Gruppe hatten nur 5 Ruhe bewahrt und Gelassenheit demonstriert.

Der Sinn und die Bedeutung der Anschaffung eines Hundes als Thema (44) formierte eine Hypothese in folgendem Wortlaut: *„Der Hund ist gleichwertiger Ersatz für den Menschen"*. Da es bei dieser Befragung lediglich um die Frage, warum jemand einen Hund hat, ging, suchte die Befragergruppe mehrere Parkanlagen in der Stadt auf, um dort Menschen mit „Gassi-gehenden" Hunden zu befragen. Die Befragten zeigten sich durchweg sehr kooperativ, was die Beantwortung des Fragebogens anging. Die meisten Befragten waren sehr mitteilsam, was die Geschichte ihres Hundes betraf, so dass die Gruppe einiges mehr erfuhr, als mit dem Fragebogen eigentlich beabsichtigt war. Da zeigten sich auch die jüngeren Leute sehr gesprächig- was sonst älteren

Hundebesitzern zugetraut wird. Aufgrund dieser Unterhaltungen und der Auswertung geht aus der Frage nach dem Familienstand und der Frage „Warum besitzen Sie einen Hund? Freizeitbeschäftigung – Schutz – Sport – Einsamkeit – Prestige?" hervor, dass die meisten Ledigen (60 %) ihren Hund besitzen, um eine Freizeitbeschäftigung zu haben und ihre Einsamkeit zu kompensieren. 100 % der geschiedenen und verwitweten Befragten nannten ebenfalls diese Gründe. Der Bezug dieser beiden Fragen bestätigt bestens die Hypothese. Ein nie erahntes Ergebnis ergibt sich aus dem Zusammenhang zwischen der Frage „Wie wichtig ist Ihnen Ihr Hund für Ihr Bild nach außen?" und der Frage nach dem Geschlecht. 100 % der Frauen sagten, dass ihnen ihr Hund für das Bild nach außen unwichtig sei. Bei den Männern hingegen geben 50 % an, dass ihnen ihr Hund wichtig oder sogar sehr wichtig für ihr Ansehen in der Gesellschaft ist.

Das Thema Homosexualität gehört nicht mehr zu den Tabuthemen. (45). Eine Befragergrupe hat sich gefragt: Wie groß ist die *Akzeptanz der Homosexualität* bei über 45-jährigen? Sie ist davon ausgegangen, dass in dieser Alterssparte sehr differenzierte Meinungen zu erwarten waren. Als Ort der Befragung wählte die Gruppe die Fußgängerzone im Kurgebiet, da dort viele Personen in der entsprechende Altersklasse mit genügend Zeit anzutreffen sind. Wegen der schwierigen Alterseinschätzung wurden meistens Personen befragt, die den Befragern deutlich über 45 Jahre erschienen. Trotz der vorsichtigen und neutralen Formulierung gab es immer noch Passanten, die sich zu diesem Thema nicht äußern wollten.

Insgesamt stellte sich heraus, dass nur eine kleine Zahl der Teilnehmer die Befragung vorzeitig (9 %) aus Zeitmangel oder Interessenlosigkeit abbrachen. Dazu kam die Schwierigkeit, dass Homosexualität oft nur als Beziehung zwischen Männern gesehen wird. Es wurden 25 beantwortete Fragebögen ausgewertet, davon 11 männliche und 14 weibliche Befragungsteilnehmer. Das Durchschnittsalter lag bei ungefähr 60 Jahren, der älteste Teilnehmer war 87 Jahre alt. Die Mehrzahl der Befragten bestand aus Rentnern oder Angestellten. 84 % der Befragten haben Kinder. 80 % sind römisch-katholisch, 20 % evangelisch, 60 % verheiratet, 16 % geschieden, 12 % verwitwet und 12 % ledig. Auf die Frage „Haben Sie homosexuelle Personen in Ihrem Bekanntenkreis" antworteten 28 % mit ja, 52 % mit nein, und 20 % haben keine

Angabe gemacht. Demgegenüber haben schon 80 % in ihrem Bekanntenkreis über das Thema gesprochen. 88 % sind dafür, dass Kinder von ihren Eltern über Homosexualität aufgeklärt werden sollten, und 84 % sind dafür, dass das Thema auch in der Schule behandelt wird. Dagegen ist knapp die Hälfte (44 %) dafür, dass ihr eigenes Kind in einer homosexuellen Beziehung lebt, und 32% sind dagegen. Die restlichen Befragten machten keine Aussage. Aufgrund der gesammelten Anworten lässt sich erkennen, dass Frauen wesentlich toleranter sind als Männer. Die meisten (84 %) stört es nicht, wenn Homosexuelle öffentliche Ämter bekleiden. Auf die Frage, ob in manchen Berufen besonders viele Homosexuelle vertreten sind, glaubten 68 %, dass dies der Fall ist. 52 % sind der Meinung, dass Homosexuelle größere Schwierigkeiten hätten in der Partnerfindung. Der größte Teil der Befragten ist gegen eine Heirat und gegen Adoption bei homosexuellen Paaren. 56 % sind der Meinung, dass Homosexuelle in unserer Gesellschaft benachteiligt werden. 68 % fühlen sich durch Homosexuelle in der Öffentlichkeit nicht gestört. Die Meinungen waren also nicht so differenziert wie erwartet, die Akzeptanz ist mehrheitlich vorhanden bei dieser ausgewählten Altersgruppe.

Ein scheinbar völlig uninteressantes (um nicht zu sagen „albernes") und ziemlich umständlich formuliertes Thema: Ermittlung der bevorzugten Nutzung von Schreibpapierarten bei 18 bis 50-Jährigen, sowie die dafür ausschlaggebenden Aspekte unter Berücksichtigung des Gebrauchs der Schreibutensilien (46) wurde von einer Gruppe untersucht und in eine einfachen Hypothese gestellt: *Die 18-50-Jährigen schreiben auf kariertem Papier, wobei der Schreibstift ein Kugelschreiber ist.* Originalzitat aus dem Befragungsbericht: „Jeder von uns befragte hauptsächlich seinen Bekanntenkreis, wodurch eine häufige Befragung von Studenten vorkam, was jedoch nicht unbedingt im Vorfeld von uns beabsichtigt worden war. Erstaunlicherweise bestätigte sich unsere Hypothese, dass prozentual gesehen die meisten Befragten kariertes Papier benutzen und hauptsächlich mit einem Kugelschreiber schreiben. Da wir mit 79 (37 männlich und 42 weiblich) Befragten eine verhältnismäßig kleine Gruppe zu unserem Thema befragt haben, wandten wir uns an eine Firma in Berlin, um eventuell unser Befragungsergebnis bestätigt oder widerlegt zu bekommen.

Die Marketingabteilung der Firma ist sehr interessiert, kann jedoch aus Wettbewerbsgründen keine Verkaufsstatistiken herausgeben, fragt aber an, ob wir ihnen unsere Ergebnisse nicht zusenden könnten. Gleichzeitig bemühen sie sich, uns Statistiken zuzusenden, die nicht vom Wettbewerb berührt sind. So hat sich für uns eine zu Beginn scheinbar unsinnige Fragestellung derart gewandelt, dass wir nun gespannt sind auf die Verbindung mit der Firma und uns nun aus dem gewonnenen Interesse weiter mit dieser Thematik beschäftigen werden."

Die Hauptgruppe aller Befragten waren ledige Schüler/Studenten im Alter von 18-25 Jahren, mit Schulabschluss der allgemeinen Hochschulreife. 58 % aller Befragten bevorzugen kariertes/rautiertes Papier (48,65 % aller Männer, 61,9 % aller Frauen) auf dem Schreibformat DIN-A-4 (90 %). Die Wahl für kariertes/rautiertes Papier waren zu 73 % praktische, 6,5 % optische Gründe und 17, 39 % wußten nicht, warum sie sich für diese Papierart entschieden haben. Mehr Frauen als Männer entscheiden sich für Umweltpapier. 56,78 % der Befragten benutzen einen Kugelschreiber als Schreibstift. Das Thema finden mehr Frauen als Männer interessant. Die Arbeitshypothese wurde bestätigt.

Eine Befragergruppe beschäftigte sich mit dem Thema „Kann Mann/Frau ein bestimmtes Männerbild in Frauenzeitschriften erkennen?" (47) Sie sind dabei deutlich von der Hypothese, dass *ein bestimmtes Männerbild in Frauenzeitschriften vermittelt wird*, ausgegangen. Als Methode wählte sie das standardisierte Interview. Es wurden 16 Frauen interviewt. Die Einstiegsfrage lautete: „Wird das Thema Mann in einer gesonderten Rubrik behandelt?" Darauf gab es nur ein Ja und ein Nein – alle anderen Befragten antworteten mit manchmal. Den meisten Leserinnen ist bewusst, dass in den von ihnen gelesenen Zeitschriften ein bestimmtes Männerbild vermittelt wird.

Die Mehrheit der befragten Personen war davon überzeugt, nicht von diesem Männerbild beeinflusst zu werden. Interessant ist hierbei auch die Altersstruktur der Personen, die mit „Nein" geantwortet haben, da von den 12 „Nein"-Antworten 10 Frauen sich im Alter von 15-25 Jahren befanden. Man kann vermuten, dass ein Zusammenhang zwischen dem Verständnis der Leserin und ihrem Alter besteht. Die befragten Frauen beschrieben den in Frauenzeitschriften dargestellten Mann zum größten Teil als sexy, stark und männlich. Dieses Bild stimmt aber nur zum Teil überein mit dem, was Frauen für eine Vorstellung von einem Mann haben (2 ja, 3 nein und 10 zum Teil). Abschließend könnte die Gruppe sagen, dass die Hypothese, dass ein bestimmtes Männerbild in Frauenzeitschriften existiert, durch die Befragung bestätigt wurde. Außerdem war es sehr interessant zu sehen, dass dieses Bild anscheinend in den meisten Frauenzeitschriften ähnlich ist. Was der Gruppe eigentlich auch vor dieser Befragung klar war und nur bestätigt wurde, ist, dass die wenigsten Leserinnen sich eingestehen, dass sie von dem dargestellten Männerbild beeinflusst werden, sondern der Meinung sind, dass sie durch das Konsumieren von Zeitschriften völlig unbeeinflusst bleiben.

Vorurteile und Klischees unter Student/innen (48) geben Anlass zur Hypothese in einer Untersuchung: *„Wenn jemand Betriebswirtschaftslehre studiert, kann man ihn auf den ersten Blick erkennen?"* Es soll Student/innen geben, die (z.B. auf Feten) glauben, andere Student/innen allein nach ihrem Aussehen in die jeweiligen Studiengänge einordnen zu können und sie dementsprechend sympathisch oder unsympathisch finden. In der Arbeit wurde allerdings lediglich das Klischee eines männlichen BWL´ers, da der Großteil dieses Studienganges aus männlichen Studenten besteht, festgestellt. Es wurden 36 Studentinnen und Studenten (25 weiblich, 11 männlich) befragt, die alle zwischen 20 und 28 Jahren alt waren.

Die Studienfächer verteilten sich wie folgt: 17 Studentinnen gaben an, Sozialpädagogik zu studieren, 4 Chemie, 3 Bauingenieurwesen, 3 Sozialarbeit, 2 Maschinenbau, 1 Mathematik, 1 Architektur, 1 Informatik, 1 Medizin, 1 Politologie, 1 Englisch/Deutsch und 1 Germanistik/Soziologie. Die erste Frage lautete: Wie würdest du einem typischen BWL´er die Haare schneiden? Hier ließen sich klare Mehrheiten für die Antworten „kurze Haare" mit 92 % und „gestylt" mit 83 % erkennen. Anhand des Fragebogens konnte man deutlich ablesen, dass der Klischee-BWL´er ohne Bart gesehen wird, da 69,5 % der Befragten ihm keinen Bart zuschreiben. Auch die Frage, mit der man herausfinden wollte, ob der Klischee-BWL´er bevorzugt Markenklamotten trägt, wurde klar mit ja (77,8 %) beantwortet. Auch bei den Accessoires lassen sich klare Trends dahingehend ablesen, welche zu einem typischen BWL´er gehören. So gehören nach der Meinung der Befragten Studenten zu 44,4 % ein Handy, zu 61,1 % ein Aktenkoffer, zu 32,1 % eine

Sonnenbrille und zu 30,6 % jegliche Art von Schmuck, wie z.b. Gold-kette, Goldring, Golduhr oder Ohrring. Der typische BWL´er wird vorwiegend als mit Hemd, Krawatte oder Krawattenschal bekleidet ge-sehen. Seine Hosen sind aus Stoff gefertigt, und die Socken haben das typische Burlingtonmuster. Als dazu passende Schuhe trägt er Slipper. Alle seine Kleidungsstücke sind mit Markennamen versehen. Als zu-treffendste Kurzbeschreibung werden die Worte „elegant, sportlich, spießig" angegeben. Die meisten befragten Studenten waren der Mei-nung, dass den BWL-Studenten ein (dieses) Klischee anhängt.

Im Zeitalter der zunehmenden Technisierung der Umwelt ist es auf-fällig geworden, dass viele Menschen in ihrer Freizeit und Arbeitswelt sich technischen (elektronischen) Medien bedienen. Das Medium Buch rückt mehr und mehr in den Hintergrund. Vielfach sind die Forderun-gen im Berufsleben sehr hoch, so dass die herbeigesehnte Entspannung am Feierabend oft nicht mehr dazu genutzt wird, die scheinbar „an-strengende" Beschäftigung des Lesens zu wählen. Vermehrt wird der Fernseher eingeschaltet, um durch ihn eine Form der Entspannung zu erfahren. Mit einem Fragebogen versucht die Gruppe festzustellen, welche Bedeutung Erwachsene dem Lesen beimessen (49) und wie sie ihr eigenes Leseverhalten einschätzen. Hypothese: „*Das Leseverhalten von Erwachsenen hat sich durch die Flut von Medien verändert. Je mehr Bildungsinhalte und Unterhaltung über verschiedene Massenme-dien vermittelt werden, desto weniger wird gelesen.*" Die Befragungen fanden sowohl im Bekanntenkreis als auch mit Unbekannten (auf dem Bahnhof oder im Zug) statt.

Die Befragung umfasste 44 Erwachsene (18 Männer und 26 Frauen). Weit über 50 % der Befragten übten einen Beruf mit Hochschulab-schluss aus. Die männlichen Befragten schätzten ihre Lesehäufigkeit höher ein als die weiblichen Befragten. Die männlichen Befragten richten mehr Augenmerk auf die Anregung durch das Thema (77,8 %), während die weiblichen Befragten mehr Augenmerk darauf richten, ob sie das Buch von einer Freundin / einem Freund empfohlen bekommen haben (77 %). Frauen und Männer, die die Empfehlung eines Buches in anderen Medien schätzen, das Medium Zeitung dabei bevorzugen. Die befragten Erwachsenen sind in der Regel bereit, mehr Geld für Fachbü-cher als für Unterhaltungsliteratur auszugeben. Es wird außerdem deutlich, dass Männer gerade für Fachliteratur erkennbar mehr Geld auszugeben bereit wären als Frauen. Frauen sind eher bereit, ein Buch zu entleihen als Männer, und Bücher eher bei Freundinnen ausgeliehen werden als in der Bibliothek. Es fällt auf, dass die befragten Männer bei verwandten keine Bücher ausleihen. Die meisten erwachsenen Befragten haben das Bedürfnis, über das Gelesene mit jemandem zu sprechen; der Anteil an Frauen liegt dabei 11 % höher als an Männern. Frauen interessieren eher Unterhaltungsliteratur; Männer eher Nachrichten und Fachliteratur. Ein sehr hoher Prozentsatz der Befragten würden mehr lesen, wenn die modernen Medien nicht mehr existierten. Die von der Gruppe gestellte Hypothese wurde bestätigt.

Eine Gruppe hat sich mit der Problematik der in den letzten Jahren immer weiter gestiegenen Benutzung von elektronischen Medien. (50), also Fernsehen, Video und Computer befasst. Im Laufe der Diskussion über dieses Thema hat sich die Hypothese „*Wenn mehr Freizeit zur Verfügung steht, dann ist der Konsum elektronischer Medien höher*" herausgearbeitet. Die Gruppe wollte überprüfen, ob sie mit ihrer Einstellung, dass ein Großteil der Freizeit mit dem Gebrauch von elektronischen Medien ausgefüllt wird, richtig liegt.

Die Befragung verlief einerseits in einer Fußgängerzone, andererseits an der Fachhochschule. Einige Befragten hatten zu Beginn das Gefühl, dass die Befragung dem Zweck dient, etwas zu verkaufen oder zur Überprüfung, ob das Fernsehgerät angemeldet ist, das bedurfte dann einer nochmaligen ausführlichen Erklärung des Zwecks der Befragung. Es waren insgesamt 30 Personen zwischen 18 und 80 Jahren befragt. Davon waren 16 Personen weiblich und 14 Personen männlich. Berufstätig waren 17 der befragten Personen, davon 6 vollzeit- und 11 teilzeitbeschäftigt. 13 Personen studierten, und 2 waren in der Ausbildung. Fast 50 % der befragten Personen waren zwischen 18 und 30 Jahren alt. Der Rest verteilt sich auf die Altersspanne von 31-80 Jahren, wobei die kumulative Häufigkeit von 86,7 % bereits bei 50 Jahren erreicht war. Ein Grund für diese ungleichmäßige Verteilung liegt einmal an der hohen Anzahl von Studenten und daran, dass die Befragergruppe davon ausgegangen war, dass ältere Menschen Computer und Video selten nutzen. Während sich Fernseher- und Videonutzung hauptsächlich auf den abendlichen Freizeitbereich bezogen, war bei der Computernutzung eine starke Freqventierung im Arbeitsbereich zu verzeichnen und eine häufigere Nutzung auch während des Tages zu registrieren. Daraus war zu schließen, das sich die Hypothese im Bereich der Computernutzung auf jedem fall bestätigt. Für die Medien Fernsehen und Video fällt die Nutzung also mehr in den klassischen Freizeitbereich (abends). Die Neigung, einen Computer während des Tages und in kürzeren Zeitintervallen zu benutzen, ist damit größer als bei den herkömmlichen Medien Fernsehen und Video. Aus der Auswertung ergibt sich keine eindeutige Bestätigung der Gesamthypothese, was die klassischen Medien Fernsehen und Video betrifft.

Weiterführende Literatur zum Teil I. (Wissenschaftliches Arbeiten – Studium im Sozialwesen)

Badry, Elisabeth – Knapp, Rudolf - Stockinger, Hans Gerhard (Hrsg.) 1993: Arbeitshilfen für Studium und Praxis der Sozialarbeit, Neuwied /Luchterhand/, 154 S. 2. bearbeitete Auflage. (Fachbücherei praktische Sozialarbeit) Literaturverzeichnis S. 147-150.

Bänsch, Axel 1996: Wissenschaftliches Arbeiten: Seminar- und Diplomarbeiten, München /Oldenbourg/, 94 S.

Bauer, Klausdieter 1965: Ratschläge für die wissenschaftliche Arbeit und Publikation, München /Reinhardt/, 78 S.

Beard, R. 1972: Lehren und Lernen an der Hochschule, Düsseldorf /Schwann/.

Beer, Ulrich 1966: Methoden der geistigen Arbeit, Tübingen /Katzmann/, 96 S. 2. erweiterte Auflage. (Jugend, Bildung, Erziehung).

Buss, Eugen 1979: Kompendium für das wissenschaftliche Arbeiten in der Soziologie, Heidelberg /Quelle und Meyer/, 181 S. (Uni-Taschenbücher; 884) Literaturverzeichnis S. 166-171.

Czwalina, Clemens 1997: Richtlinien für Zitate, Quellenangaben, Anmerkungen, Literaturverzeichnisse, Hamburg, /Czwalina/, 34 S. 6 bearbeitete Auflage.

Eco, Umberto 1990: Wie man eine wissenschaftliche Abschlussarbeit schreibt: Doktor-, Diplom- und Magisterarbeit in den Geistes- und Sozialwissenschaften, / Ins Deutsche übertragen von Walter Schick, 3. durchgesehene Auflage der deutschen Ausgabe/, Heidelberg /Müller/ 271 S. (UTB für Wissenschaft: Uni-Taschenbücher; 1512).

Feinbier, Robert 1993: Wissen – schaffen in der Sozialarbeit / Sozialpädagogik, Sankt Augustin.

Fischer, Klaus-Dieter 1975: Techniken des geistigen Arbeitens, Herford /Maximilian-Verlag/, 80 S. 2. ergänzte Auflage, Literaturangaben, (Leitfaden für den öffentlichen Dienst).

Fragniere, Jean-Pierre 1988: Wie schreibt man eine Diplomarbeit? Planung, Niederschrift, Präsentation von Abschluß-, Diplom- und Doktorarbeiten, von Berichten und Vortragen, Bern /Haupt/, 131 S. (Soziale Arbeit 6).

Freymann, Claus Dieter 1979: Anleitung für die Abfassung wissenschaftlicher Arbeiten: Hilfen für Ausbildung, Grund- und Hauptstudiengänge, Zusatz- und Aufbaustudiengänge, Publizistik, Halle in Westfalen /Ohlsen/ 24 S. (Die grünen Bücher: Pädagogische Reihe).

Greschat, Martin 1970: Studium und Wissenschaftliches Arbeiten: eine Anleitung, Gütersloh /Gütersloher Verlagshaus Mohn/, 174 S.

Gries, Jürgen 1994: Praktische Hinweise für wissenschaftliches Arbeiten in Studium und Praxis der sozialen Arbeit, Berlin, /KFB/, 56 S.

Günther, Maren 1977: Konzentriert arbeiten - gezielt studieren, München /Urban&Schwarzenberg/ 86 S. (U-&-S-Pädagogik; Training).

Haft, Fritjof 1983: Einführung in das juristische Lernen, Bielefeld /Gieseking/, 161 S. 2. unveränderte Auflage.

Haft, Fritjof 1977: Einführung in das juristische Lernen: Unternehmen Jurastudium, Bielefeld /Gieseking/ 431 S. 6. völlig neu bearbeitete Auflage.

Hammer, Gerhard 1977: Praxis des wissenschaftlichen Arbeitens im Studium der Erziehungs- und Sozialwissenschaften, Freiburg, /Herder/, 108 S. Literaturverzeichnis S. 107-108. /Studienführer zur Einführung in das kritische Studium der Erziehungs- und Sozialwissenschaften (Schriften des Willmann-Instituts München)/.

Hansen, Georg 1978: Einführung in wissenschaftliches Arbeiten: Grundlagen, Techniken, Verfahren, München /Kösel/, 114 S. Literaturverzeichnis S. 113-115. (Kösel-Ausbildung).

Hülshoff, Friedhelm 1984: Mit Erfolg studieren: Studienorganisation und Arbeitstechniken, München /Beck/, 394 S. 2. aktualisierte Auflage (Beck'sche Elementarbücher) Literaturverzeichnis S. 273-280.

Jacob, Rüdiger 1997: Wissenschaftliches Arbeiten. Eine praxisorientierte Einführung für Studierende der Sozial- und Wirtschaftswissenschaften, Wiesbaden, /Westdeutscher Verlag/ 1997. 146 S.

Kliemann, Horst 1973: Anleitung zum wissenschaftlichen Arbeiten: eine Einführung in die Praxis, Freiburg /Rombach/, 190 S. 8. Auflage. Literaturverzeichnis S. 168-185. (rombach-hochschule-paperback).

Krämer, Walter 1992: Wie schreibe ich eine Seminar-, Examens- und Diplomarbeit? Eine Anleitung zum wissenschaftlichen Arbeiten für Studierende aller Fächer an Universitäten, Fachhochschulen und Berufsakademien, Stuttgart /G. Fischer/, 174 S. Literaturverzeichnis S. 167-171. (UTB für Wissenschaft: Uni-Taschenbücher 1633).

Kruse, Otto 1995: Keine Angst vor dem leeren Blatt: ohne Schreibblockaden durchs Studium, Frankfurt/M. /Campus/ 227 S. 4. erweiterte Auflage. (Reihe Campus; 1074: Studium).

Kugemann, Walter F. 1994: Kopfarbeit mit Köpfchen, Moderne Lerntechnik, München /Pfeiffer/, 288 S. 16. Auflage (Pfeiffer-Werkbücher 52).

Kunz, Armin 1986: Der Weg zum erfolgreichen Studium. Studenten lernen studieren - Organisation und Methoden geistiger Arbeit, Heidelberg.

Lück, Wolfgang 1997: Technik des wissenschaftlichen Arbeitens: Seminararbeit, Diplomarbeit, Dissertation, München /Oldenbourg/, 92 S. 5. bearbeitete und erweiterte Auflage. Literaturverzeichnis S. 80-84.

Naef, R.D. 1971: Rationeller Lernen lernen, München /Beltz/.

Poenicke, Klaus 1977: Duden. Wie verfaßt man wissenschaftliche Arbeiten?: Systematische Materialsammlung, Bücherbenutzung, Manuskriptgestaltung, Mannheim /Bibliographisches Institut/, 208 S. (Duden-Taschenbücher; 21).

Poenicke, Klaus 1988: Duden. Wie verfaßt man wissenschaftliche Arbeiten?: ein Leitfaden vom 1. Studiensemester bis zur Promotion, Mannheim /Dudenverlag/, 216 S. 2. neu bearbeitete Auflage (Duden-Taschenbücher; 21).

Preissner, Andreas 1994: Wissenschaftliches Arbeiten, München /Oldenbourg/, 134 S. Literaturverzeichnis S. 127-131.

Raffelt, Albert 1992: Proseminar Theologie: Einführung in das wissenschaftliche Arbeiten und in die theologische Buchkunde, Freiburg

/Herder/, 255 S. 5. wiederum völlig neubearbeitete Auflage. Literaturangaben.

Reischmann, Jost 1991: Leichter lernen - leicht gemacht: Arbeitstechniken für Schule und Studium, Fortbildung und Examensvorbereitung, Bad Heilbrunn /Klinkhardt/, 143 S. 4. Aufl.

Rösner, Hans Jürgen 1991: Die Seminar - und Diplomarbeit: eine Arbeitsanleitung, München /VVF/, 86 S. 6. Auflage. (Fachbuchreihe für Studium, Fortbildung, Praxis; 43).

Rückriem, Georg 1996: Ist wissenschaftliches Arbeiten lehrbar? In: Das Hochschulewesen 44 (1996) H. 2. S. 96-114.

Rückriem, Georg 1977: Die Technik wissenschaftlichen Arbeitens: praktische Anleitung zum Erlernen wissenschaftlicher Techniken am Beispiel der Pädagogik, unter besonderer Berücksichtigung gesellschaftlicher und psychischer Aspekte des Lernens, Paderborn /Schöning/, 338 S. Literaturangaben. (Uni-Taschenbücher; 724).

Rückriem, Georg 1983: Die Technik wissenschaftlichen Arbeitens: praktische Anleitung zum Erlernen wissenschaftlicher Techniken am Beispiel der Pädagogik, unter besonderer Berücksichtigung gesellschaftlicher und psychischer Aspekte des Lernens, Paderborn /Schöning/, 340 S. 3. verbesserte Auflage. Literaturangaben.

Rückriem, Georg 1990: Die Technik wissenschaftlichen Arbeitens: eine praktische Anleitung, Paderborn /Schöning/, 279 S. 6. Auflage. Literaturverzeichnis S. 255-258. (UTB für Wissenschaft; Uni-Taschenbücher: 724).

Schräder-Naef, Regula 1977: Rationeller Lernen lernen: Ratschläge und Übungen für alle Wissbegierigen, Weinheim /Beltz/, 1977, 242 S. 9. Auflage, 68-77 Tausend (Beltz-Bibliothek 17).

Schnelle, Wolfgang - Stolz, Inga 1978: Interaktionelles Lernen. Leitfaden für Moderation lernender Gruppen, Quickborn /Metaplan/.

Seidenspinner, Gundolf 1994: Wissenschaftliches Arbeiten: Techniken, Methoden, Hilfsmittel, Aufbau, Gliederung, Gestaltung, richtiges Zitieren, München /mvg-Verlag/, 127 S. 9. Auflage, Neuausgabe (Schriften der Deutschen Studentenschaft).

Spandl, Oskar Peter 1966: Methodik und Praxis der geistigen Arbeit. Beispiele und Anleitungen für schriftliche Arbeiten und Vorträge, München, 4. Auflage.

Standop, Ewald 1986: Die Form der wissenschaftlichen Arbeit, Heidelberg /Quelle und Meyer/, 1986, 204 S. 14. Auflage vollständig neu bearbeitet und erweitert (UTB für Wissenschaft: Uni-Taschenbücher 272).

Tepperwein, Karl 1983: Die "Kunst" mühelosen Lernens. Neue Lernmethoden machen es Ihnen leicht, Genf.

Theisen, Manuel 1992: Wissenschaftliches Arbeiten: Technik, Methodik, Form, München /Vahlen/, 242 S. 6. bearbeitete und aktualisierte Auflage (WiSt-Taschenbücher).

Thiele, Albert 1984: Erwachsene lernen Lernen, Soest, /Landesinstitut für Schule und Weiterbildung/.

Treier, Peter 1974: Bibliographieren, dokumentieren: eine Anleitung zum Suchen und Finden von Literatur, Köln /Einigung Katholischer Studenten an Fachhochschulen/ 44 S.

Treier, Peter 1974: Methodik und Praxis der geistigen Arbeit, Köln, 2. verbesserte und erweiterte Auflage, /Einigung Katholischer Studenten an Fachhochschulen/, 76 S.

Werder, Lutz von 1994: Wissenschaftliche Texte kreativ lesen: kreative Methoden für das Lernen an Hochschulen und Universitäten, Berlin /Schribi-Verlag/, 124 S.

Weiterführende Literatur zum Teil II. (Forschen in der Sozialarbeit – Die wichtigsten Forschungsmethoden)

(Eine forschungsmethodenbezogene Literatur ist am Ende des jeweiligen Kapitels angegeben)

Alemann, Heine von 1990: Der Forschungsprozeß, Stuttgart /Teubner/.

Atteslander, Peter 1995: Methoden der empirischen Sozialforschung, Berlin /de Gruyter/.

Bango, Jenö 1994: Soziologie für soziale Berufe, Stuttgart /Enke/.

Bardmann, Theodor (Hrsg) 1997: Zirkuläre Positionen. Konstruktivismus als praktische Theorie, Opladen /Westdeutscher Verlag/.

Bargel, Tino 1989: Studienerfahrungen und studentische Orientierungen in den 80er Jahren, Bad Honnef /Bock/.

Benninghaus, Hans 1996: Einführung in die sozialwissenschaftliche Datenanalyse, München /Oldenbourg/.

Berger, Hartwig 1974: Untersuchungsmethode und soziale Wirklichkeit, Frankfurt/M.

Bortz, Jürgen – Döring, Nicola 1995: Forschungsmethoden und Evaluation, Berlin /Springer/.

Buss, Eugen – Fink, Ulrike – Schöps, Martina 1994: Kompendium für das wissenschaftliche Arbeiten in der Soziologie, Wiesbaden /Quelle&Meyer/.

Deutsch, Morton 1976: Theorien der Sozialpsychologie, Frankfurt/M.

Dolase, Rainer 1976: Soziometrische Techniken, Weinheim /Beltz/.

Endruweit, Günter – Trommsdorf, Gisela 1989: Wörterbuch der Soziologie, Stuttgart /Enke/.

Eberhard, Kurt 1969: Einführung in die Statistik für soziale Berufe, Neuwied /Luchterhand/.

Friedrichs, Jürgen 1985: Methoden empirischer Sozialforschung, Opladen /Westdeutscher Verlag/.

Garz, Detlev u.a. 1991: Qualitativ-empirische Sozialforschung, Opladen /Westdeutscher Verlag/.

Girtler, Roland 1992: Methoden der qualitativen Sozialforschung, Wien /Böhlau/.

Hackel, Peter 1990: Statistik, München /Oldenbourg/.

Hartmann, Heinz 1970: Empirische Sozialforschung, München /Oldenbourg/.

Heinze, Thomas 1992: Qualitative Sozialforschung. Erfahrungen, Probleme und Perspektiven, Wiesbaden /Westdeutscher Verlag/.

Hippmann, Hans-Dieter 1994: Statistik für Wirtschaft- und Sozialwissenschaftler, Stuttgart /Schäfer-Poeschel/.

Hunt – Morton 1990: Die Praxis der Sozialforschung, München /Campus/.

Karmasin, Fritz 1977: Einführung in die Methoden, Wien.

Klages, Helmut 1968: Soziologie zwischen Wirklichkeit und Möglichkeit, Köln.

Kreutz, H 1972: Soziologie der empirischen Soziologie, Stuttgart.

Kromrey, Helmut 1983: Empirische Sozialforschung, Opladen /Leske+Budrich/.

Krämer, Walter 1992: Statistik verstehen, Frankfurt/M. /Campus/.

König, Eckard - Zedler, Peter (Hrsg.) 1995: Bilanz qualitativer Forschung, Weinheim /Deutscher Studien/.

König, René 1967: Handbuch der empirischen Sozialforschung, Stuttgart /Enke/.

König, René (Hrsg.) 1966: Praktische Sozialforschung 1, Köln.

Lamnek, Siegfried 1988: Qualitative Sozialforschung, Weinheim /Psychologie Vlgs Union/.

Leiner, Bernd 1991: Einführung in die Statistik, München /Oldenbourg/.

Mayntz, Renate – Holm, Kurt – Hübner, Peter 1978: Einführung in die Methoden empirischen Soziologie, Wiesbaden /Westdeutscher Verlag/, 5.Aufl.

Meier, Friedhelm 1987: Prozessforschung in den Sozialwissenschaften, Frankfurt/M. /Fischer/.

Meinefeld, Werner 1994: Realität und Konstruktion. Erkenntnistheoretische Grundlagen einer Methodologie der empirischen Sozialforschung, Opladen /Leske+Budrich/.

Merten, Klaus 1995: Inhaltsanalyse. Einführung in Theorie, Methode und Praxis, Wiesbaden /Westdeutscher Verlag/, 2. Verb. Aufl. 406 S.

Moreno, Jakob 1974: Die Grundlagen der Soziometrie, Opladen /Westdeutscher Verlag/.

Müller, Ursula 1984: Probleme und Perspektiven reflexiver Methodologie, Frankfurt/M. (Dissertation).

Opp, Karl-Dieter 1977: Methodologie der Sozialwissenschaften, Hamburg /Rowohlt/.

Osgood, C.E – Suci, S.J – Tannenbaum, P.H 1957: The Measurement of Meaning, Urbana /The University of Illinois Press/.

Philips, Bernard 1969: Empirische Sozialforschung: Strategie und Taktik, Wien.

Rammert, Werner (Hrsg.) 1989: Computerwelten – Alltagswelten. Wie verändert der Computer die soziale Wirklichkeit? Opladen /Westdeutscher Verlag/.

Reichertz, Jo 1986: Probleme qualitativer Sozialforschung. Zur Entwicklungsgeschichte der objektiven Hermeneutik, Frankfurt/M.

Reinhold, Gerd 1997: Wirtschaftssoziologie, München.

Rubinstein, H – Goodenough, J.B 1965: Contextual Correlates of Synonimy, Comm. ACM, 8.

Schröer, Norbert (Hrsg.) 1994: Imperative Sozialforschung. Auf dem Wege zu einer hermeneutischen Wissenssoziologie, Wiesbaden /Westdeutscher Verlag/.

Spöhring, Walter 1995: Qualitative Sozialforschung, Stuttgart /Teubner/.

Strauss, Anselm 1994: Grundlagen qualitativer Sozialforschung, Stuttgart /Fink/.

Tschopp, Alois 1990: Modellhaftes Denken in der Soziologie, Bern.

Wemturis – Van Nove – Dreier 1992: Methodologie der Sozialwissenschaften, Tübingen /Francke/.

Wittkowski, Joachim 1994: Das Interview in der Psychologie. Interviewtechniken und Codierung von Interviewmaterial, Wiesbaden, /Westdeutscher Verlag/.

Sachwortregister

Lehr- und Nachschlagewerke zur Soziologie

Werner Fuchs-Heinritz, Rüdiger Lautmann, Otthein Rammstedt (Hrsg.)
Lexikon zur Soziologie
3., völlig neubearb. und erw.
Aufl. 1994. 763 S. Br. DM 78,00
ISBN 3-531-11417-4
Das *Lexikon zur Soziologie* ist das umfassendste Nachschlagewerk für die sozialwissenschaftliche Fachsprache. Es bietet aktuelle, zuverlässige Erklärungen von Begriffen aus der Soziologie sowie aus Sozialphilosophie, Politikwissenschaft und Politischer Ökonomie, Sozialpsychologie, Psychoanalyse und allgemeiner Psychologie, Anthropologie und Verhaltensforschung, Wissenschaftstheorie und Statistik.

Jürgen Friedrichs
Methoden empirischer Sozialforschung
14. Aufl. 1990. 430 S.
wv studium, Bd. 28. Br. DM 26,80
ISBN 3-531-22028-4
Dieses Buch ist eine Einführung in Methodologie, Methoden und Praxis der empirischen Sozialforschung. Die Methoden werden ausführlich dargestellt und an zahlreichen Beispielen aus der Forschung erläutert. Damit leitet das Buch nicht nur zur kritischen Lektüre vorhandener Untersuchungen, sondern ebenso zu eigener Forschung an.

Rüdiger Jacob
Wissenschaftliches Arbeiten
Eine praxisorientierte Einführung für Studierende der Sozial- und Wirtschaftswissenschaften
1997. 146 S. wv studium.
Br. DM 22,80
ISBN 3-531-22176-0
Voraussetzung für ein erfolgreiches wissenschaftliches Studium ist das souveräne Beherrschen der Techniken wissenschaftlichen Arbeitens. Dazu zählen nebem dem Umgang mit wissenschaftlicher Literatur, der Archivierung gelesenen Materials und der Erstellung von Manuskripten und wissenschaftlicher Abhandlungen auch Präsentationstechniken und die Moderation von Arbeitsgruppen. Zu all diesen genannten Aspekten existierte bisher keine kompakte Einführung für Studienanfänger und Studierende im Grundstudium. Die Lücke soll mit diesem Band geschlossen werden.

Änderungen vorbehalten. Stand: Januar 2000.

WESTDEUTSCHER VERLAG
Abraham-Lincoln-Str. 46 · D - 65189 Wiesbaden
Fax 06 11. 78 78 - 400 · www.westdeutschervlg.de

If you have any concerns about our products,
you can contact us on
ProductSafety@springernature.com

In case Publisher is established outside the EU,
the EU authorized representative is:
**Springer Nature Customer Service Center GmbH
Europaplatz 3, 69115 Heidelberg, Germany**

Printed by Libri Plureos GmbH
in Hamburg, Germany